DISCURSO ANTIRRACISTA NO BRASIL
DA ABOLIÇÃO
ÀS AÇÕES AFIRMATIVAS

Conselho Acadêmico
Ataliba Teixeira de Castilho
Carlos Eduardo Lins da Silva
Carlos Fico
Jaime Cordeiro
José Luiz Fiorin
Magda Soares
Tania Regina de Luca

Proibida a reprodução total ou parcial em qualquer mídia
sem a autorização escrita da editora.
Os infratores estão sujeitos às penas da lei.

A Editora não é responsável pelo conteúdo deste livro.
O Autor conhece os fatos narrados, pelos quais é responsável,
assim como se responsabiliza pelos juízos emitidos.

Consulte nosso catálogo completo e últimos lançamentos em **www.editoracontexto.com.br**.

Teun A. van Dijk

DISCURSO ANTIRRACISTA NO BRASIL

DA ABOLIÇÃO
ÀS AÇÕES AFIRMATIVAS

Tradução
Conceição Maria Alves de Araújo Guisardi

Revisão de tradução
Viviane Resende

Copyright © 2021 do Autor

Todos os direitos desta edição reservados à
Editora Contexto (Editora Pinsky Ltda.)

Montagem de capa e diagramação
Gustavo S. Vilas Boas

Preparação de textos
Lilian Aquino

Revisão
Mariana Cardoso

Dados Internacionais de Catalogação na Publicação (CIP)

Dijk, Teun Adrianus van, 1943-
Discurso antirracista no Brasil : da abolição às ações afirmativas /
Teun A. van Dijk ; tradução de Conceição Maria Alves de
Araújo Guisardi ; revisão da tradução Viviane Resende. –
São Paulo : Contexto, 2021.
288 p.

Bibliografia
ISBN 978-65-5541-142-3
Título original: Antiracist Discourse in Brazil

1. Antirracismo – Discursos – Brasil – História
2. Antirracismo – Brasil – Análise do discurso
I. Título II. Guisardi, Conceição Maria Alves de Araújo
III. Resende, Viviane

21-2609   CDD 305.800981

Angélica Ilacqua CRB-8/7057

Índice para catálogo sistemático:
1. Discurso antirracista – Brasil

2021

EDITORA CONTEXTO
Diretor editorial: *Jaime Pinsky*

Rua Dr. José Elias, 520 – Alto da Lapa
05083-030 – São Paulo – SP
PABX: (11) 3832 5838
contexto@editoracontexto.com.br
www.editoracontexto.com.br

Sumário

Introdução 7

Quadro teórico 19

Discursos antiescravistas e abolicionistas 45

Discursos antirracistas após a abolição 103

Discursos antirracistas contemporâneos 137

Discursos parlamentares sobre ação afirmativa 161

Conclusões 259

Bibliografia 271

O autor 285

Agradecimentos 287

Introdução

Muito se tem escrito sobre o racismo no Brasil, mas nem tanto sobre o discurso racista e ainda menos sobre o antirracismo e o discurso antirracista. Este livro apresenta uma breve teoria do antirracismo e do discurso antirracista e constrói um resumo da história do discurso antirracista no Brasil, da abolição às ações afirmativas. Parte desse resumo histórico é um estudo de caso detalhado acerca de debates parlamentares, ocorridos de 2000 a 2012, sobre cotas universitárias para estudantes racializados.

O arcabouço teórico utilizado é uma extensão da abordagem multidisciplinar dos Estudos Críticos do Discurso (ECD). Enquanto os estudos anteriores sobre os ECD, inclusive os meus, concentravam-se principalmente nas muitas formas de abuso discursivo do poder, a análise do discurso antirracista e de sua história requer uma estrutura teórica mais específica de *resistência* e de *transformação* social. Além de refletir sobre estruturas e estratégias do discurso antirracista e de seu desenvolvimento histórico, essa abordagem também exige análises políticas, sociais e cognitivas integradas.

Entre as muitas formas de resistência sociopolítica à dominação e a outras formas de abuso de poder, o antirracismo será definido aqui como um *movimento social* global e histórico, comparável ao feminismo. Apenas incipiente na Antiguidade europeia, mas crescente desde o século XVI, esse

Discurso antirracista no Brasil

movimento criticou e combateu os abusos da escravização, principalmente (mas não apenas) nas Américas, incluindo a resistência das próprias pessoas escravizadas, até a abolição no século XIX. Ao mesmo tempo, o movimento se opôs à dominação e a outros abusos dos povos indígenas nas Américas, Ásia, África, Austrália e Nova Zelândia, em particular nos muitos territórios colonizados por povos europeus.

Após a abolição no Brasil, o movimento tornou-se mais explicitamente antirracista, no sentido de resistir à herança colonial do preconceito e da discriminação racistas e combatê-la, seja em relação às pessoas negras e indígenas nas (antigas) colônias, seja contra imigrantes e refugiados racializados na Europa e na América do Norte, como veremos nos capítulos deste livro.

A respeito da escravização, colonização e outras formas de racismo e resistência antirracista, o Brasil tem desempenhado um papel significativo; não apenas foi a maior colônia europeia, como também o território para o qual se "importou" a maior população de seres humanos escravizados (4,9 milhões) e o último país a abolir a escravização, em 1888. Hoje, possui a maior população de ascendência africana fora da África (cerca de 50% de uma população de 209 milhões), enfrentando formas generalizadas de preconceito e discriminação racistas. As pessoas escravizadas resistiram à escravização desde o início e formaram importantes comunidades quilombolas, como o conhecido quilombo dos Palmares, liderado por Zumbi e Dandara dos Palmares. Conforme veremos, intelectuais e Movimentos Negros desempenham um papel proeminente desde o movimento abolicionista e contra o racismo pós-abolição até os dias atuais.

Racismo (e antirracismo) no Brasil hoje também devem ser entendidos no contexto socioeconômico complexo de pobreza, em que 13,5 milhões de brasileiros e brasileiras estão abaixo da linha de extrema pobreza. O desemprego é de 12% (dos quais 62% de desempregados são afro-brasileiros); desde 2016, 27 milhões de trabalhadoras e trabalhadores ganham menos do que a referência de um salário-mínimo de cerca de R$ 1.100 por mês; mais de 41 milhões de pessoas estão no setor informal, sem direitos trabalhistas e com baixa remuneração. As heranças coloniais definem uma relação próxima entre raça e classe, e não seria exagero dizer que em alguns territórios racializados (nas favelas do Rio de Janeiro, por exemplo), a polícia tem uma "licença informal para matar" pessoas negras (entre muitos estudos críticos, ver Amparo Alves, 2018). Assim, para entender a história e as propriedades do discurso antirracista examinado no livro, é crucial perceber que a dominação racial é uma característica estrutural da sociedade brasileira e de suas profundas desigualdades econômicas e culturais (Almeida e Ribeiro, 2019). Dessa forma, muitos movimentos de resistência (trabalhistas, territoriais, de gênero etc.) instruem o discurso antirracista brasileiro.

Depois desta introdução geral – enfatizando também o que o livro *não* contempla –, o próximo capítulo elabora a teoria do discurso antirracista, que será brevemente resumida na seção a seguir. Depois, serão apresentados capítulos históricos sobre o discurso antiescravista e antirracista, do século XVI até hoje. Uma análise mais detalhada do discurso antirracista será apresentada no capítulo sobre o debate parlamentar acerca das cotas universitárias para estudantes negros.

ANTIRRACISMO

Uma teoria simplificada do racismo

Obviamente, o antirracismo pressupõe o racismo. Então vamos começar abordando brevemente o racismo. Existem muitas teorias sobre esse sistema e prática social. Nossa própria abordagem define o racismo como um sistema específico de abuso de poder ou *dominação*, com base em qualquer diferença "racial"/étnica, real ou imaginária, entre grupos ou povos dominantes e dominados. Não se trata apenas das diferenças raciais e étnicas, mas sim de todas as formas de marcadores das diferenças que implicam hierarquias sociais, incluindo as clivagens de classe e de sexo/gênero, por exemplo. Mais especificamente, neste livro tratamos do racismo "branco" de europeus, ou pessoas de ascendência europeia, contra povos não brancos e não europeus. No Brasil, esse racismo é direcionado principalmente contra pessoas de ascendência africana, por um lado, e contra povos originários, por outro; mas também contra pobres, mulheres, grupos LGBTQIA+, nordestinos, comunidades periféricas e ribeirinhas. Embora tanto o discurso acadêmico quanto o senso comum estabeleçam muitas nuances no grupo de pessoas afro-brasileiras, especialmente na distinção entre pessoas pretas e pardas, como nas categorias formais do

IBGE, usaremos o termo escolhido pelo Movimento Negro para nossas referências a pessoas e populações negras e examinaremos o conceito com mais detalhes posteriormente. Portanto, dada a sua prevalência, o racismo no Brasil é o racismo "branco em relação ao negro".

Como sistema de dominação, o racismo apresenta dois subsistemas principais. Sua manifestação social ou política consiste em muitas formas de prática racista, geralmente descritas como discriminação. Tais práticas são baseadas em representações cognitivas, como modelos mentais pessoais de eventos específicos, e ideologias ou preconceitos racistas compartilhados socialmente. O discurso racista é uma prática racista por si só, mas é também o principal meio de difusão de preconceitos e ideologias racistas. Nesse sentido, o discurso é uma interface entre as práticas sociopolíticas e as representações sociocognitivas do sistema de racismo.

Rumo a uma teoria do antirracismo

Em oposição ao pano de fundo dessa teoria muito geral e simplificada do racismo, e especialmente do papel do discurso em sua reprodução, como desenvolvido em nossos estudos anteriores (por exemplo, em Van Dijk, 1993), o objetivo principal deste livro é elaborar alguns elementos de uma teoria do antirracismo.

Como a própria noção de antirracismo implica, o primeiro aspecto conceitual de uma teoria do antirracismo requer análise em termos de oposição, dissidência, luta e outras noções em torno da *resistência* contra qualquer aspecto do sistema de racismo.

Como é o caso para a dominação racista, a resistência antirracista também pode ser analisada em dois níveis, a saber: como *prática sociopolítica* antirracista, por um lado, e como *cognição pessoal e social* antirracista, por outro. Reiteramos que o discurso antirracista – uma das principais formas de resistência antirracista – é a interface entre a prática sociopolítica antirracista e as atitudes e ideologias antirracistas. O segundo objetivo principal deste livro é oferecer uma teoria e uma história do discurso antirracista específicas ao caso brasileiro.

Uma teoria mais geral da resistência pode ser desenvolvida em vários enquadres. O enquadre que escolhi é uma *teoria multidisciplinar dos movimentos sociais.* Nesse sentido, o antirracismo é um movimento social, comparável, por exemplo, ao feminismo. O antirracismo como movimento social é mais geral e mais global que o Movimento por Direitos Civis nos Estados Unidos ou que o Movimento Negro no Brasil, por exemplo. Assim, como também é o caso no feminismo, lidamos com algum tipo de *macromovimento*, constituído de seus muitos movimentos sociais menores que ocorrem em diferentes períodos históricos e em diversos países, com distintos protagonistas e objetivos.

A teoria do antirracismo como macromovimento social foi e deve ser inspirada por teorias feministas e comparações com o movimento feminista (ver, por exemplo, Twine e Blee, 2001). Veremos, por exemplo, que mulheres brancas e negras – antes mesmo de obterem o direito de voto (tanto nos Estados Unidos quanto no Brasil) – foram atuantes na organização de discursos e movimentos abolicionistas e antirracistas. Sua luta e seu discurso oferecem múltiplas estratégias para a resistência antirracista e a construção de uma teoria do antirracismo.

No Brasil, também, em um contexto do antirracismo como movimento geral, houve vários movimentos específicos, incluindo o abolicionista, ele mesmo constituído por vários outros movimentos, desde rebeliões de pessoas escravizadas até críticas religiosas de jesuítas contra aos abusos da escravização nos séculos XVII e XVIII, e vários movimentos abolicionistas no século XIX, seguidos de diversas frentes de luta antirracista nos séculos XX e XXI, como o Movimento Negro Unificado (MNU), fundado em 1978.

Definir o antirracismo como um macromovimento social requer flexibilização teórica e histórica. Se o antirracismo pressupõe o racismo, primeiro precisamos aceitar que a escravização, como praticada no Brasil, foi uma forma de racismo, mesmo quando as noções de "raça" e "racismo" ainda não existiam, porque era uma forma específica de dominação baseada em raça: de populações negras por populações brancas. Contrariando a história oficial, em sua análise do colonialismo espanhol, Quijano (2003) conclui que a noção de "raça" já definia as relações hierárquicas entre colonizadores e indígenas desde o século XVI.

Tradicionalmente, movimentos sociais que atuam como forma de resistência coletiva são definidos por grupos dominados. Para o antirracismo, isso significaria que, estritamente falando, apenas os movimentos antirracistas negros seriam de resistência no campo do racismo. No entanto, como também é o caso no Brasil, movimentos antirracistas tiveram protagonistas brancos, que se opuseram e lutaram contra o racismo, muitas vezes em *solidariedade* aos protagonistas negros. Ou seja, *o antirracismo é um macromovimento de resistência e de solidariedade*. Em outras palavras, membros do grupo dominante também podem se tornar agentes de mudança que se opõem ao sistema de dominação. Veremos neste livro que não apenas pessoas brancas se envolveram em movimentos abolicionistas, mas também em decisões políticas no Parlamento em favor, por exemplo, de cotas raciais em universidades. Nesse sentido, portanto, qualquer protagonista que se opusesse ao sistema predominante de dominação racista poderia ser considerado parte do movimento antirracista. Esse, no entanto, é um princípio teórico muito geral, que será elaborado com mais detalhes no próximo capítulo, pois, por exemplo, isso não incluiria aqueles que se opunham ao sistema da escravidão apenas por razões econômicas ou práticas. Portanto, essa ampliação da noção de antirracismo exige que a oposição à escravidão (e ao racismo) se baseie em um julgamento de que a escravidão* e o racismo são moralmente condenáveis. Isso traz novamente a base cognitiva (normas, valores, ideologias) das práticas sociais. Vemos que uma teoria do antirracismo requer mais análise conceitual, assim como as noções de resistência e movimento social.

A história do discurso antirracista apresentada neste livro contribui parcialmente para esse arcabouço teórico complexo. Julgada pelos padrões atuais, a oposição religiosa (jesuíta) aos abusos escravistas dificilmente seria considerada antirracista, porque esses atores religiosos frequentemente compartilhavam estereótipos negativos a respeito das pessoas negras escravizadas e nem sempre criticaram a escravidão como sistema colonial. Assim, vemos que o antirracismo como movimento está em constante mudança histórica, redefinindo-se por critérios cada vez mais rigorosos acerca de (resistência contra) abusos de poder. O mesmo vale para os movimentos feministas – cujas protagonistas nos séculos XVIII e XIX mostravam frequentemente estereótipos de gênero sobre as mulheres e defendiam direitos mais limitados para elas do que hoje. Para tornar isso mais complexo, há vários feminismos, e os feminismos negros ou decoloniais ou comunitários compartilham

---

* Em geral, usamos a palavra *escravidão* para referir ao sistema socioeconômico da dominação colonial e a palavra nominalizada *escravização* para referir aos processos, atos e abusos do sistema escravista.

muito pouco do feminismo europeu sobre direitos políticos e reprodutivos. Podemos generalizar ainda mais a afirmação para o desenvolvimento histórico da democracia e dos direitos humanos.

Portanto, sistemas, movimentos e noções como antirracismo, feminismo e democracia são sempre *contextualmente (local e historicamente) relativos*. Assim, defender, nos séculos XVII e XVIII, melhores tratamentos a pessoas escravizadas pode ser definido como parte da história do antirracismo, mesmo que a abolição do sistema de escravidão ainda não fosse defendida, e as pessoas escravizadas ainda fossem descritas em termos estereotipados – e, portanto, de forma dificilmente antirracista nos critérios atuais. Essa relatividade histórica não implica necessariamente que sempre haja progresso na luta contra a desigualdade em geral e contra o racismo em particular – como mostram os crescentes desenvolvimentos racistas, xenófobos e nacionalistas atuais no Brasil, nos EUA e na Europa. Para o Brasil, é especialmente relevante examinar a história da resistência à escravidão, à antiescravidão e ao antirracismo e sua influência estrutural na sociedade contemporânea (ver, por exemplo, Schwarcz, 1993, 2019).

DISCURSO ANTIRRACISTA

Vimos, então, que o discurso antirracista é uma prática antirracista do movimento antirracista. E com base na teoria do antirracismo, também precisamos desenvolver uma teoria do discurso antirracista, com aplicação à história desse discurso no Brasil. Entre outras práticas sociais e políticas, o discurso é fundamental por várias razões. Antes de tudo, o discurso é provavelmente a mais complexa das atividades humanas, mais sofisticado até do que a linguagem humana. Em segundo lugar, conforme já colocado, o discurso expressa e comunica estruturas mentais complexas, incluindo intenções, objetivos, conhecimentos, opiniões, atitudes, normas, valores e ideologias. Assim, o discurso antirracista não apenas possui estruturas discursivas específicas, como tópicos, temas, argumentos, narrativas, metáforas ou léxico antirracistas, mas também é baseado em cognições antirracistas específicas, como atitudes, normas, valores e ideologias que reproduz. Como veremos neste livro, o discurso antirracista pode contrariar argumentos racistas (por exemplo, a favor da escravização em certo contexto histórico) ou tornar explícitas as ideologias racistas por trás de textos e falas racistas.

HISTÓRIA DO DISCURSO ANTIRRACISTA

Embora um estudo de caso detalhado do discurso antirracista – como o que apresentaremos no capítulo "Discursos parlamentares sobre ação afirmativa", que abrange os debates parlamentares acerca das cotas raciais no ensino superior – possa exibir muitas estruturas específicas desse discurso, tais como provas estatísticas de discriminação racista, a história desse discurso também deve mostrar como ele se desenvolveu, por exemplo, em função de mudanças sociais, políticas e comunicativas. Os jesuítas que se opunham aos abusos escravistas nos séculos XVII e XVIII tinham públicos e leitores muito diferentes daqueles a que se dirigem membros do Parlamento atualmente. Mais ainda, exerciam diferentes papéis sociais e políticos em distintos sistemas sociais e políticos. Neste livro iremos rastrear e mostrar esses desenvolvimentos discursivos e seus contextos em mudança.

Há uma relação teórica entre texto e contexto – daí também a própria noção de *con*-texto. Em linguística e em muitos estudos do discurso, essa relação tem sido formulada como relação direta, causal, entre propriedades de algum contexto social e da linguagem, do uso da linguagem ou do discurso, tal como o uso de formas específicas de polidez (como a diferença entre *você* e *senhora* em português, indicando relação social).

Nossa teoria do contexto, pelo contrário, sustenta que não existe uma relação direta e causal entre a estrutura social e a estrutura do discurso, no mínimo porque esses são tipos muito diferentes de estruturas. De fato, ter mais poder não *causa* o uso de pronomes específicos: a relação entre estrutura social e estrutura do discurso é antes mediada cognitivamente. É a nossa representação cognitiva de uma estrutura social que influencia a estrutura cognitiva do discurso. Portanto, não é a relação social de poder que influencia a escolha do pronome, mas nosso conhecimento desse poder, na representação cognitiva da situação comunicativa, denominada *modelo de contexto*, uma noção que examinaremos no próximo capítulo. Obviamente, isso também vale para as mudanças e os desenvolvimentos históricos do discurso antirracista: pessoas falando e escrevendo adaptam seu discurso antirracista à representação subjetiva que têm de suas próprias identidades sociais e políticas, a seus objetivos, conhecimentos, opiniões e atitudes, bem como à sua representação sobre as identidades das pessoas com que interagem. E como esses modelos de contexto estão em constante mudança, também os discursos estão mudando, tanto pessoal quanto socialmente.

Este livro não trata de antirracismo, discurso antirracista e sua história em geral, mas de antirracismo, discurso antirracista e sua história no Brasil. Portanto, os contextos sociais, políticos e históricos desses discursos precisam estar relacionados à maneira como seus autores representavam pessoal e coletivamente esses contextos e, assim, os relacionavam às estruturas de seus discursos. Isso pode significar, por exemplo, que as estruturas retóricas de seu discurso antirracista eram diferentes daquelas do discurso antirracista na Europa e nos Estados Unidos, que analisamos em outro livro (Van Dijk, 2021).

Nesta obra, como em toda parte, o estudo da história não mostra apenas como o discurso antirracista mudou ou permaneceu o mesmo entre a resistência abolicionista e o discurso antirracista contemporâneo. Ele também permite profundidade analítica ao estudo de discursos e relações raciais contemporâneos, como também veremos acerca do uso da história negra como um movimento estratégico nos discursos de parlamentares (especialmente negros) nas análises do capítulo "Discursos parlamentares sobre ação afirmativa". O conhecimento e a consciência do passado racista brasileiro oferecem chaves analíticas para a compreensão do (anti)racismo, da discriminação, de atitudes e práticas autoritárias nos dias de hoje. Veremos que abundantes ativistas políticos e analistas acadêmicos observaram a continuidade entre a mentalidade de "senhores" da elite escravocrata e as elites econômicas (e sua mídia) hoje (entre muitos outros textos recentes, veja Schwarcz, 2019; Souza, 2019). Ao mesmo tempo, o conhecimento do contexto histórico fornece proteção contra análises anacrônicas do discurso passado, por exemplo, na distinção entre o discurso abolicionista dos séculos anteriores e o discurso antirracista atual.

O ENQUADRE TEÓRICO MULTIDISCIPLINAR

Entendemos que uma compreensão teoricamente satisfatória do discurso antirracista e sua história requer um arcabouço teórico complexo, relacionando o discurso antirracista como prática antirracista à cognição antirracista, incluindo representações mentais de contextos comunicativos historicamente mutáveis, como parte de uma teoria do antirracismo como movimento social. Cada elemento dessa complexa teoria também precisa ser relacionado às estruturas sociais, políticas e comunicativas em mudança histórica na sociedade brasileira, conforme a compreensão de autoras e autores brasileiros. E esse é apenas um resumo de um enquadre para análise da natureza de práticas antirracistas, estruturas cognitivas pessoais e sociais antirracistas (como conhecimentos e ideologias), as múltiplas estruturas do discurso antirracista e os diferentes aspectos históricos dessas estruturas e transformações.

LIMITAÇÕES

A complexidade do arcabouço teórico exigiria uma enciclopédia dos estudos sobre o discurso antirracista e sua história no Brasil. Portanto, em um livro como este, podemos apenas oferecer uma compreensão parcial desse discurso, com as seguintes limitações:

- O arcabouço teórico geral do antirracismo, do discurso antirracista e de sua história pode ser aqui apenas resumido, requerendo, no entanto, uma elaboração muito mais detalhada. Alguns dos elementos teóricos e bibliografia internacional da pesquisa sobre antirracismo são apresentados em outras de nossas publicações, especialmente em Van Dijk (2021).
- A versão original em inglês deste livro tem muitas referências internacionais, sobretudo para a teoria do antirracismo no capítulo "Quadro teórico". Infelizmente, nem sempre encontramos referências no Brasil dos detalhes da teoria.
- Existem muitas autoras e autores antirracistas na história do Brasil. Discutimos apenas o trabalho de alguns mais relevantes a cujos discursos tivemos acesso.
- Lamentamos especialmente não poder estudar mais textos de mulheres abolicionistas e antirracistas do século XIX e no início do século XX devido à falta de dados ou de acesso a esses dados.
- Muitos autores se envolveram em vários discursos falados e escritos, mas apenas alguns puderam ser citados aqui.

- Uma análise discursiva completa de exemplos exigiria muitas páginas, então mencionaremos apenas algumas estruturas relevantes desses discursos. Uma análise mais completa de discurso antirracista é oferecida no capítulo "Discursos parlamentares sobre ação afirmativa", a respeito de debates parlamentares sobre cotas no ensino superior.
- Para entender e explicar as estruturas discursivas desses exemplos, precisaríamos explicitar os contextos sociais, políticos, culturais e comunicativos, complexos e historicamente mutáveis, que são subjetivamente representados pelos autores. No caso dos autores e discursos discutidos aqui, apenas alguns aspectos desses contextos puderam ser mencionados. Cada autora ou autor e seu discurso antirracista merecem ser estudados em trabalhos separados.
- O discurso antirracista pode consistir em muitos gêneros do discurso. Nossos exemplos geralmente se limitam a gêneros sociais e políticos, e não nos debruçamos sobre textos poéticos, romances, teatro, filmes e muitos outros discursos de movimentos sociais, como conversas pessoais, *slogans*, planos de ação etc.
- A história do discurso antirracista no Brasil deve ser estudada em relação com estudos desse mesmo tipo nos EUA, na Europa e, por exemplo, na África do Sul e em outros países da América Latina. Esse contexto internacional não poderá ser oferecido aqui, mas vamos nos referir ao estudo dos discursos antirracistas na Europa e nos EUA em Van Dijk (2021), que complementa este livro.

Mesmo com essas limitações, esta obra contribui para uma variedade de campos e disciplinas, como Estudos Críticos do Discurso (ECD), Estudos Históricos do Discurso, Estudos do Discurso Político, bem como para estudos sobre o racismo e, principalmente, o antirracismo nas ciências humanas e sociais. Sendo um estudo do antirracismo como (macro)movimento global e histórico, o livro também é uma contribuição às análises multidisciplinares dos movimentos sociais.

Quadro teórico

Neste capítulo, apresentamos o referencial teórico utilizado para a análise do discurso antirracista e sua história no Brasil, a ser discutido nos próximos capítulos. Como explicado na "Introdução", trata-se de uma abordagem multidisciplinar. Mesmo tendo como referência trabalhos anteriores em Estudos Críticos do Discurso (ECD), a discussão sobre antirracismo, discurso antirracista e sua história no Brasil demanda teoria política, social e histórica. Parte dessa teoria, sobre discurso, racismo, discurso racista, conhecimento, ideologia e contexto, foi construída em nossos estudos anteriores, aos quais nos referimos detalhadamente mais à frente. A teoria que apresentamos sobre antirracismo e discurso antirracista é nova, bem como a discussão sobre as dimensões histórica e brasileira, embora tenha como base estudos anteriores sobre o discurso racista (por exemplo, Van Dijk, 1984, 1987, 1991, 1993).

A estrutura do referencial teórico é triangular: estruturas sociopolíticas com estruturas de discurso, por meio de uma interface de estruturas sociocognitivas (como discutido, por exemplo, em Van Dijk, 1998, 2008a, 2008b, 2009, 2014). A novidade no presente livro, assim como em nosso outro sobre discurso antirracista (Van Dijk, 2021), é introduzir uma quarta dimensão: a história. Esta dimensão qualifica os outros três componentes da teoria, o que significa pontuar que as demais estruturas (sociopolíticas, cognitivas e discursivas) têm, cada uma, sua própria dimensão histórica. E, mais ainda, cada uma articula também dimensão local específica: neste caso, o Brasil. Assim, nos próximos capítulos, as estruturas sociopolíticas, cognitivas e discursivas e os desenvolvimentos históricos discutidos serão específicos para o Brasil – vamos, então, descrever e explicar o discurso antirracista brasileiro e seu desenvolvimento histórico.

Em comparação com nosso livro anterior sobre racismo, também é nova a análise do antirracismo como um macromovimento histórico-social e global. O quadro utilizado é uma primeira proposta para um estudo mais geral, que está em preparação, sobre movimentos sociais, discurso e cognição. Trata-se de uma reflexão bastante relevante, dado que os aspectos cognitivo e discursivo dos movimentos sociais foram menos desenvolvidos na abordagem dominante dos movimentos sociais, de caráter (predominantemente) sociológico e político (para uma abordagem multidisciplinar, ver, por exemplo, Della Porta e Diani, 2015; Klandermans e Roggeband, 2010).

ANTIRRACISMO

Antes de nos concentrarmos nos principais componentes de uma teoria multidisciplinar do antirracismo, em geral, e do discurso antirracista, em particular, precisamos examiná-los em termos mais generalizantes e informais.

Antirracismo como movimento histórico global

Conforme discorremos brevemente na "Introdução", uma primeira abordagem produtiva para problematizar o antirracismo é defini-lo como um movimento social, comparável ao feminismo (Twine e Blee, 2001). O objetivo geral desse movimento é se opor a todas as formas de racismo, assim como ao antissemitismo, à xenofobia, à islamofobia, ao colonialismo, à escravização e a outros tipos de abuso de poder baseado em desigualdade étnico-racial. Isso significa que o antirracismo como movimento pressupõe a existência do racismo como sistema generalizado de dominação racial ou étnica.

O antirracismo é um movimento de movimentos (um macromovimento) histórico-social, porque se opôs a várias formas de desigualdade e dominação racista ao longo de muitos séculos na Europa, nas Américas e em outros continentes. Emerge, primeiro, como um macromovimento para criticar e combater os abusos e, depois, o sistema da escravização de povos africanos e indígenas, mesmo antes da noção de "raça", "racismo" e "antirracismo" surgirem nos séculos XIX e XX (ver Aptheker, 1992; Schwarcz, 1993; Van Dijk, 2021; para a noção de raça no século XVI, ver Quijano, 2003). Em outras palavras, usamos os termos contemporâneos para descrever sistemas de desigualdade e dominação, e a luta contra eles, não porque os participantes desses movimentos os usassem, mas porque, como analistas, precisamos dessas noções para descrever esses sistemas de dominação e a oposição a eles.

O antirracismo também é um macromovimento global, porque está envolvido na oposição crítica e na luta contra muitas formas de opressão e racismo em diversos países e em todos os continentes (Bonnett, 2000; Bowser, 1995). No entanto, especialmente para os objetivos deste livro, nos limitaremos a definir o racismo como forma de abuso de poder (dominação) praticada por pessoas europeias ("brancas" ou "mais brancas") e seus descendentes em qualquer lugar do mundo contra populações não brancas, especialmente de ascendências africanas e indígenas. Nestes termos, o antirracismo é definido aqui como um macromovimento que se opõe ao "racismo branco" (entre muitos livros, ver, por exemplo, Feagin, Vera e Batur, 2001).

Embora sejam relevantes para uma teoria mais geral do antirracismo, aqui ignoramos a oposição a preconceitos japoneses contra coreanos, e outros tantos conflitos interétnicos na Ásia, África ou Europa, como a discriminação xenofóbica ou regional na Europa (por exemplo, os preconceitos da população do Norte da Itália contra italianos do Sul). Apesar das diferenças históricas e regionais de racismo/ etnicismo e antirracismo, há notáveis semelhanças estruturais entre ideologias, preconceitos e práticas discriminatórias de grupos dominantes contra grupos dominados por componentes "étnicos" ou "raciais".

O antirracismo, como um macromovimento histórico e global, consiste em muitos movimentos sociais locais e mais específicos, como os movimentos abolicionistas na Europa e nas Américas, o Movimento por Direitos Civis nos EUA, o Movimento Negro Unificado no Brasil ou o Black Lives Matter (Vidas Negras Importam) mais globalizado.

A seguir, usaremos com frequência o termo "movimento" em vez de "macromovimento", quando nos referimos ao antirracismo, mas entende-se que é um movimento histórico e global que consiste em muitos movimentos diferentes em vários países.

Como veremos em mais detalhes, o antirracismo como movimento de resistência, pode se apresentar mais ou menos organizado; de atos incidentais de resistência de alguns indivíduos ou grupos menores a organizações locais, nacionais ou internacionais de movimentos sociais institucionalizados.

Antirracismo como resistência

O antirracismo como movimento sociopolítico é, antes de tudo, engajado ativamente em favor daqueles que são alvo de escravização e de outras formas de dominação racista, no caso do Brasil, historicamente, pessoas de ascendências africana e indígena. Nesse sentido específico, o antirracismo é um modo de resistência contra formas de abuso de poder étnico-racial e de violações dos direitos humanos de pessoas racializadas como não brancas (ver Alexander, 1987; Berry, 1971; Brazil, 2002; Cypriano e Anjos, 2006; De Mattos, 2008; Marable, 1996; Ribeiro, 2019; Rodriguez, 2007 Sivanandan, 1982, 1990).

A noção abstrata e genérica de "resistência" resume muitas atitudes e práticas de oposição sociopolítica, incluindo descontentamento, desaprovação, crítica, denúncia, não cooperação, desafio, confronto, combate e luta. A resistência antirracista pode ser individual, mas, como movimento, o foco principal é a resistência coletiva de grupos que são alvos de racismo como forma de dominação (Tajfel, 1982). A resistência de seus membros, portanto, pressupõe uma identidade e consciência compartilhadas como integrantes desse grupo e, portanto, como parte da resistência coletiva (ver, por exemplo, Stern, 1987). Portanto, além de uma análise detalhada das práticas antirracistas, esses movimentos também se definem em termos de suas cognições compartilhadas socialmente, como atitudes e ideologias antirracistas, conforme discutiremos a seguir.

Nem todos os alvos da dominação racista são necessariamente conscientes dessa dominação e, nesse sentido, ainda não são membros do movimento antirracista. Daí a importante e complexa atividade de conscientização, isto é, da educação antirracista (ver, por exemplo, Kailin, 2002). Como sabemos com base em muitos outros movimentos sociais, os membros podem muito bem estar conscientes da discriminação racista, mas não participarem de formas individuais ou coletivas de resistência. Essa resistência em si pode assumir muitas facetas, desde a desobediência, passando por ações coletivas como protestos e marchas, até a luta armada. Não participar ativamente, no entanto, não significa não concordar ou simpatizar com os movimentos, suas ações e seus objetivos. Análises detalhadas das cognições antirracistas e ações de membros ou simpatizantes produzem padrões complexos de antirracismo como um movimento social.

A participação no antirracismo como movimento social não se limita aos alvos do racismo. Muitas pessoas racializadas como brancas também podem resistir à dominação racista, por exemplo, porque essa dominação é contra normas e valores compartilhados de igualdade e justiça, e suas formas de resistência são um modo de aliar-se aos movimentos antirracistas (ver Crass, 2015; O'Brien, 2001). Tal como para os membros dos grupos dominados, também a participação de membros do grupo dominante pode assumir muitas formas ativas ou passivas, como simpatia, apoio, cooperação e atuação em ações coletivas. Nesse sentido, o antirracismo não é só um movimento de resistência, mas também de *solidariedade*, uma noção importante para muitos movimentos que não serão abordados aqui (ver Giugni e Passy, 2001). Interessante e complexa é a identidade e a consciência antirracistas desses membros do movimento antirracista, que implicam uma análise crítica de sua branquitude (Tochluk, 2008). As críticas intragrupo podem produzir conflitos, e essas pessoas podem ser tratadas como "traidoras" do grupo. Nesse sentido, pessoas brancas antirracistas podem enfrentar reações de outros brancos, especialmente brancos racistas, assim como os homens que são membros ativos dos feminismos podem ser confrontados por homens abertamente machistas (Okun, 2014).

Membros antirracistas do grupo dominante podem ocupar posições de poder, como é o caso dos agentes de mudança entre as elites simbólicas, como docentes universitários, jornalistas ou políticos (Van Dijk, 1993). Em tal posição, suas atitudes e práticas críticas podem contribuir de maneira significativa para o movimento antirracista – possivelmente em conflito com as elites simbólicas que sustentam o sistema de racismo – por terem acesso preferencial ao discurso público e, portanto, à formação da opinião pública. No estudo do debate parlamentar sobre cotas para estudantes negros, por exemplo, observamos como parlamentares brancos, especialmente do Partido dos Trabalhadores (PT), no Brasil, estão ativamente engajados na luta política em favor das cotas. Ao mesmo tempo, podem ser confrontados pelas elites brancas, como professores e jornalistas que se opõem às cotas (ver o capítulo "Discursos parlamentares sobre ação afirmativa").

A nosso ver, a análise teórica do antirracismo como movimento social precisa acomodar também a participação acidental ou estrutural de membros de grupos dominantes, organizações, partidos políticos e instituições do Estado, como agências governamentais e parlamentos. Parece estranho tratá-los como membros de um movimento de resistência e de solidariedade, mas a oposição a um sistema de racismo poderoso e profundamente enraizado pode exigir uma oposição complexa – na qual cada membro e organização tem seus próprios objetivos e papéis específicos no movimento.

Por meio de constituições e leis antirracistas, instituições nacionais (como parlamentos) podem tornar-se parte do movimento antirracista, a fim de restringir práticas racistas específicas, tais como a escravização e a discriminação racista no trabalho (Cheng, 2017; Wodak e Van Dijk, 2000). Nesse caso, o antirracismo pode se tornar sistêmico e fazer parte da transformação sociopolítica da sociedade, como também é o caso, pelo menos em alguns países, dos feminismos ou dos movimentos ambientalistas. Esse também pode ser o caso das políticas antirracistas de algumas empresas (ver a crítica de tais políticas em Blake, Ioanide e Reed, 2019). Deve-se notar, no entanto, que documentos oficiais como constituições, leis e políticas não implicam necessariamente uma influência decisiva sobre crenças e práticas antirracistas concretas da população. Ou seja, não basta a força da lei para tornar o racismo pouco ou menos comum.

Antirracismo como transformação social

O antirracismo vai além da luta contra o racismo, mesmo que este seja seu primeiro objetivo permanente. Não é apenas *contra* o abuso de poder, mas também *em favor* de uma sociedade democrática, livre de racismo e que respeite os direitos humanos e sociais. E se conseguíssemos erradicar todas as formas de racismo? Isso seria suficiente para uma sociedade não racista?

Essas e outras questões afins também foram debatidas em muitos estudos sobre multiculturalismo: como são administradas sociedades etnicamente diversas? Como são construídas as relações étnicas ou raciais? Como o poder poderia ser distribuído igualmente? Como as minorias sociais (que no Brasil pode ser uma maioria demográfica) podem ser protegidas no regime democrático em que a maioria social (no Brasil uma minoria demográfica) tem poder político? Em outras palavras, também precisamos teorizar sobre o antirracismo como transformação sociopolítica, quando observamos que muitas formas de injustiça e desigualdade étnico-racial ainda prevalecem em todas as sociedades. As perguntas aqui são mais abundantes do que as respostas, e talvez ainda não tenhamos as perguntas corretas. As questões também vão muito além do racismo e do antirracismo, e direcionam os desafios filosóficos e políticos fundamentais das sociedades democráticas, tópicos que estão além do escopo da discussão deste livro (ver, por exemplo, sobre vários aspectos do multiculturalismo, Arneil, 2006; Benhabib, 2002; Kelly, 2002; Kymlicka, 1995; Modood, 2013; sobre debate multicultural no Brasil, ver, por exemplo, Adesky, 2001; Barros, 2008; De Oliveira, 2006; Munanga, 1999; Santos, Barreira e Baumgarten, 2003).

Sem dar conta da complexidade dessas questões, mencionamos alguns tópicos em que o antirracismo e a interculturalidade se sobrepõem na definição dos objetivos de uma sociedade democrática sem racismo. Isso significa, antes de tudo, que qualquer tipo de sociedade racial, étnica ou culturalmente diversa deve continuar lutando contra todas as formas de racismo. Essa luta contínua é tão complicada quanto à própria sociedade e pode envolver ampla legislação, regras, agências, apoio a organizações antirracistas, proteção de populações minorizadas, educação e livros antirracistas, processos contra a mídia racista e assim por diante. Essa mesma tarefa, no nível social, é tão complexa que, obviamente, por falta de recursos e limites de tempo, é preciso definir prioridades, como a proibição e a perseguição das formas mais violentas, perigosas e consequentes de agressão racista e a discriminação de pessoas dos grupos minorizados mais vulnerabilizados em termos étnico-raciais. E isso também vale para a proteção contra a manipulação maciça de preconceitos e ideologias étnico-raciais.

Como a maioria das sociedades é étnica/racialmente diversa, as relações democráticas exigem regras e direitos sociopolíticos, além da luta contra todas as formas de racismo. Aqui estão alguns objetivos intimamente relacionados à luta contra o racismo, parcialmente ilustrados com exemplos do Brasil:

- **Legislação antirracista**: Obviamente, a tarefa principal de uma sociedade antirracista é a legislação contra todas as formas de racismo, e, sobretudo, contra as muitas formas de discriminação. No Brasil, a Constituição Cidadã de 1988 declarou o racismo como "crime inafiançável e imprescritível" (Lafer, 2005).
- **Ação afirmativa:** O Estado precisa oferecer apoio especial a (membros de) grupos étnico-raciais minorizados que foram historicamente escravizados, oprimidos e discriminados e, como consequência, ainda estão em uma posição socioeconomicamente subordinada. Negar essa necessidade é uma forma de racismo porque impede que esses grupos étnico-raciais minorizados avancem para uma posição de igualdade com os grupos brancos dominantes? A questão é relevante para a análise do debate parlamentar no Brasil sobre cotas para estudantes negros, que até o início dos anos 2000 estavam severamente sub-representados nas universidades. Como veremos no capítulo "Discursos parlamentares sobre ação afirmativa", políticos, mídia e docentes que se opunham a essa forma de ação afirmativa eram frequentemente acusados de racismo pelos proponentes das ações. A questão é relevante para muitas outras formas de ação afirmativa, por exemplo, no trabalho, em promoções, nos compromissos de diversidade em partidos políticos, nas agências governamentais e assim por diante. Conforme veremos no capítulo "Discursos antirracistas contemporâneos", o famoso político, ativista e estudioso afro-brasileiro Abdias do Nascimento (1978, 1982) criticou o regime militar por não nomear embaixadores negros, mesmo para países africanos.
- **História negra:** Entre os muitos tópicos presentes no debate sobre a interculturalidade, está a (falta de) atenção oficial para as expressões e manifestações culturais como as artes, as tradições, os idiomas, a religiosidade ou a história de grupos étnicos minorizados. Dessa forma, estudantes negros no Brasil quase nunca encontravam na escola referências sobre as heranças africanas até que a história negra se tornou um tópico obrigatório da educação durante a gestão do presidente Lula. Em outras palavras, uma sociedade antirracista deve garantir reconhecimento oficial, recursos e apoio para as dimensões socioculturais fundamentais dos grupos

minorizados. Esses direitos são particularmente relevantes porque podem contribuir para aumentar a autoestima dos membros de grupos minorizados e, portanto, para aumentar suas oportunidades socioeconômicas. No Brasil, o Dia da Consciência Negra (20 de novembro) é amplamente respeitado e comemorado, e, no capítulo "Discursos parlamentares sobre ação afirmativa", veremos que muitos dos debates parlamentares sobre as ações afirmativas e o racismo são realizados nesse dia (mas são conquistas ameaçadas pelo autoritarismo vigente desde 2019).

Esses são apenas alguns exemplos particularmente relevantes para a discussão do presente livro. Mas existem muitos outros aspectos das sociedades racializadas, como sua representação política, autonomia, idioma e religião, dentre outros, em que liberdade, igualdade e justiça para grupos racializados precisam ser garantidas, protegidas ou promovidas. Essa "política de identidade", no entanto, encarna muitas contradições, por exemplo, quando leis, normas e valores dominantes colidem com os de grupos racializados e quando as liberdades individuais dos membros são limitadas pelas normas e valores do grupo. Tais contradições têm sido discutidas no debate entre perspectivas comunitárias *versus* liberais acerca de grupos racializados e hierarquias raciais, bem como críticas teóricas e políticas mais gerais sobre (ou alguns princípios da) interculturalidade. Por exemplo, contra a visão de culturas separatistas, uma perspectiva cosmopolita sustenta que na maioria das sociedades contemporâneas as culturas interagiram e se tornaram híbridas. Alguns teóricos defendem que apenas direitos humanos individuais devem ser protegidos, não direitos de grupo. Outros sugerem que os grupos minorizados podem prejudicar os direitos sociais de todos aqueles que precisam de uma política de redistribuição, e não de identidade. Veremos nos capítulos "Discursos antirracistas após a abolição" e "Discursos antirracistas contemporâneos" que no Brasil esse debate também se relaciona com o mito da democracia racial e da miscigenação cordial. Alguns desses tópicos serão centrais à análise do debate parlamentar no capítulo "Discursos parlamentares sobre ação afirmativa".

É relevante para este capítulo teórico, bem como para as análises dos próximos capítulos, a ênfase de que uma sociedade igualitária e democrática deve necessariamente ser não racista e fornecer aberta oposição a todas as formas de racismo, mas também deve criar garantias para que grupos minorizados nativos, diaspóricos ou imigrantes e seus membros possam exercer os mesmos direitos e oportunidades que os grupos dominantes e seus membros.

COGNIÇÃO ANTIRRACISTA

Os aspectos cognitivos das práticas e do discurso antirracistas são cruciais para entender o antirracismo, embora muitas vezes sejam negligenciados nas abordagens sociais e políticas dos movimentos sociais em geral, e no estudo do antirracismo, em particular. Isso não significa que individualizamos um movimento sociopolítico como o antirracismo. Pelo contrário, uma parte importante da teoria cognitiva é social e lida com representações mentais compartilhadas pelos membros de um movimento social. Mas esses membros também têm características pessoais, como experiências individuais, memórias, opiniões e objetivos, que são expressos ou incorporados em seus discursos pessoais e outras práticas antirracistas. Precisamos analisar tanto a cognição antirracista pessoal quanto a social e relacioná-las explicitamente em uma teoria geral do antirracismo. Embora uma teoria cognitiva completa do antirracismo e do discurso antirracista exija um estudo por si só, resumiremos brevemente as principais noções cognitivas usadas, como conhecimento, atitudes, ideologias e modelos mentais, para focalizarmos a história do discurso antirracista nos próximos capítulos.

Conhecimento

O conhecimento compartilhado socioculturalmente é a base de toda cognição. Sem esse conhecimento, somos incapazes de nos envolver em ação e interação, produzir ou entender discursos ou compreender o mundo em que vivemos. Esse vasto conhecimento do mundo é lentamente construído durante nossas vidas e gerado a partir de experiências multimodais, interação e discurso, bem como das inferências deles derivadas (ver, por exemplo, Goldman, 1986). Presume-se que o conhecimento consista em conceitos e crenças específicos, armazenados na memória "social" de longo prazo (MLP), codificados no cérebro e organizados de vários modos que os tornem acessíveis, de maneira eficiente, por exemplo, em categorias hierárquicas (carros e bicicletas são veículos), relações entre componentes (veículos têm rodas), esquemas ou *scripts* socialmente convencionais (por exemplo, sobre como ir ao cinema).

O que é importante para a teoria aqui resumida é a natureza básica do conhecimento para a produção e a compreensão do discurso antirracista (Van Dijk, 2014). Para entender palavras, sentenças e fragmentos maiores do discurso, precisamos não apenas ativar a gramática e o léxico de um idioma específico, mas também nosso conhecimento socialmente compartilhado de situações e eventos sobre os quais o discurso se refere, construindo juntos o significado local e global de um discurso.

Conhecimento antirracista

Como é o caso de todo conhecimento como base de percepção, ação e discurso, o conhecimento antirracista é necessário para se envolver em práticas antirracistas, em geral, e nos discursos antirracistas, em particular. Para se opor à ação ou conversa racistas, precisamos saber que elas são racistas em primeiro lugar, ou pelo menos que violam certas normas e valores sociais. Por exemplo, um desses valores é a igualdade e, se somos tratados de forma desigual, por causa de nossa cor, gênero, sexualidade ou classe, sabemos que estamos sendo discriminados – e podemos aprender a concluir o mesmo quando outras pessoas são tratadas de maneira diferente devido a uma violação de normas e valores. Como membros de um grupo "racial" ou "étnico" minorizado, adquirimos esse conhecimento como parte de nossa socialização.

Além do conhecimento geral sobre normas e valores sociais e sua aplicação em situações específicas de interação social, podemos também adquirir conhecimentos específicos sobre eventos e situações racistas prototípicas; por exemplo, quando a polícia para um carro de pessoas racializadas sem motivo, verifica seus documentos ou as trata de maneira diferente do tratamento reservado a pessoas consideradas brancas. Da mesma forma, essa prática racista pode ser mais ou menos sutilmente interativa quando as pessoas se dirigem a nós, por exemplo, violando normas gerais de polidez (ver, por exemplo, Dei e Calliste, 2000; Prah, 2000).

Uma análise sistemática do discurso antirracista pressupõe esse conhecimento de situações, eventos e ações racistas. Como veremos em mais detalhes a seguir, esse discurso pode simplesmente contar uma história sobre um evento racista ou protestar contra aspectos específicos de tal evento. Para interpretar discurso e evento como racistas, obviamente precisamos, em primeiro lugar, saber o que é racismo. Esse conhecimento, no entanto, é historicamente datado e compartilhado de maneira socialmente desigual. Muitos dos discursos referidos neste livro são sobre escravização e pressupõem conhecimento sobre ela, mas – estritamente falando – não sobre "racismo", termo usado apenas no século XX. Mas, como veremos neste livro, se definimos o conceito de "racismo" como uma forma de hierarquia entre os povos, ele já estava presente há muito mais tempo, caracterizando o colonialismo desde o século XVI, quando os termos "raça" e "racismo" ainda não existiam. Ainda hoje, são discursos considerados antirracistas porque se opõem ao tratamento desigual a pessoas negras e porque seus autores se opuseram à escravização ou seus abusos, como violação de normas e valores sociais fundamentais, como igualdade, liberdade e justiça.

Mas para saber que uma situação, evento, ação ou discurso é racista, precisamos não apenas ativar e aplicar nosso conhecimento sobre o racismo e sobre a violação de normas e valores sociais específicos. Podemos precisar analisar uma situação social, incluindo seus participantes, ações, interações, discursos, circunstâncias, bem como as intenções ou objetivos assumidos dos participantes e suas identidades, papéis e relações atuais. Em outras palavras, precisamos reconhecer atitudes.

Atitudes antirracistas

Além do conhecimento compartilhado socioculturalmente, também temos opiniões compartilhadas socialmente sobre questões sociais importantes, como imigração, aborto ou pena de morte: são as atitudes. As atitudes relacionam situações, ações e eventos genéricos com avaliações baseadas em valores e normas socialmente compartilhados. Essa avaliação pode ser resumida como sendo a favor ou contra um problema. Atitudes antirracistas pressupõem conhecimento das atitudes racistas. Em muitos dos discursos analisados neste livro, os autores compartilham uma atitude antirracista sobre a escravização e, ao expressar ou demonstrar tal atitude, eles podem se opor às atitudes racistas sobre o mesmo tema. Entendemos que as práticas antirracistas são baseadas em atitudes antirracistas (sobre atitudes e raça, ver, por exemplo, Banks, 2014; Grant, 2000; Helbling, 2012; referentes ao Brasil, ver Bailey, 2009).

Embora existam muitas teorias sobre a estrutura cognitiva ou a organização do conhecimento, sabemos pouco sobre as propriedades cognitivas das atitudes – também porque elas foram tradicionalmente estudadas pela Psicologia Social Behaviorista, e não pela Psicologia Cognitiva (Petty, Fazio e Brinol, 2008). Diferentemente da Psicologia Social tradicional, por exemplo, definimos atitudes como compartilhadas socialmente pelos membros de grupos sociais, e não como opiniões pessoais dos indivíduos.

Dados os muitos discursos sobre a escravização examinados neste livro, podemos tentar reconstruir atitudes sociais histórica e socialmente mutáveis sobre a escravização com base no conhecimento socialmente compartilhado sobre ela. Tais atitudes complexas podem incluir conhecimento sobre as pessoas que foram escravizadas, de onde elas vieram, que trabalho faziam e como eram tratadas, sobre os senhores e seus abusos, bem como sobre leis e regulamentos acerca da escravização – entre muitos outros aspectos. A atitude antirracista em relação à escravização pode, assim, apresentar opiniões críticas sobre a escravização como um sistema em nível geral, e opiniões sobre os senhores escravocratas e suas práticas, bem como empatia com a condição das pessoas escravizadas e engajamento com suas causas. Por exemplo, jesuítas escreveram extensivamente sobre o tratamento a pessoas escravizadas, sobre castigos e outros abusos, sobre a necessidade de descanso, alimentação e vestuário, assim por diante. Seus discursos, portanto, contribuíram para o desenvolvimento (lento) e compartilhamento social de atitudes críticas sobre a escravidão, ainda que seu posicionamento não tenha sido tão radical a ponto de condenar de maneira explícita qualquer forma de exploração de trabalho forçado. O exemplo mostra também que existem diferenças pessoais significativas de atitudes sociais. Muitas pessoas podem ter apenas uma atitude negativa geral sobre a escravização, sem conhecimento detalhado de como as pessoas escravizadas são ou foram tratadas. Podemos assumir que grupos em situação hierarquicamente desfavorável com base em raça geralmente tenham atitudes antirracistas mais explícitas, baseadas em conhecimento vivencial sobre as maneiras como são discriminadas, e por isso têm atitudes mais firmes sobre policiamento racista ou ações afirmativas.

Ideologia antirracista

Partimos do pressuposto de que o racismo e outras práticas sociais estejam baseados na ideologia racista. O mesmo pode ser dito para atividades antirracistas, bem como as atitudes antirracistas subjacentes – que precisam ser organizadas por uma ideologia antirracista fundamental. Embora não saibamos qual é a estrutura geral das ideologias, elas provavelmente reúnem categorias como identidade, ações gerais, objetivos, normas, valores e grupos de referência (Van Dijk, 1998). O conceito de ideologia antirracista deve ser bastante geral e abstrato, para ser capaz de organizar muitas atitudes antirracistas diferentes, bem como interpretações de diversos membros do grupo sobre muitas situações e discursos. Assim, uma ideologia antirracista subjaz a atitudes antirracistas – e os discursos e outras práticas que as expressam – sobre questões gerais como escravização, colonialismo, imigração, refugiados ou ações afirmativas, entre outras.

As ideologias são tipicamente polarizadas entre o endogrupo e o exogrupo: NÓS *versus* ELES. Essa polarização influencia a estrutura de atitudes, bem como os discursos nelas baseados, como veremos também nas análises de discursos antirracistas nos próximos capítulos. Frequentemente, essa polarização é expressa no discurso, enfatizando as características negativas do grupo ELES e as positivas do grupo NÓS – como também é o caso dos discursos antiescravização e de outros discursos antirracistas.

Como as práticas racistas são controladas por ideologias racistas, um dos objetivos antirracistas centrais é analisar criticamente, opor-se e deslegitimar ideologias racistas, em geral, e atitudes racistas que decorrem dessas ideologias, em particular. Os discursos antiescravização, abolicionistas e antirracistas analisados neste livro, por exemplo, desafiam a ideologia racista da supremacia branca e as atitudes decorrentes dela, como aquelas sobre a escravização como sistema e sobre hierarquias raciais em geral.

A ideologia antirracista está baseada em valores de igualdade e de justiça, mas também de reparação histórica. O discurso ideológico antirracista pode desafiar a oposição contra ações afirmativas – por exemplo, as que alegam que a prioridade a estudantes negros violaria o valor da igualdade –, argumentando que exigir tratamento igual para pessoas em posição desigual realmente reproduz a desigualdade racista, como elucidaremos no capítulo "Discursos parlamentares sobre ação afirmativa".

Essa perspectiva se aplica à oposição universalista contra as cotas, que sustenta que o apoio especial não deveria ser dado a estudantes negros (geralmente pobres), mas a todos os estudantes pobres – ou que o foco deveria ser a melhoria de todas as escolas públicas para favorecer condições menos desiguais entre classes. Esses argumentos contra as cotas aparentemente respeitam os valores democráticos, mas na prática não conseguem garantir mais acesso a estudantes negros em universidades, porque as condições sociais gerais (melhores escolas para todos) não se realizam. Vemos que muitas formas de antirracismo são lutas ideológicas. Como Piketty (2020) mostra em seu livro sobre capital e ideologia, todas as formas de desigualdade são justificadas pelas ideologias subjacentes, e isso se nota, também, para ideologias racistas. É algo que se aplica aos sistemas de igualdade e justiça, como preconizado pelos antirracismos e pelos feminismos.

Modelos mentais pessoais

Os movimentos antirracistas são identificados coletiva e cognitivamente por seus conhecimentos, atitudes e ideologias antirracistas. Seus membros podem compartilhar essas formas de cognição social de maneira variável.

Mas ativistas individuais do movimento antirracista não são apenas caracterizados por suas crenças (ou características sociais) compartilhadas com outros membros, mas também têm características pessoais, como uma história de experiências e opiniões próprias. Eles participam de eventos antirracistas e de ações coletivas também como indivíduos, com suas experiências pessoais, autobiografia e objetivos. É crucial para a teoria e a história do discurso antirracista compreender que seu discurso não é moldado apenas por conhecimentos, atitudes e ideologias compartilhadas socialmente, mas também por essas experiências e ideias pessoais.

Uma das noções usadas na psicologia cognitiva do discurso é a do modelo mental (Johnson-Laird, 1983; Van Dijk e Kintsch, 1983). Trata-se de uma representação mental de experiência armazenada na memória autobiográfica. Alguém que está passando por um evento racista, por exemplo, constrói um modelo mental desse evento, apresentando categorias padrão como tempo, local, participantes (e suas identidades, papéis e relações), um evento ou ação, bem como objetivos, conhecimentos e opiniões. Ao reviver na linguagem esse evento, falando sobre ele posteriormente, ativamos o modelo mental e – dependendo do contexto (ver a seguir) – o expressamos em uma história, conversa, e-mail ou reclamação oficial à polícia, por exemplo. Tais modelos mentais podem ser multimodais e apresentam informações visuais ou outras informações sensoriais sobre o evento. Se acumularmos esses modelos mentais de experiências racistas, é claro que podemos generalizar e abstrair de tais modelos pessoais e específicos, compará-los com os modelos presentes em outras histórias de membros do grupo (antirracista) e, assim, formar ou confirmar atitudes antirracistas, por exemplo, em relação a várias formas de discriminação cotidiana.

Os modelos mentais pessoais em geral não são completamente pessoais, porque tendemos a interpretar nossas experiências também ativando e aplicando cognições socialmente compartilhadas, como conhecimentos socioculturais, atitudes e ideologias. Assim, da mesma maneira que uma feminista pode interpretar experiências sexistas como sendo sexistas, independentemente de ter vivenciado um evento particular ou ouvido sobre a experiência de outra pessoa, também pessoas antirracistas dispõem de recursos cognitivos para reconhecer uma conduta racista como tal.

Nós não apenas interpretamos modelos sobre situações racistas, mas também sobre a *situação comunicativa* em que participamos: são os *modelos de contexto* (Van Dijk, 2008, 2009). Os modelos de contexto nos permitem adaptar nosso discurso à situação comunicativa. Assim, podemos adaptar uma história de experiência racista em uma conversa entre amigos, mas também em uma entrevista, uma notícia, um poema ou um relatório oficial à polícia. Portanto, o *conteúdo* de uma história de racismo é controlado pelo modelo mental *semântico* subjetivo do evento racista, mas os detalhes de estilo (*como* contar a história aqui e agora) são controlados pelo modelo de contexto *pragmático* da situação comunicativa. Modelos de contexto definem se um discurso é *apropriado* ou não, pois nem toda história é apropriada para ser contada em uma situação específica. Portanto, para uma análise pragmática do discurso, precisamos analisar a situação de comunicação construída mentalmente pelos participantes.

Modelos mentais de experiências racistas são tipicamente expressos em histórias, e essas histórias podem, por si só, ser eventos comunicativos dos membros de movimentos e resistência antirracistas (ver Polletta, 2006). No capítulo "Discursos parlamentares sobre ação afirmativa", apresentaremos exemplos de histórias contadas por parlamentares negros sobre suas experiências com discriminação racista.

ATORES ANTIRRACISTAS, AÇÃO E INTERAÇÃO

As cognições antirracistas estão literalmente incorporadas aos atores antirracistas, e os movimentos antirracistas são definidos primeiro por seus membros, ou seja, por esses atores (Nelson, 2015). Mas eles possuem também propriedades sociopolíticas. Têm identidades sociais, papéis e relações. Podem ser líderes ou seguidores, organizadores ou participantes da ação coletiva. Suas identidades, relações e papéis definem e são definidos por seus relacionamentos com outros membros, pessoas e organizações (como é o caso de docentes e discentes, gerenciadores de mídia e público) ou pelo tipo de ação envolvida, tal como dirigir uma reunião ou dar uma entrevista. Esses papéis e identidades foram extensivamente estudados na sociologia dos movimentos sociais (sobre liderança, ver, por exemplo, Barker, Johnson e Lavalette, 2001; Stutje, 2012). Veremos nos próximos capítulos que muitos dos discursos antirracistas no Brasil foram formulados por líderes carismáticos do movimento abolicionista e dos Movimentos Negros. Os movimentos sociais contemporâneos, por sua vez, podem preferir uma organização mais horizontal, sem a hierarquia de líderes poderosos, como é o caso de Black Lives Matter (ver, por exemplo, Hillstrom, 2018; Sitrin, 2005; Telles, 2017; Uitermark, 2017).

Além da cognição pessoal e social antirracista e de seus participantes, o antirracismo é definido pelas práticas antirracistas, isto é, pela ação e interação antirracista, individual ou coletiva, tal como participar de uma passeata ou ocupação. O plano ou a memória de tal ação é representado nos modelos mentais individuais dos participantes, possivelmente pelo menos um pouco diferentes devido às biografias, a experiências anteriores (modelos antigos), metas, interesses etc. de cada participante – o mesmo pode ser dito sobre diferentes histórias pessoais em um evento (para estudos da agência antirracista, ver, por exemplo, Castle, 2018; Nelson, 2015; O'Brien, 2001; Scott, 2000; Slocum, 2006).

Como uma ação antirracista geralmente envolve vários participantes antirracistas, esses membros precisam adaptar suas atividades às de outros, em formas complexas de interação, negociação, coordenação etc. – mesmo que apenas pela linguagem corporal em ações materiais, como fazerem passeatas juntos, ocuparem lugares, e assim por diante (Crass, 2013). Daí também a relevância dos modelos mentais multimodais dessas formas de ação coletiva.

Discurso antirracista no Brasil

No capítulo "Discursos parlamentares sobre ação afirmativa", dedicaremos atenção especial às (inter)ações de políticos em debates parlamentares e às ações de docentes e discentes envolvidos em movimentos ligados a ações afirmativas.

As estruturas de ação e interação antirracistas como parte de um movimento social em geral, ou de um movimento social antirracista, em particular, podem ser avaliadas em uma análise microssociológica. Assim, podem apresentar várias formas de preparação, organização, execução, controle e avaliação. Podem antecipar reações da polícia ou de outros agentes e pessoas do grupo dominante, como no caso de reações de grupos racistas. Dito de outro modo, seja entre outros membros antirracistas ou em interação com vários tipos de oponentes, formas complexas de interação precisam ser examinadas (ver, por exemplo, Mitchell, Every e Ranzijn, 2011; Whitehead, 2015).

Os movimentos antirracistas não são definidos apenas por atores e ações, mas também por sua organização. Ou seja, além de uma abordagem microssociológica, podemos precisar de elementos de uma abordagem macrossociológica clássica de organizações e movimentos, por exemplo, em termos de suas estruturas horizontais (não) hierárquicas de liderança ou tomada de decisão, bem como de seu relacionamento com outras organizações e o Estado, com a polícia ou a mídia, dentre outros atores. Essa análise pode envolver como o movimento é reproduzido pela adesão de novos membros, como é iniciado e abandonado ou como é abordado na mídia (para organizações antirracistas, ver Dashtipour e Rumens, 2018).

Atores, ações e organizações antirracistas definem coletivamente a luta antirracista e, portanto, geralmente enfrentam oposições mais ou menos difíceis. Por exemplo, a opressão policial ao Movimento dos Direitos Civis ou a oposição ao movimento Black Lives Matter nos EUA. Nos próximos capítulos, veremos as reações dos senhores escravocratas no Brasil aos movimentos de abolição e da mídia contra cotas raciais no Brasil.

DISCURSO ANTIRRACISTA

Na estrutura mais ampla e multidisciplinar resumida anteriormente, uma teoria do discurso antirracista define, antes de tudo, tal discurso

Quadro teórico

como uma forma de prática antirracista, em geral, e como ação e interação comunicativa e social, em particular. De fato, provavelmente a forma mais frequente e influente de atividade dos movimentos sociais são textos e interações. Como vimos, histórias e outros gêneros do discurso são cruciais na expressão e comunicação dos aspectos cognitivos dos movimentos e de seus membros, como modelos mentais pessoais de experiências racistas e de resistência, conhecimentos, atitudes e experiências antirracistas compartilhadas, além de grupos, planos e metas (entre outros estudos, ver, por exemplo, Davis, 2002; Garcia Agustín, 2015; Polletta, 2006; Woodly, 2015).

Assim, também os movimentos antirracistas não são definidos apenas por sua ação não verbal, mas também pela miríade de discursos que definem a interação entre os membros nos preparativos, organização de ações ou reuniões, sua interação com políticos e a mídia, seus programas, manifestos, *slogans*, mídia própria, participação em mídias sociais, publicidade, sites ou vídeos.

Cada um desses gêneros e suportes do discurso antirracista precisa de uma análise de seus contextos comunicativos (quem fala/escreve o que, para quem, quando, por que etc.), sua organização geral (superestruturas), seus tópicos gerais de temas (macroestruturas semânticas), suas estratégias semânticas locais (por exemplo, descrevendo atores antirracistas/atores racistas, implicações e pressupostos), seu estilo mais ou menos formal, adaptado à situação comunicativa, sua retórica na descrição de eventos e ações racistas/antirracistas etc. (para alguns estudos do discurso antirracista, ver, por exemplo, Benwell, 2012; Blommaert e Verschueren, 1994; Cheng, 2017; Every e Augoustinos, 2007; Fozdar, 2008; House, 1997; Lloyd, 1998; Machin e Mayr, 2007; Nelson, 2015).

A teoria e a análise do discurso contemporâneas tornaram-se bastante sofisticadas ao fornecer descrições detalhadas desse discurso antirracista – que, em geral, podem contribuir, de maneira significativa, para o estudo dos movimentos sociais. Algumas dessas estruturas serão examinadas com mais detalhes nos próximos capítulos (para estudos gerais do discurso, veja, entre muitos outros livros, Tannen, Hamilton e Schiffrin, 2015; Van Dijk, 2011; para os Estudos Críticos do Discurso (ECD), veja, por exemplo, Caldas-Coulthard e Coulthard, 1996; De Melo Resende, 2019; De Melo Resende e Ramalho, 2006; Fairclough, 1995; Flowerdew e Richardson, 2018; Hart e

Cap, 2014; Machin e Mayr, 2012; Magalhães, Martins e De Melo Resende, 2017; Van Dijk, 2008; Van Leeuwen, 2008; Wodak, 2013). Os próximos capítulos apresentarão referências mais específicas às estruturas do discurso usadas no discurso antirracista.

Elite *versus* discurso antirracista popular

Em um de nossos estudos anteriores sobre o discurso racista (Van Dijk, 1993), defendemos a tese de que o discurso racista é geralmente pré-formulado pelas "elites simbólicas", ou seja, por profissionais e organizações que têm acesso preferencial ao discurso público, tipicamente liderado por políticos, docentes e jornalistas. O argumento básico subjacente a essa tese é que as atitudes e ideologias racistas implícitas às práticas racistas não são inatas, mas adquiridas socialmente, e que essa aquisição é amplamente discursiva, ou seja, baseada em muitos discursos da mídia, livros didáticos, histórias infantis, debates políticos e propaganda, legislação, políticas e debates acadêmicos. Essa tese implica que o desenvolvimento do racismo é geralmente de cima para baixo, ou seja, pré-formulado pelas elites e pelos discursos que elas controlam, sendo seguidos, reproduzidos e adaptados nos discursos e práticas cotidianas da população.

Com base nos mesmos argumentos, o antirracismo também pode ser definido como amplamente pré-formulado por intelectuais antirracistas que têm acesso ao discurso público, como líderes políticos, jornalistas, docentes e líderes religiosos e, em seguida, adaptado por fragmentos da população, especificamente por aqueles que são os alvos do racismo. A história do discurso antirracista, como discutida aqui, parece apoiar tal tese, porque obviamente só temos acesso ao discurso público compartilhado por essas elites, e não aos discursos cotidianos de pessoas escravizadas ou mesmo de militantes negros e seus familiares e de apoiadores brancos – mesmo porque a história brasileira constitui-se também de recorrentes apagamentos mediante destruição estratégica de documentos históricos.

Na descrição teórica do antirracismo como movimento social, conforme formulado anteriormente, enfatizamos que a resistência antirracista, ao apresentar cognição e ação antirracista, é coletiva e também individual. De fato, a resistência coletiva ao racismo pressupõe a própria participação de membros individuais, qualquer que seja seu acesso ao discurso público antirracista – mesmo que seja baseado em experiências pessoais com o racismo (ver, por exemplo, Kelley, 1994). Desse modo, a história da escravização mostrou as múltiplas maneiras pelas quais pessoas escravizadas individualmente resistiam à opressão racista, por exemplo, fugindo e ingressando nas sociedades quilombolas, mas também em ações menores e cotidianas de microrresistências ao regime escravocrata (Santos da Silva, 2019). Portanto, o antirracismo também ocorre crucialmente "de baixo para cima" (Aquino, 2016).

Uma teoria do antirracismo, em geral, e do discurso antirracista, em particular, ainda precisa ser reformulada, principalmente devido à influência das mídias sociais, tais como Facebook, Twitter, Instagram, YouTube e outras formas de acesso ao discurso público antirracista – os discursos das elites, de políticos, jornalistas e estudiosos não parecem mais exclusivos, muito menos dominantes. Estudos do discurso racista e antissemita, por exemplo, no Facebook e no Twitter, parecem confirmar essas mudanças na formulação e circulação do discurso público (ver, por exemplo, Allington, 2018; Farkas, Schou e Neumayer, 2018, Matamoros-Fernandez, 2017; Rauch e Schanz, 2013). Em outras palavras, esses estudos do discurso racista mostram uma reprodução não mais de cima para baixo, com base no discurso da elite, mas também pelo menos com uma importante fonte "popular".

Isso também deve ser verdadeiro para o discurso antirracista formulado nas mídias sociais, nem que seja como reações ao discurso racista na mesma mídia ou como comentários on-line sobre o discurso da elite racista, por exemplo, de políticos ou da mídia profissional dominante (ver, entre outros, Mislan e Dache-Gerbino, 2018). O desenvolvimento e a disseminação de discursos racistas e antirracistas se tornaram muito mais complexos, e não apenas ou não principalmente (pré)construídos pelas elites simbólicas.

E, no entanto, mesmo essa correção da teoria anterior da reprodução do racismo baseada no discurso precisa ser qualificada – tornando também mais complexa a teoria do discurso antirracista e sua influência.

Em primeiro lugar, muitos comentários no Facebook, Twitter e outras mídias sociais são – como antes – baseados na leitura ou na visualização de mídias e publicações tradicionais e, portanto, pelo menos influenciados (positiva ou negativamente) pelo discurso racista ou antirracista de elite (com acesso ao discurso público das mídias profissionais). De fato, o público dos usuários do Facebook e Twitter só tem um acesso limitado a informações sobre eventos e opiniões públicas, a menos que sejam publicadas na mídia profissional tradicional ou em suas plataformas digitais. Ou seja, é semelhante aos comentários diários de conversas em famílias, entre amigos ou colegas de trabalho sobre o discurso da mídia e os eventos relatados neles. A diferença é que hoje muitos desses comentários podem aparecer em mensagens pessoais do Facebook e do Twitter e, portanto, têm influência secundária entre usuários dessas mídias.

Em segundo lugar, como mencionamos anteriormente, o discurso individual racista e antirracista é hoje influenciado pelos discursos públicos de movimentos racistas ou antirracistas, não apenas nos meios de comunicação e mensagens de movimento (panfletos etc.), mas também nos sites ou contas de mídia social de tais organizações. Como esses discursos são amplamente pré-formulados por líderes, a reprodução do discurso (anti)racista ainda ocorre, pelo menos parcialmente, de cima para baixo.

Em terceiro lugar, tendências de mensagens (anti)racistas muito influentes nas mídias sociais costumam ser reproduzidas na mídia profissional e, assim, ter influência secundária por meio de sua legitimação pelo discurso da elite – bem como por seus comentários on-line – fechando, assim, o círculo de influência e reprodução.

Embora a (re)produção do discurso (anti)racista hoje tenha se tornado muito mais complexa do que há 20 ou 30 anos, enfatizamos a influência contínua de várias formas de discurso de elite da mídia tradicional e sua própria presença em mídias sociais, por um lado, e a crescente influência de organizações (anti)racistas e seu acesso muito mais proeminente ao discurso público, por exemplo, em seus sites, blogs e contas de mídias sociais, por outro.

Para o estudo do discurso antirracista atual, isso provavelmente significa que a maioria das opiniões e atitudes antirracistas mais importantes compartilhadas entre os membros dos movimentos antirracistas tenham sido formuladas por elites simbólicas antirracistas nas organizações de mídia de massa, de pesquisa e nos próprios movimentos sociais. Infelizmente, o presente estudo sobre o discurso antirracista no Brasil ainda não teve acesso a pesquisas sobre o discurso antirracista reproduzido em mídias sociais (para racismo, veja Aldano Alves Rodrigues, 2019; Müller, 2019; para antirracismo no YouTube, veja a tese de Cutrim Nunes, 2018). A pesquisa do discurso antirracista nas mídias sociais contemporâneas exigiria um estudo à parte.

HISTÓRIA

É especialmente relevante para este livro a dimensão histórica do antirracismo e seu discurso (veja o estudo clássico de Aptheker (1992) sobre a história do antirracismo nos EUA). De fato, cada uma das muitas práticas de resistência antirracista, cognição antirracista e discurso antirracista tem sua própria dimensão histórica, mas elas estão relacionadas. Estão se desenvolvendo e mudando historicamente, por exemplo, em função das condições sociopolíticas, epistêmicas e ideológicas. Veremos que o abolicionismo no Brasil no século XIX é bem diferente, todavia, da resistência de intelectuais negros e negras que analisam o racismo nos séculos XX e XXI, e ambos fundamentalmente diferentes daquela postura incipiente dos padres jesuítas que defenderam tratamento digno a pessoas escravizadas nos séculos XVII e XVIII (sem contudo condenar veementemente o sistema em si), ou da de sociólogos (brancos) da Universidade de São Paulo (USP) analisando preconceitos contra pessoas negras após a Segunda Guerra Mundial.

No entanto, apesar dessas diferenças históricas, em grande parte devido às mudanças de formas e avaliações da opressão e de suas vítimas, o objetivo principal compartilhado era a luta contra as muitas formas de dominação étnico-racial que hoje se chama de racismo. E desde que o racismo tenha características semelhantes através dos tempos, também podemos encontrar semelhanças de resistência. Como veremos nos próximos capítulos, as estratégias semânticas e retóricas dos discursos antiescravidão e antirracistas, ao longo dos séculos, podem ser notavelmente semelhantes, como descrições detalhadas de abuso racial ou desigualdade racial, estatísticas, referências a normas cristãs e valores, apelando a Deus e a outras autoridades, constrangimento por meio de comparações internacionais, e assim por diante. Um exemplo clássico é o argumento da Regra de Ouro, exigindo que as pessoas ajam com as outras como querem ser tratadas (para estudos históricos do discurso, ver, por exemplo, Martin e Wodak, 2003; Reisigl, 2017; Tarrow, 2013).

Embora nem todos os atores ou escritores antirracistas estejam bem informados sobre a história de eventos, práticas e discursos antiescravidão ou antirracistas, há evidências de que pelo menos líderes e ideólogos do movimento foram inspirados por discursos antirracistas anteriores – uma forma crucial de intertextualidade que produz um histórico de continuidade (para a história dos movimentos antiescravidão e antirracista no Brasil, veja as referências nos próximos capítulos).

O antirracismo foi definido aqui como um (macro)movimento social. A resistência às práticas e aos sistemas da escravidão pelas pessoas escravizadas já existia desde a Antiguidade. A resistência e solidariedade discursiva, com as primeiras ideias, críticas e protestos contra os abusos da escravização só foram formuladas nos textos públicos de pessoas religiosas a partir do século XVI, e no Brasil a partir do século XVII. Pode ser que nesses períodos houvesse ideias compartilhadas por várias pessoas ou grupos, mas ainda não havia um *movimento* social no sentido atual, como definido nas teorias dos movimentos sociais, que marcam o seu início no século XVIII (Tilly, Castañeda e Wood, 2019). No Brasil, os protestos abolicionistas só definem um *movimento* abolicionista depois de 1860, e um movimento popular só depois de 1880. Nesse sentido, os discursos anteriores analisados no próximo capítulo devem se definir como proto ou pré-abolicionistas, e portanto também como discursos que preparavam um movimento social – ou ampliavam a teoria da história dos movimentos sociais.

Como movimentos sociais, os antirracismos têm um início histórico modesto, depois de críticas incidentais a alguns aspectos da escravização ou da colonização (como os abusos de indígenas e pessoas escravizadas) especialmente por padres católicos na América Latina, como Bartolomeu de las Casas, no México, e padres jesuítas no Brasil, por um lado, e os sermões e escritos de *quakers* contra a escravização no Reino Unido e na América do Norte (Van Dijk, 2021), por outro lado. Enfatizamos também que esse discurso crítico não é explicitamente antirracista ou contra a escravidão ou colonialismo como sistemas, não apenas porque os próprios termos *raça* e *racismo* ainda não existiam, mas também porque os apelos para aliviar a escravização ainda não tinham sido um apelo à abolição, nem uma descrição não racista de pessoas negras. Embora o termo *raça* não tenha sido usado antes do século XVIII, e o termo *antirracista* tenha sido usado apenas a partir do século XX, Quijano (2003) afirma que a noção racista fundamental de uma hierarquia entre europeus brancos e negros africanos ou indígenas já definia escravização e colonialismo desde o século XVI.

Para a análise histórica do antirracismo, portanto, é importante enfatizar que há uma progressão lenta (não sempre linear) de critérios, valores e objetivos antirracistas. Os discursos críticos nos séculos XVII-XIX não podem se qualificar como "antirracistas" com os critérios de hoje. Pelo contrário, esses textos para nós ainda têm muitas características estereotípicas, se não racistas, como veremos nos textos dos padres jesuítas dos séculos XVII e XVIII. Inclusive podem ser intentados ou interpretados como uma legitimação de uma forma menos inumana do sistema de escravidão. Apesar de ainda não condenar a escravidão como sistema, são parte da história do discurso antirracista porque criticavam os abusos escravistas e advogavam um trato mais humano das pessoas escravizadas. Tiveram influência sobre os discursos abolicionistas no século XIX, quando se formulam as primeiras críticas de práticas, ideias e discursos sobre as hierarquias raciais. Depois, do século XX até hoje, encontramos discursos analisando o sistema do racismo sistêmico e institucional, por um lado, e advogando práticas, políticas e ideias explicitamente antirracistas, por outro. Veremos que os discursos em cada época são progressivamente mais detalhados e explícitos no que se refere às muitas formas de escravidão, colonialismo e racismo.

Para um estudo da história do antirracismo, é analiticamente relevante compará-la com o feminismo, cuja história foi descrita em muitos livros (ver, por exemplo, Bennett, 2006; Browne, 2014; Dascal, 2012; Freedman, 2002; Morgan, 2006; Tilly, Castañeda e Wood, 2019).

Outra boa comparação é o processo de desenvolvimento histórico da democracia. Podemos falar dos primórdios da democracia na Grécia Antiga, mesmo quando sabemos que não havia debate sobre igualdade social há dois milênios. Em outras palavras, a democracia precisa ser "reinventada" constantemente (Sitrin e Azzellini, 2014). Antirracismo, feminismo e democracia são obviamente noções relativas a normas, valores, critérios e objetivos variáveis em cada situação histórico-social. Para avaliar essas mudanças e continuidades, portanto, a dimensão sociocognitiva das crenças antirracistas exige também sua própria análise histórica.

Então, qual seria o critério fundamental para poder identificar as muitas formas de antirracismo ao longo dos séculos? As práticas antirracistas podem ser bem diferentes de um tempo a outro, e os discursos antirracistas também podem mudar, mas quaisquer que sejam essas diferenças, a ideia básica que permanece é sociocognitiva e ideológica: o valor da igualdade social dos seres humanos. A resistência contra qualquer prática social ou política que viole esse princípio continua sendo a meta e o desafio histórico contínuo do antirracismo através dos tempos. Não é de surpreender que a continuidade discursiva do antirracismo também seja definida pelas muitas expressões, argumentos, histórias ou provas baseadas nesse valor humanístico fundamental – definindo também os direitos humanos.

OBSERVAÇÕES FINAIS

Com esta breve apresentação de alguns dos principais elementos de uma teoria do antirracismo como macromovimento social, temos uma estrutura genérica para uma análise integrada, sociopolítica e cognitiva da história do discurso antirracista brasileiro. Essa base será útil nos próximos capítulos, inclusive para a análise dos discursos de nosso estudo de caso acerca dos debates parlamentares sobre cotas universitárias de base racial.

Enfatizamos que o arcabouço teórico aqui resumido é apenas um esboço geral e precisa de mais análises, formação de conceitos e suporte empírico. Estudos são necessários, e alguns já foram fornecidos, sobre protestos, manifestações ou ocupações antirracistas, organizações antirracistas, mídias, sites, motivações pessoais, bem como *slogans* ou histórias, entre muitos outros. Cada um pode precisar de estudos completos das estruturas cognitivas, sociopolíticas ou discursivas envolvidas no macromovimento antirracista, bem como em seus desenvolvimentos históricos, continuidades e mudanças.

Discursos antiescravistas e abolicionistas

Este e os próximos capítulos constroem uma visão geral do processo histórico dos discursos antiescravistas, (pré- e pós-) abolicionistas e antirracistas no Brasil. Esse percurso histórico é importante porque a maioria dos estudos sobre racismo e discurso racista, especialmente sobre antirracismo e discurso antirracista, são sobre países do Noroeste. O Brasil não é apenas um país imenso, com a maior população negra fora do continente africano, mas também sofreu séculos de escravização até a abolição (tardia), em 1888, sendo que formas imperiosas de preconceito e de discriminação racial perduram até hoje.

A escravização e a dominação racista no Brasil foram combatidas pela população afro-brasileira desde o início, primeiro pelas pessoas escravizadas com microrresistências em suas vidas cotidianas, com revoltas e fugas para os seus quilombos, depois por abolicionistas negros e brancos, no século XIX, e, finalmente, nos séculos XX e XXI, pelo Movimento Negro, além de estudiosos negros e brancos, políticos e ativistas. Embora esse movimento tenha muitas características locais e nacionais, definidas pela história e pelas hierarquias raciais únicas no Brasil, também existem relações interessantes com o Movimento dos Direitos Civis nos EUA, amplamente discutido por estudiosos brasileiros e estadunidenses

(Carneiro, 2011; Davis, 1989; De Azevedo, 1995; Degler, 1971; Gonzalez e Hasenbalg, 1982; Toplin, 1981).

Um dos motivos desse interesse internacional pelo racismo e pelas relações raciais no Brasil, especialmente em comparação com os EUA, foi sem dúvida o mito da existência de uma singular "democracia racial" no Brasil, em grande parte desenvolvida e consolidada pela obra de Gilberto Freyre. Segundo esse mito, amplamente aceito por muitos até hoje, as relações raciais no Brasil, mesmo sob escravização, seriam menos severas e menos polarizadas em comparação com as dos EUA, também por causa da mistura racial única da população, senão pela suposta natureza cordial da interação social cotidiana no Brasil, como defendido, por exemplo, na obra do influente historiador Sérgio Buarque de Holanda (1936/1995).

Nesse contexto, é interessante comentar a recente pesquisa de Lygia da Veiga Pereira sobre o DNA do povo brasileiro, que comprovou uma predominância de herança materna africana e indígena e paterna europeia, com baixos índices de DNA paterno africano e, menos ainda, indígena (veja matéria de Mariana Arrudas (2019)). Isso é indício da já sabida história de violência e estupro por trás da miscigenação – favores sexuais estavam entre os trabalhos forçados das mulheres escravizadas no Brasil (ver Pereira Santos e Sales, 2018). Até hoje as mulheres negras são vítimas de violência muito maior que as brancas (ainda que a violência contra mulheres no Brasil atinja a todas em algum grau).

Embora as pessoas escravizadas e intelectuais afro-brasileiros tivessem sua própria visão crítica dessas relações raciais brasileiras supostamente benevolentes, a primeira desmistificação oficial do mito da democracia racial teve que esperar até os estudos da década de 1970, mostrando que a desigualdade predominante não era apenas uma questão de classe, mas resultado de formas sistemáticas de discriminação racista em todos os domínios da sociedade. Obviamente, a população negra não precisou da pesquisa de sociólogos (em sua maioria brancos) para saber que pobreza e discriminação, também após a abolição, em todos os domínios da vida social, eram consequência do racismo. No entanto, a falta inicial de acesso ao discurso político e científico dominante e o ingresso tardio e limitado em atividades no campo das artes e da cultura não contribuíram para que suas vozes fossem ouvidas nacionalmente.

ESCRAVIZAÇÃO E ABOLIÇÃO

A história da escravização no Brasil é tão terrível quanto em qualquer outro lugar. Mesmo antes da escravização de pessoas africanas, os povos indígenas já eram explorados como escravizados por colonos portugueses. Entretanto, a escravização tornou-se sistêmica com a "importação" direta de pessoas desde meados do século XVI, após o transporte anterior via Portugal, no século XV. A escravização idealizada e executada por povos europeus no Atlântico Sul era distinta em escala e sistematicidade, envolvendo vultosos lucros e uma dinâmica incomparável com qualquer forma anterior de escravização na história da humanidade (Schwarcz e Starling, 2015).

Nenhum país nas Américas "importou" tantas pessoas para trabalho forçado quanto o Brasil, tendo o Rio de Janeiro como o principal porto de entrada: 40% de todas as pessoas escravizadas na diáspora africana foram transportados para o Brasil (apenas 10% para a América do Norte). Até 1866, navios holandeses, ingleses e, mais tarde, também brasileiros sequestraram quase 5 milhões de pessoas africanas para o Brasil, apesar da proibição do "comércio de viventes" em 1831. Após os horrores indescritíveis da "Passagem do Meio", como essas travessias eram conhecidas, as pessoas escravizadas, no Brasil, viviam sob as formas então usuais de insensibilidade, exploração e opressão, inicialmente e sobretudo nas lucrativas plantações de cana-de-açúcar nas províncias do Nordeste, e mais tarde também nas minas de ouro e diamantes das Minas Gerais e nas fazendas de gado e plantações de café, em particular nas províncias do Sudeste (posteriormente, nos estados do Rio de Janeiro, de São Paulo e de Minas Gerais).

A discussão proposta aqui não trata da escravização no Brasil e sua crueldade característica, sobre a qual existem, também, acervos de outros livros, mas sobre a resistência e solidariedade discursiva contra a escravização e o racismo. Dos muitos livros sobre comércio de pessoas e escravização no Brasil, ver Conrad (1983, 1986), Klein e Vidal Luna (2010), Queirós Mattoso (1986). Esses estudos e documentação representam diferentes visões da escravização brasileira. Klein e Vidal Luna (2010) oferecem um tratado sociopolítico típico, pouco empático, sem detalhar as práticas cotidianas de abuso por parte dos senhores ou as experiências das pessoas escravizadas. Por outro lado, a documentação ímpar de Conrad (1983), assim como muitos outros documentos, fornece visões assustadoras dos horrores da opressão cotidiana vivenciada pelas pessoas escravizadas, desafiando as visões difundidas de que a escravização brasileira tenha sido cordial. No entanto, o renomado historiador brasileiro Vainfas (1986) insiste que, mesmo sob a escravização, há diferenciados níveis de violência e de dominação.

Como veremos, padres jesuítas dos séculos XVII e XVIII não tinham dúvidas sobre o tratamento cruel e severo dispensado a pessoas escravizadas pelos senhores: nos dias úteis, ficavam no campo por até 18 horas, às vezes, 7 dias por semana, homens e mulheres. Pouco descanso, alimentação precária, vestuário ruim e insuficiente, moradia insalubre, separação de famílias, abuso e violação sexual de mulheres e homens, e punição constante, principalmente pelo chicote eternamente presente – às vezes recebiam centenas de chicotadas durante vários dias, e, ainda, punições mais cruéis, até mesmo seguidas de morte, e assassinatos. As pessoas escravizadas eram propriedade dos senhores, que podiam fazer o que quisessem com elas.

Como foi o caso na Europa e nas Américas, o início do século XVIII também viu as primeiras reações contra os abusos da escravização e (depois) do tráfico de viventes, embora os movimentos abolicionistas no Brasil, dependendo de como são definidos, não tenham se tornado ativos até 1860, sendo realmente difundidos e bem-sucedidos apenas na década de 1880.

No Brasil, uma forma significativa de resistência à escravização foi realizada pelas próprias pessoas escravizadas, por exemplo, ao desafiar senhores e superintendentes cruéis, ao fugir do cativeiro, nas rebeliões e organização de quilombos (Silva e Reis, 1989). Por não se tratar de objeto de análise neste livro, não examinaremos a resistência não discursiva das pessoas escravizadas ou a formação dos quilombos, sobre os quais existem muitos estudos (ver, por exemplo, Cypriano e Anjos, 2006; Lobão, 2014; Munanga, 2004; Moura, 1959; Reis e Gomes, 1996). A seguir, examinaremos a resistência discursiva contra a escravização por intelectuais negros. Até o movimento da abolição, a resistência negra contra a escravização não deve ser entendida apenas como rebelião e fuga, mas também, nos quilombos, como uma organização sociopolítica alternativa. O discurso oficial (principalmente moral) contra a escravização e seus abusos era o domínio das elites em sua crescente independência de Portugal. Somente muito mais tarde se constitui em um movimento popular (Alonso, 2015).

Diferentemente da Espanha, Inglaterra, França e dos Estados Unidos, como mostramos em outro livro sobre discurso antirracista, especialmente no discurso *quaker* inicial (Van Dijk, 2021), no Brasil eram poucos os primeiros escritos contra o tráfico de pessoas e os abusos e sistema da escravização antes dos meados do século XIX. Entre muitas e diversas causas dessa diferença, em primeiro lugar houve falta de alfabetização de grande parte da população, não apenas entre os próprios escravizados, que eram proibidos de aprender a ler e escrever (Cardoso Morais, 2007). Em segundo lugar, diferentemente dos membros das comunidades *quaker* no Reino Unido e nos EUA, a Igreja Católica no Brasil tolerava a escravização – os padres podiam ser senhores, inclusive (Conrad, 1983). Em terceiro, no Brasil, foi necessário esperar até o século XIX para que escritores, filósofos, políticos, jornalistas e outros intelectuais se posicionassem criticamente sobre a escravização, muitas vezes desafiados por comparações negativas vergonhosas com a Europa e influenciados por abolicionistas no Reino Unido e ativistas negros nos EUA. De fato, exceto por alguns jornais abolicionistas, até a década de 1880 a maioria da imprensa não estava interessada em uma cobertura crítica da escravização. Isso se aplica também à política nacional e local, dominada ou influenciada pelos poderosos proprietários, até que os movimentos de abolição se tornaram populares e difundidos na década de 1880. Esse engajamento abolicionista tardio das elites simbólicas brasileiras, que controlavam o discurso público, poderia ser uma das razões da falta de antirracismo entre a maioria das elites brancas dominantes até hoje (ver Schwarcz, 2019).

O fim da escravização no Brasil foi declarado oficialmente no discurso político pela Lei Áurea (Lei de Ouro) de 1888, assinada pela princesa Isabel, durante a ausência do imperador Pedro II, depois de muitos escritos abolicionistas e outras atividades de protesto em todo o Brasil, e do lento engajamento da imprensa (Alonso, 2015). Todavia, sabemos que as principais causas do fim da escravização não eram discursivas, mas sim sociais, políticas e econômicas. Após a proibição do comércio de seres humanos, em 1850, pessoas escravizadas eram deslocadas ilegalmente do Nordeste para as plantações de café do Sudeste, devido ao policiamento da marinha inglesa.

A maioria dos estudos consultados, brasileiros e internacionais, sobre escravização e abolição no Brasil se concentra nessas causas sociais, políticas e econômicas do fim da escravização. O foco do presente livro se dá nos escritos críticos sobre os abusos da escravização e pró-abolição e, de forma mais abrangente, no discurso antirracista no Brasil, incluindo escritos antigos dos séculos XVII e XVIII, feitos por alguns padres jesuítas que criticaram os abusos escravistas, aliás, sem condenar a escravização e com textos que ainda têm muitos aspectos racistas. De fato, os discursos, por exemplo, na imprensa e na política, foram fundamentais para a formação de ideologias e atitudes que caracterizaram a opinião pública e a tomada de decisões políticas (para estudos gerais sobre abolição no Brasil, ver De Azevedo, 1995; Baronov, 2000; Conrad, 1972).

DISCURSO SOBRE ESCRAVIZAÇÃO NOS SÉCULOS XVI E XVII

Os escritos abolicionistas no Brasil só se tornaram conhecidos e influentes a partir da década de 1860, e, especialmente, depois de 1880. Há poucas evidências sobre a possível influência, antes do século XIX, de abolicionistas ingleses e estadunidenses, de filósofos franceses ou (outros) escritores que se posicionassem contra a escravização, como discutido em Van Dijk (2021). Ainda assim, seria de esperar que, mesmo entre a pequena comunidade alfabetizada do Brasil, houvesse algum conhecimento sobre a Revolução Francesa e os princípios de igualdade e direitos humanos, que também lá não se aplicavam a todos. Esse conhecimento poderia prover argumentos para discursos e políticas abolicionistas. Veremos, a seguir, que, como algumas das revoltas republicanas no século XVIII foram inspiradas por ideias iluministas, seus líderes devem ter tido acesso também a textos originais ou traduções de textos contra a escravização.

Antes dos escritos abolicionistas do século XIX, havia comentários, especialmente pelos jesuítas e seus ensinamentos escolásticos, sobre as atividades missionárias entre as populações indígenas e sobre a escravização de pessoas negras. **José de Anchieta (1534-1597)** é o mais alto exemplo desse gênero. Reverenciado e mais tarde santificado, o jesuíta nascido nas Ilhas Canárias e educado em Coimbra, foi fundador das primeiras missões em São Paulo e Rio de Janeiro; poeta, dramaturgo e autor da primeira gramática de um idioma indígena (tupi), era conhecido também como mediador e defensor das populações indígenas. Como relator de costumes indígenas, ele tornou-se um etnógrafo precoce. Qualquer que fosse sua compreensão empática da população indígena e sua rejeição ao regime escravocrata, como geralmente era o caso do jesuítas e outros missionários, a exemplo de **Manuel da Nóbrega (1517-1570)**, até sua expulsão em 1759, seu principal objetivo era a conversão das populações indígenas, tidas como violentas, "bárbaras" ou "selvagens", e que deveriam então ser submetidas aos colonos portugueses e aos preceitos dogmáticos do cristianismo. Se, por um lado, Anchieta defendia a população indígena, por outro, legitimava o assassinato de muitos ameríndios pelo governador Mem de Sá, sobre quem escreveu uma biografia em latim, considerada o primeiro poema épico das Américas (McGinnes, 2014).

No século seguinte, outros padres católicos começaram a criticar o tratamento de pessoas escravizadas pelos senhores. Por razões decorrentes do controle da Inquisição, os padres não podiam condenar a própria instituição da escravização, que era a base econômica das colônias. Todavia, demonstravam empatia com as pessoas e criticavam especialmente os terríveis abusos pelos senhores e capatazes.

Seus escritos dificilmente podem ser qualificados como abolicionistas, muito menos antirracistas e, portanto, bastante diferentes daqueles de **Bartolomeu de las Casas (1484-1566)**, cujos escritos os jesuítas e outros padres conheciam. Mas muitos de seus argumentos críticos contra o "comércio de viventes" e sobretudo contra os abusos da escravização foram mais tarde utilizados por abolicionistas e antirracistas. Portanto, relevantes para nossa perspectiva são suas atitudes e discursos, mesmo quando não estavam dispostos ou eram incapazes de condenar a escravização, e, muito menos, defender a abolição do sistema escravocrata. Nesse sentido, como veremos, suas críticas aos aspectos mais cruentos da escravização também podem ser – e foram – qualificadas como reformistas ou paliativas, na melhor das hipóteses, e, portanto, uma forma de legitimação da escravização. Também foi o caso de outros escritos sobre escravização nos séculos XVII e XVIII, por exemplo, dos filósofos franceses, em cujos textos há forte ambiguidade.

Antônio Vieira (1608-1697) foi um jesuíta português que se mudou quando criança com os pais para o Brasil, foi educado na Bahia e ficou famoso por seus sermões, tanto que foi nomeado pregador real e tutor do infante D. Pedro II, filho do rei João IV. Como diplomata, visitou Inglaterra, França, Itália e Holanda. Ele se opôs à discriminação dos chamados cristãos-novos (judeus e muçulmanos convertidos). No Brasil, sua principal tarefa era a conversão de pessoas africanas escravizadas. Também foi conhecido por proteger as populações indígenas contra a exploração e a escravização pelos governadores locais, trazendo essas populações para a tutela dos jesuítas, política dificilmente acolhida pelos colonos e outros clérigos (Vainfas, 2011). Enviado de volta a Portugal, foi acusado de heresia por suas ideias, incluindo críticas à Inquisição, propagadas em seus influentes sermões. Durante uma longa estada em Roma, o papa Clemente X fez sua defesa e o reconheceu, o que o levou a alcançar grande poder antes de retornar ao Brasil e se tornar o superior da província. Suas muitas cartas e 15 volumes de sermões são considerados os mais relevantes da história da prosa portuguesa colonial. Especialmente importantes para nossa discussão são os sermões nos quais abordou a situação das populações indígenas e das pessoas escravizadas. Num sermão de 1654, condenando a escravização indígena, Vieira disse o seguinte ao povo da província brasileira do Maranhão:

(1)   A que diferente preço compra hoje o demônio as almas, do que oferecia por elas antigamente! Já nesta nossa terra vos digo eu. Nenhuma feira tem o demônio no mundo onde lhe saiam mais baratas: no nosso Evangelho ofereceu todos os remos do mundo por uma alma, no Maranhão não é necessário ao demônio tanta bolsa para comprar todas: não é necessário oferecer mundos, não é necessário oferecer reinos, não é necessário oferecer cidades, nem vilas, nem aldeias. Basta acenar o diabo com um tujupar de pindoba, e dois Tapuias, e logo está adorado com ambos os joelhos. Oh! que feira tão barata! Negro por alma, e mais negra ela que ele! Esse negro será teu escravo esses poucos dias que viver, e a tua alma será minha escrava por toda a eternidade, enquanto Deus for Deus. Este é o contrato que o demônio faz convosco, e não só lho aceitais, senão que lhe dais o vosso dinheiro em cima. [...] Sabeis, cristãos, sabeis, nobreza e povo do Maranhão, o qual é o jejum que quer Deus de vós esta quaresma? Que solteis as ataduras da injustiça, e que deixeis ir livres os que tendes cativos e oprimidos. Estes são os pecados do Maranhão, estes são os que Deus me manda que vos anuncie. Cristãos, Deus me manda desenganar-vos, e eu vos desengano da parte de Deus. Todos estais em pecado mortal, todos viveis e morreis em estado de condenação, e todos vos ides direitos ao inferno. Já lá estão muitos, e vós também estareis cedo com eles, se não mudardes de vida. [...] Pois, valha-me Deus! Um povo inteiro em pecados? Um povo inteiro ao inferno? Quem se admira disto não sabe que coisa são cativeiros injustos. (*Sermão da Primeira Dominga da Quaresma*, na cidade de S. Luís do Maranhão, ano de 1653)

Embora Antônio Vieira não seja conhecido como defensor da abolição geral da escravização, esse texto o faz claramente pela libertação de pelo menos alguns povos indígenas (considerados "pacíficos"), por exemplo, os do Maranhão, e sob a tutela dos jesuítas (para detalhes, ver Vainfas, 2011). Falando em nome de Deus, o padre faz isso com uma introdução irônica sobre a oferta do diabo, comparando-a com a oferta "barata" de uma pessoa indígena, seguida de uma ameaça estrondosa de inferno para qualquer um que escravizasse indígenas, com o costumeiro uso de metáforas ("ataduras da injustiça") e uma retórica de expressões avaliativas fortes ("oprimido", "cativeiro injusto"). Como sempre, uma comparação bíblica com a história da escravização dos israelitas pelos faraós segue como ameaça para enfatizar o argumento. Mas o jesuíta conhece seu público e argumenta da seguinte forma a um possível contra-argumento:

(2)   Vejo que me dizeis [...] este povo, esta república, este Estado, não se pode sustentar sem índios. Quem nos há de ir buscar um pote de água, ou um feixe de lenha? Quem nos há de fazer duas covas de mandioca? Hão de ir nossas mulheres? Hão de ir nossos filhos? Primeiramente, não são estes os apertos em que vos hei de pôr, como logo vereis; mas, quando a necessidade e a consciência obriguem a tanto, digo que sim, e torno a dizer que sim: que vós, que vossas mulheres, que vossos filhos, e que todos nós nos sustentássemos dos nossos braços, porque melhor é sustentar do suor próprio que do sangue alheio.

É relevante, especialmente, nesse excerto, a conscientização do orador sobre as atitudes predominantes, bem como os argumentos econômicos usados em defesa da escravização, também no Brasil. Ao responder às suas perguntas retóricas, ele afirma que não precisavam escravizar alguém para o andamento de sua vida cotidiana, pois todos podem trabalhar – como também sabemos dos filósofos franceses que se opunham à escravização com o argumento de que isso tornaria os senhores preguiçosos. A ironia retórica de Vieira, que nem parece datada, envolve até uma forma de análise discursiva crítica, quando mais tarde cita os argumentos daqueles que vão comprar indígenas com a desculpa de "resgatá-los". Ele fecha seus argumentos com uma enumeração das poucas desvantagens ("talvez perdendo alguns índios") e as muitas vantagens de sua proposta (não viver mais em pecado mortal, remover uma maldição de sua casa, "resgatar" muitos mais indígenas de "práticas canibais", resolver um problema de trabalho).

Vemos que a atitude da Igreja Católica e de outras instituições em relação à escravização indígena era bem diferente daquela sobre a escravização negra. Nesse sentido, Vieira, já em meados do século XVII, parece aceitar a lucrativa escravização de pessoas africanas nas plantações de açúcar. Em seus sermões, ele se dirige às pessoas escravizadas em termos empáticos, com a comparação usual de que Israel também foi escravizado na Babilônia e o argumento religioso de que apenas seus corpos foram escravizados, mas não suas almas. Como outros padres haviam feito, e ele faria mais tarde, também criticou especialmente os senhores, por sua ganância e crueldade. Vejamos a seguinte descrição retoricamente enfática da chegada de pessoas africanas para serem escravizadas no Brasil, em seu famoso 27º Sermão, pregado na Bahia na década de 1680 (e publicado em Lisboa em 1688), dedicado à Nossa Senhora do Rosário, venerada pelas Irmandades Negras (um fragmento também citado, em inglês, em Conrad, 1983: 163):

(3)   Já se depois de chegados olharmos para estes miseráveis, e para os que se chamam seus senhores: o que se viu nos dois estados de Jó, é o que aqui representa a fortuna, pondo juntas a felicidade e a miséria no mesmo teatro. Os senhores poucos, e os escravos muitos; os senhores rompendo galas, os escravos despidos e nus; os senhores banqueteando, os escravos perecendo à fome; os senhores nadando em ouro e prata, os escravos carregados de ferros; os senhores tratando-os como brutos, os escravos adorando-os e temendo-os como deuses; os senhores em pé apontando para o açoite, como estátuas da soberba e da tirania, os escravos prostrados com as mãos atadas atrás como imagens vilíssimas da servidão, e espetáculos da extrema miséria. Oh Deus! Quantas graças devemos à fé, que nos destes, porque ela só nos cativa o entendimento, para que à vista destas desigualdades, reconheçamos contudo Vossa justiça e providência. Estes homens não são filhos do mesmo Adão e da mesma Eva? Estas almas não foram resgatadas com o sangue do mesmo Cristo? Estes corpos não nascem e morrem, como os nossos? Não respiram com o mesmo ar? Não os cobre o mesmo céu? Não os aquenta o mesmo Sol? Que estrela é logo aquela que os domina, tão triste, tão inimiga, tão cruel?

Além da oposição retórica de pessoas escravizadas e senhores, bem como a empatia pela situação das primeiras, essa passagem também apresenta dilemas cristãos familiares, como a contradição entre a miséria e a desigualdade, por um lado, e a justiça divina, por outro. Segue uma série de perguntas retóricas enfatizando a humanidade das pessoas escravizadas, a quem ele, em outra passagem do sermão, chama de "filhos do fogo de Deus" (veja também a coleção de textos com o mesmo título em inglês – *Children of God's Fire* –, editada pelo historiador da escravização no Brasil, Conrad, 1983; ver, por exemplo, Van den Besselaar, 1981; Lopes Cardoso, 2001;

Ribeiro Nunes, 2011; Vainfas, 1986, 2011, para análises do papel da Igreja Católica e especificamente de Padre Vieira para a escravização no Brasil).

Dominantes nessa passagem são variações retóricas de *topoi* (argumentos padrão) antiescravistas que também observamos em muitos textos *quaker* contra a escravização, bem como em escritos abolicionistas posteriores: que pessoas escravizadas indígenas e africanas são seres humanos criados à imagem de Deus – e, portanto, com uma alma passível de se converter ao cristianismo. Esse argumento cristão foi um dos primeiros discursos contra a prática da escravização (Van Dijk, 2021). As questões retóricas ao final dessa passagem reformulam os temas cristãos em vários aspectos leigos e universais, a serem interpretados como afirmações argumentativas: as pessoas escravizadas são humanas (como o grupo "nós" a que o padre adere) porque respiram o mesmo ar, estão cobertas pelo mesmo céu e aquecidas pelo mesmo sol – com a conclusão tácita do silogismo: se são como nós, devem ser tratados como nós, uma variante da Regra de Ouro. Obviamente, tais afirmações pressupõem que, de acordo com esses padres, muitos de seus contemporâneos, e não apenas os senhores, viam e tratavam as pessoas escravizadas como coisas, como posses e, na melhor das hipóteses, como "brutos" e "selvagens".

Enquanto Antônio Vieira se voltou à condição de pessoas negras escravizadas, o jesuíta italiano **Jorge Benci (1650-1708)**, que se mudara para o Brasil em 1683, algumas décadas depois concentrou sua retórica crítica principalmente nos senhores, em sua "economia cristã" (*Economia cristã dos senhores no governo dos escravizados*, 1700). Citamos alguns de seus textos, não porque defendam a abolição da escravidão, mas porque mostram as contradições das atitudes "cristãs" da época, nesse caso centradas na crítica aos abusos dos senhores e no apelo a um tratamento menos desumano das pessoas escravizadas e, portanto, defendendo pelo menos alguns de seus direitos. Eles podem ser chamados de "antirracistas" no sentido de advogar a melhoria da situação das pessoas escravizadas, critério também utilizado por Bonnett (2000) em sua teoria do antirracismo. Esse também foi o caso das Novas Leis do Rei Carlos I da Espanha, condenando os maus tratos aos indígenas pelos colonizadores no México (ver Van Dijk, 2021). Como discutimos no capítulo anterior, o antirracismo é sempre *contextual*, um longo processo histórico de comentários sobre abusos ou desigualdade, cada vez mais crítico até o hoje. Pelos nossos critérios atuais, Benci não é antirracista, e, ao exortar os senhores a serem menos cruéis, seu trabalho pode ser (e foi) interpretado como uma defesa de uma forma menos desumana de escravização e, portanto, como uma legitimação, conforme veremos em relação a outros jesuítas nos séculos XVII e XVIII. Mas os textos fazem parte da história do discurso antirracista também porque suas críticas aos abusos contra as pessoas escravizadas serão mais tarde usadas como *topoi* no discurso genuinamente abolicionista. Nesse sentido, os textos de Benci representam um primeiro passo na história da abolição do sistema escravista, mesmo que ainda tenham muitos aspectos que para nós são racistas. Veremos no Capítulo "Discursos parlamentares sobre ação afirmativa" que grande parte dos debates parlamentares sobre ação afirmativa hoje consiste em lembrar os abusos cometidos contra os negros no passado, bem como as muitas formas contemporâneas de discriminação e desigualdade.

Mais uma vez, encontramos os dilemas e as contradições familiares, entre a escravização em geral, que desde o início ele qualifica como pecado mortal, enquanto, por outro lado, argumenta uma suposta necessidade da escravização para a sobrevivência econômica da colônia. Suas críticas aos senhores e sua empatia com as pessoas escravizadas podem ser (e foram) lidas como argumentos contra a instituição da escravização, mas também como legitimação de uma forma supostamente "moderada" do "modo de produção", "limpando" a má consciência da Igreja e de seus padres.

Em seu escrito, estão vários argumentos contra a escravização também presentes no discurso antiescravista europeu e estadunidense – por exemplo, seres humanos podem dominar e possuir animais, mas não outros seres humanos (para essa e outras comparações com o discurso antiescravista na Europa e nos EUA, veja Van Dijk, 2021). Em seguida, ele mostra, sistemática e frequentemente, por meio de citações da Bíblia e dos fundadores da Igreja, como os senhores deveriam tratar as pessoas escravizadas, o que é em si uma defesa da manutenção do regime.

Ele resume o argumento com as três palavras-chave latinas *panis, disciplina, opus*. O padre sustenta que, antes de tudo, as pessoas escravizadas deveriam ser bem alimentadas e vestidas, e receber qualquer coisa que seja importante para o seu "apoio" cotidiano, incluindo tratamento médico em casos de doença. Em segundo lugar, sugere que os senhores e os padres locais também deveriam ensinar a doutrina cristã e administrar os Santos Sacramentos, como batismo, matrimônio etc., sendo eles mesmos um bom exemplo para as pessoas em situação de escravização. Em terceiro lugar, de acordo com o argumento do padre, as pessoas escravizadas "que merecessem" poderiam ser punidas, mas razoavelmente, sem cruel abuso de força, e somente quando não houvesse alternativa – como os pais costumavam punir seus filhos (uma comparação frequentemente usada em tais legitimações de punição). Sem dúvida, com esses argumentos, o padre sustenta a continuidade do regime escravocrata, não sendo de maneira alguma uma voz que se ergue contra a escravização de seres humanos.

De maneira crucial, e dessa vez em vez de abordar a situação das pessoas escravizadas, Benci argumenta que deveriam trabalhar para seus senhores para merecer seu "pão" e evitar que se tornassem "insolentes". Embora o autor não enfatize de modo recorrente estereótipos e preconceitos sobre pessoas africanas, na última parte de seus escritos encontramos a seguinte passagem, formulando preconceitos generalizados, por exemplo, sobre sexualidade:

(4)   Sendo os Africanos tão inclinados por natureza ao vício da sensualidade, que chegou a escrever Salviano que do mesmo modo era impossível achar-se um Africano que não fosse desonesto, como é imóvel que um Africano não seja Africano, não faz dúvida que os Etíopes excedam na lascívia a todas as mais nações da África, e se igualam aos brutos mais libidinosos. A razão desta grande propensão dos Pretos impudicícia não só lhes vem do clima quente em que nascem, mas muito mais do pouco temor de Deus e pejo dos homens, que neles há. (p.208).

Além da tolerância implícita ou explícita à escravização como sistema de dominação, passagens semelhantes nesses escritos mostram que as críticas à escravidão não pressupõem ou implicam críticas a preconceitos e estereótipos generalizados. Nesse sentido, é obviamente problemático ver esses escritos como antirracistas ou, mais tarde, como os discursos abolicionistas que ainda contêm estereótipos sobre negros.

Um ponto importante nos escritos críticos sobre a escravização pelos padres católicos, também mencionado por Benci, é que as pessoas escravizadas não deveriam trabalhar aos domingos e feriados cristãos, por um lado, para poder ir à igreja e, por outro, para descansar, conforme ordenado por Deus, ou para cuidar de seu próprio jardim, a fim de poder cultivar alimentos. Além disso, o trabalho das pessoas escravizadas não deveria ser excessivo e elas deveriam poder descansar o suficiente. Em outras palavras, apesar de a escravização ser explicada

Discurso antirracista no Brasil

por Benci como consequência do pecado original da humanidade, a instituição da escravização deve ser tolerada apenas sob condições específicas e sob um tratamento "humano" dos escravizados. Ele conclui seu texto com um resumo do que significa ser escravizado e que impacto isso deveria ter sobre os senhores. Essa passagem merece ser citada na íntegra, pois apresenta os argumentos mais importantes da época para o tratamento e a libertação das pessoas escravizadas:

(5)   Tal é, senhores, o estado de um cativo. É homem, mas sem vontade e sem entendimento; ele sempre trabalha e trabalha, mas sem lucro; ele vive, mas como se não estivesse vivo; sendo por natureza igual ao seu senhor, porque, por meio do cativeiro, ele se torna muito inferior e como se não fosse homem; é o mais vil, mais espancado e o mais desprezado de todos os homens. Em última análise, um cativo. E quem não vê que, por todas essas razões, aquele que é senhor deve compadecer-se de quem é escravo? [...] Se ele come, é sempre a pior e mais vil iguaria; se ele se veste, a roupa é a mais grosseira e o traje, o mais desprezível; se ele dorme, a cama costuma ser a terra fria e, normalmente, uma tábua dura. O trabalho é contínuo, a lida sem descanso, o descanso inquietado e assustado, o alívio pouco, é quase nenhum; quando ele erra, ele teme; quando ele fica aquém, ele tem medo; quando ele não pode mais, violenta-se, e tira, da fraqueza, forças. Você o leva para um lugar, depois para outro, para esta ocupação, e depois para aquela, lá está ele com o machado nas florestas, lá está ele com a enxada nas lavouras, lá está ele nos moinhos, moendo-se, ali ele está queimando nas fornalhas. Não há Proteu que mude de figura com tanta frequência quanto o escravo varia e muda. Há de ser lince, para ver o aceno de seu senhor; há de ser guia, para penetrar em seus pensamentos; há de ser um sátiro, para ouvir suas vozes. Na prontidão para realizar tarefas, ele deve ser um cervo; na robustez, para resistir ao trabalho, há de ser um boi; na paciência, para sofrer o castigo, há de ser jumento. Em duas palavras: Há de ser tudo, posto que na avaliação de todos, seja nada. Oh! Servos! Oh! Cavalheiros! Oh! Servos infelizes! Oh! Senhores desumanos! Que essa seja a vida e a condição dos servos; e que sejam tais os corações e a crueldade dos senhores! Que peito de aço e bronze deve haver que, diante de tal desgraça, não se tenha compaixão e não procure, quando for de sua parte fazer tolerável aos servos, e suavizar-lhes o trago amargosíssimo do cativeiro? Dizei-me, senhores (com quem agora falarei), dizei-me: acabastes de entender que a vida de um cativo é tão cheia de penalidades e tormentos, que é mais morte do que vida? Se, depois de me ouvir, você ainda não o entendeste, não tenho o que esperar de vós e nem falo convosco, mas se tendes entendido,

posso muito bem ser persuadido a acreditar que de agora em diante sereis outros e mais humanos para os vossos servos, do que até agora fostes. Já dissemos, e já me confessais, que o estado de cativeiro é mais morte do que vida. E se, além dessa morte, acrescentardes ao servo trabalhos excessivos e castigos exorbitantes; se, além dessa morte, o privar de sustento, não lhe acudindo com as porções adequadas; se lhe privar de roupas, não cobrindo sua nudez e deixando-o exposto às inclemências do tempo; se lhe privar dos remédios no momento da doença, abandonando-o e talvez jogando-o perversamente em casa, tudo isso acumulará punições sob punições, tormentos sob tormentos e mortes sob mortes? Ainda mal! Pois, *ne addas, afflictionem afflicto*, torno-lhe a dizer o Provérbio: Não acrescenteis a quem já está aflito, nova aflição. Para o cativo, o cativeiro é suficiente. Mas, se até agora vos falei para racionais, quero terminar falando-vos, como a Cristãos. Credes que esses servos assim tão abatidos e desprezados, são vossos próximos e Cristãos? Como vós? Sim, deveis crer nisso. E se o credes, por que não fazeis o que Deus ordena por meio de São Paulo, para satisfazerdes à lei dos Cristãos, que professais? *Alter alterius onera portate, et sic adimplebitis legem Christi*, diz São Paulo. Ajudai-vos uns aos outros, os que sois próximos, e assim satisfareis a lei de Cristo. O senhor pode ajudar o servo a carregar o fardo, suavizando- lhe e libertando-lhe do jugo do cativeiro; logo, para satisfazerdes as leis dos Cristãos, deveis os que sois, senhores, não agravar mais o fardo da servidão aos escravos, se não procurarem tudo e por todos os caminhos, aliviá-lo. O vosso servo, não, me haveis de negar que vos ajuda a passar sua vida tranquilamente, assumindo para si o peso que seria vosso, se ele não fosse vosso cativo. Por que o não ajudareis vós a carregar esse peso, fazendo-o com um bom trato, para que ele o carregue com mais suavidade? Se quereis que o servo faça o trabalho que deve, por que não fareis vós o que lhe deveis? Se quereis que ele faça o que deve a servo; por que não fareis vós o que lhe deveis a senhor e Cristão? Antigamente, assim que os Cristãos da primitiva Igreja, logo que recebiam o batismo, davam liberdade a seus servos, parecendo-lhes, que com a liberdade da lei de Cristo, o cativeiro não estava certo. Assim o fizeram os Hermes, os Cromácios, e muitos outros, que estão cheias as histórias Eclesiásticas. Não quero persuadir com isso aos senhores a que façam o mesmo com seus escravos. Senhores, não pretendo que lhes dei liberdade aos vossos servos; que quando o fizésseis, faríeis o que fizeram os verdadeiros Cristãos. O que só pretendo de vós, é que trateis a próximos e como a miseráveis; que lhes deis o sustento para o corpo e para a alma; que lhe deis somente aquele castigo que pede a razão, e que lhe deis o trabalho tal, que possam com ele os não oprima. Isso só vos peço, isso só espero, e isso só quero de vós: *Panis, et disciplina, et opus servo.* (s/ p)

Uma análise completa e detalhada desse exemplo seria menos relevante aqui; portanto, apenas realçamos algumas das propriedades retóricas e argumentativas típicas dos textos sobre a escravização por padres católicos do período:

- Pessoas escravizadas são seres humanos.
- Pessoas escravizadas são seres humanos, mas não são tratadas como tais.
- A vida das pessoas escravizadas é mais morte do que vida.
- Descrição detalhada da situação geral das pessoas escravizadas: pior comida, roupa, cama.
- Descrição detalhada das tarefas pesadas das pessoas escravizadas.
- O trabalho duro sem descanso das pessoas escravizadas.
- A atenção constante das pessoas escravizadas ao que o senhor deseja.
- A necessidade de os senhores terem empatia com as pessoas escravizadas.
- A crueldade dos senhores.
- Estímulo aos senhores para mudarem de atitude.
- Garantia de condições mínimas às pessoas escravizadas.
- Condenação de punições severas.
- Combinação de argumentos leigos – dirigida à razão – com o direcionamento a cristãos – que enumera o que os senhores (não) deveriam fazer como cristãos, a fim de aliviar o trabalho duro e o tratamento severo.
- Comparações com escravos libertos da Antiguidade.
- Argumento para não libertar as pessoas escravizadas, mas tratá-las como pessoas que são.

As estruturas semânticas globais e locais das conclusões, resumidas no tópico geral "Proprietários de pessoas escravizadas tratam muito mal essas pessoas e devem tratá-las melhor", sustentam os atos de discurso global de uma acusação e de uma denúncia pública. A acusação aborda diretamente os senhores. Como sacerdote, Benci provavelmente foi treinado em retórica clássica, como mostram suas comparações com figuras da Antiguidade, citações em latim e especialmente as estruturas retóricas, como paralelismos ("Ele é um homem, mas sem vontade e sem entendimento; ele sempre trabalha e trabalha, mas sem lucro; ele vive, mas como se não estivesse vivo") e metáforas ("peito de aço e bronze") para descrever a falta de empatia dos senhores. Além disso, a ênfase no contraste entre a humanidade das pessoas escravizadas e a desumanidade de seus senhores é uma característica semântica da retórica do discurso sobre a escravização. Os argumentos complexos a favor de uma escravização mais "humana" foram usados por vários outros escritores nos séculos seguintes.

É especialmente interessante o fato de os senhores serem abordados explicitamente como racionais – isto é, em termos leigos – e não apenas como cristãos. O argumento implícito do texto é claro: se você é racional e cristão, deve abster-se de punições cruéis e aliviar as tarefas pesadas das pessoas escravizadas, além de fornecer a elas todas as necessidades de um ser humano: alimentação, vestuário etc. Benci lembra aos senhores que os cristãos da Antiguidade libertavam pessoas escravizadas após o batismo, mas, por outro lado, ele se abstém de recomendar que os senhores que são seus contemporâneos façam o mesmo.

Não sabemos se as informações sobre a vida cotidiana das pessoas escravizadas e o comportamento cruel dos senhores se baseiam na observação de Benci nas plantações ou se ele colheu essas informações em outros textos, como as cartas e sermões de Antônio Vieira, que circularam na colônia, ou em testemunhos de outros padres. Nos textos posteriores dos jesuítas do século XVIII, que citaremos a seguir, encontramos descrições e avaliações muito semelhantes da vida cotidiana das pessoas escravizadas e do comportamento cruel dos senhores.

DISCURSO SOBRE ESCRAVIZAÇÃO NO SÉCULO XVIII

Os escritos eclesiásticos posteriores sobre a escravização provavelmente são parcialmente inspirados por alguns dos textos do século XVII, como os de Vieira e Benci. Ao mesmo tempo, o século XVIII deu origem a publicações internacionais sobre as Américas, em geral, e sobre a escravização, em particular, também por filósofos franceses. Portanto, é notável que em Portugal e no Brasil pareça haver poucos textos religiosos ou filosóficos que se refiram a essas fontes da Inglaterra e da França, o que pode ser devido à censura imposta pelo poderoso secretário de Estado de Portugal, **Sebastião José de Carvalho e Melo, Marquês de Pombal (1699-1782)**. Seus métodos autocráticos "esclarecidos", por um lado, envolviam a censura aos filósofos franceses ("corruptos da religião e da moral"), a expulsão dos jesuítas e o controle político do Santo Ofício (a Inquisição); por outro lado, ele fomentou muitas reformas econômicas e arquitetônicas, a abolição da escravização em Portugal e nas colônias indianas, em 1761, e a proibição de discriminação de "cristãos-novos" (convertidos), embora ele dificilmente fosse amigo dos judeus.

A única discussão crítica explícita sobre escravização no final do século XVIII que conhecemos foi escrita por um frade português em Salvador, **Manuel Ribeiro Rocha (?- 1779)**, em seu livro *Etíope resgatado, empenhado, sustentado, corrigido, instruído e libertado* (1758). Como foi o caso de outros críticos da escravização, no entanto, o padre dificilmente poderia ser considerado um abolicionista *avant la lettre* (como o próprio título de seu livro indica). Por um lado, ele percebeu que apenas o fim da escravização traria alívio ao tratamento cruel, mas, por outro, a escravização era reconhecida como uma condição econômica supostamente necessária ao Brasil (Fragoso, 2012). Nesse sentido, ele compartilhou as atitudes ambíguas não apenas dos filósofos franceses do século XVIII e dos "críticos" da escravização no Brasil, quando a escravidão por um lado era moralmente condenada por uma parte crescente da população brasileira, mas por outro, "economicamente necessária" no entender de muitos. Padre Manuel inicia seu tratado da seguinte forma:

(6)   A maior infelicidade a que se pode chegar a criatura racional neste mundo é a escravidão, pois, com ela lhe vêm adjuntas todas aquelas misérias e todos aqueles incômodos que são contrários e repugnantes à natureza e condição do homem; porque sendo este pouco menos que o anjo, pela escravidão, tanto desce, que fica sendo pouco mais que o bruto; sendo vivo, pela escravidão, se julga morto; sendo livre, pela escravidão, fica sujeito; e nascendo para dominar e possuir, pela escravidão é possuído e dominado. Trabalha o escravo sem descanso, lida sem sossego e fadiga-se sem lucro, sendo o seu sustento o mais vil, o seu vestido o mais grosseiro e o seu repouso sobre alguma tábua dura, quando não é sobre a mesma terra fria. (*Etíope resgatado, empenhado, sustentado, corrigido, instruído e libertado,* 1758, s/p)

As estratégias retóricas e argumentativas dessa e de outras passagens de seu livro não apenas mostram a sofisticação do autor, mas também sua empatia pelas pessoas escravizadas. Encontramos o argumento de senso comum, geralmente usado desde os primeiros escritos sobre a escravização, de que ela é contra a lei da natureza. Em segundo lugar, a escravização é retratada como degradante da humanidade dos seres humanos – religiosamente classificada logo abaixo do nível dos anjos – com uma série paralela de oposições: bruto-anjo, morto-vivo, morto-sujeito (subordinado), possuído e dominado. Por fim, o fragmento resume, em uma imagem mais concreta, a realidade cotidiana das pessoas escravizadas em termos das hipérboles habituais, como já as encontravam nos escritos de Bartolomeu de las Casas e outros discutidos em Van Dijk (2021), assim como em Vieira e Benci, no Brasil, como mostrado antes. De fato, algumas descrições são muito semelhantes àquelas observadas no texto de Benci, na imagem das pessoas escravizadas mais mortas do que vivas, por exemplo.

No entanto, o argumento de Rocha contra a escravização não é apenas empático e humanitário, mas principalmente jurídico. Grande parte de seu tratado mostra que a escravização era ilegal, a não ser como consequência de uma "guerra justa" – após a qual a escravização poderia ser preferível a matar inimigos. E, na sua argumentação, quando os "comerciantes de viventes" não sabiam (e não questionavam) se suas "mercadorias" haviam sido "legalmente adquiridas", esse comércio equivaleria a atos de pirataria – um crime que deveria ser severamente punido. De fato, se Rocha sabia ler francês, alguns de seus argumentos legais podem ter sido influenciados pelas ideias de Montesquieu em *O espírito das leis* (Fragoso, 2012). No livro XV dessa obra, publicada em 1748, dez anos antes do livro de Ribeiro Rocha, Montesquieu escreve o seguinte sobre pessoas escravizadas, com conteúdo e estrutura retórica bastante semelhante ao fragmento de Rocha:

(7)   [...] ele sente que seu mestre tem uma alma que pode crescer e que a sua é forçada a diminuir constantemente. Nada nos aproxima mais da condição dos animais do que sempre ver homens livres e não o ser.

As passagens humanitárias e legalistas do livro de Ribeiro Rocha podem, de fato, ser lidas como se representassem uma atitude abolicionista *avant la lettre*. No entanto, outros autores que comentam Rocha, incluindo Paulo Suess, em sua própria apresentação da edição atual do livro de Ribeiro Rocha (1992), bem como Vainfas (1986) e Carvalho França e Ferreira (2015), leem seu texto de forma mais crítica, não apenas como mera proposta reformista de "melhorar" a escravidão, mas, na verdade, como uma forma de legitimação. Assim, Rocha admite 20 anos de "serviço sob promessa", como se isso fosse uma espécie de trabalho livre. Citando o professor jesuíta **Fernando Rebello**

(1546-1608), uma de suas muitas fontes, ele defende uma lei que libera "infiéis" em cativeiro quando eles se convertem, dirigindo-se ao papa e ao rei católico, e enfatiza a ganância dos traficantes e dos senhores:

(8)   Seria altamente vantajoso não apenas ao Sumo Pontífice, mas também ao Rei Católico, introduzir esta lei o mais rápido possível em todos os territórios lusitanos, a fim de corrigir as más ações que, por causa da ganância, injustamente fazem escravizados de muitos infiéis.

Contudo, seja como estratégia pragmática para publicar seu livro diante da estrita censura do Santo Ofício, controlada por Pombal, seja para obter os prefácios positivos de colegas religiosos de destaque, seja por convicção própria, sua obra não advogaria a abolição da escravização se isso gerasse uma "ameaça para a economia" da colônia. Ou seja, embora a semântica dominante do livro polarize entre a terrível situação das pessoas escravizadas, por um lado, e um retrato negativo (ganância, pirataria etc.) dos traficantes e senhores, por outro, o livro realmente não põe em risco o *status quo* e, portanto, também deve ser lido como um texto próprio do seu tempo, de sua época.

Não surpreende, então, que seus críticos atuais vejam o livro como uma legitimação retórica da escravidão, por exemplo, pelo apaziguamento da má consciência de todos aqueles envolvidos, desde o rei, o papa e a Igreja até os próprios comerciantes e proprietários de pessoas (para esse debate, ver Fragoso, 2012; Vainfas, 1986). Em seu livro sobre ideologia e escravização, analisando os textos de Vieira, Benci e Rocha, destaca-se especialmente o historiador brasileiro Ronaldo Vainfas, que interpreta as críticas aos senhores da escravização, bem como a defesa de pessoas negras escravizadas nesses escritos jesuítas como justificativas da escravização e expressões da "ideologia colonial da escravidão" (Vainfas, 1986: 153). No entanto, Vainfas também admite a ambiguidade desses textos, que aceitam e legitimam o sistema econômico e político da escravização, reproduzem estereótipos e admitem punições (moderadas), enquanto, por outro lado, criticam muito o sistema e, especialmente, os abusos de poder – sempre em argumentos religiosos detalhados. É importante para nossa própria análise não apenas a ideologia religiosa e econômica dominante desses textos, mas também as descrições detalhadas e críticas da escravização, que mais tarde são usadas como argumentos a favor da abolição, primeiro no Reino Unido e nos EUA, principalmente entre os *quakers*, e muito mais tarde no Brasil, especialmente após 1860.

A influência internacional

A influência intelectual da América do Norte e da Europa chegou também ao Brasil no século XVIII, sendo concretizada em uma revolta em Minas Gerais, conhecida como Inconfidência Mineira, em 1789, inspirada na Guerra de Independência dos Estados Unidos, em 1775, e também sob influência da escrita de filósofos franceses. Os conspiradores, elites da província de Minas Gerais (muitos estudaram em Coimbra e eram devedores, por causa do aumento do imposto sobre o ouro determinado por Portugal), incluindo um militar de baixo escalão, Joaquim José da Silva Xavier (controverso herói nacional, o "Tiradentes"), que queria uma República mais democrática. No entanto, a influência dos filósofos liberais franceses não levou à abolição local da escravidão na província – um tópico que foi discutido, mas pouco destacado nos objetivos dos conspiradores (De Carvalho, 1985). Alguns deles eram poetas que estudaram em Coimbra, como Claudio Manuel da Costa, Tomás Antônio Gonzaga (que escreveu *Marília de Dirceu*), formando o movimento literário do Arcadismo no Brasil (1768-1836) (ver, por exemplo, Félix e Juall, 2016). A influência dos filósofos franceses e das ideias iluministas também foi limitada pela censura em Portugal e pelo fato de que não havia imprensa no Brasil (que só seria permitida no século seguinte), de modo que todos os livros tinham que vir do exterior.

Embora não tenhamos conseguido encontrar escritos brasileiros do século XVIII explicitamente inspirados por filósofos do Iluminismo, via estudantes brasileiros e outros viajantes na Europa, é possível saber que eles influenciaram não apenas a revolta em Minas Gerais em 1789, mas também outras posteriores, como a popular Revolta dos Alfaiates, também chamada de Conjuração Baiana, em 1798, apoiada por Cipriano Barata, que defendia a libertação de pessoas escravizadas e um governo democrático. Não sabemos se havia publicações na época sobre os objetivos e as fontes intelectuais desse movimento. Assim, até os primeiros escritos antiescravidão no século XIX, é possível que houvesse décadas de silêncio (ou de silenciamento) sobre o assunto desde o livro de Rocha, ou que já não tenhamos acesso a tais escritos.

INÍCIO DO SÉCULO XIX: PREPARANDO A ABOLIÇÃO

A falta de escritos brasileiros explícitos sobre a escravização no final do século XVIII e no início do século XIX não significa que pelo menos algumas das elites no Brasil (muitas vezes educadas em Coimbra) não tivessem informações sobre o que acontecia no exterior, sobre a filosofia iluminista, revoluções, Guerra de Independência Americana e a Revolução Francesa, as críticas *quakers* à escravidão, bem como os debates abolicionistas internacionais, por exemplo, no Reino Unido.

Em Londres, em 1821, apareceu a versão em português de um estudo detalhado sobre o tráfico de pessoas no Atlântico Sul, cujo original em inglês provavelmente foi escrito pela *Society of Friends* (Sociedade dos Amigos), os *quakers*. Essa versão em português, de mais de 100 páginas em 23 capítulos, tem um título complexo: *Breve resumo sobre a natureza do commercio de escravaturas e atrocidades que d'elle resultam: seguido de huma relação histórica dos debates que finalmente terminaram a final abolição.*

O livro começa com uma exposição sobre a formação da Sociedade dos Amigos (os *quakers*) e seu compromisso contra o tráfico de pessoas escravizadas, "praticado primeiro pelos portugueses", e uma breve história do tráfico de pessoas escravizadas, incluindo a condenação do papa Leão X. Segue com a história *quaker* e de outros autores importantes do Reino Unido e dos EUA que se opunham ao tráfico e que eram favoráveis aos "africanos", como Clarkson e seu relatório sobre as crueldades do tratamento de pessoas escravizadas, e um resumo dos debates parlamentares no Reino Unido. É mencionada também a rejeição da moção de Wilberforce, para abolir a escravização, e a adoção, em 1806, de um Projeto de Lei, doravante PL, que proibia comerciantes britânicos de trazerem pessoas para escravização nas colônias (para mais detalhes e referências, ver Van Dijk, 2021).

Sem dúvida, muitos brasileiros que sabiam inglês já teriam sido informados sobre os *quakers* e os debates sobre a abolição no Reino Unido, mas essa tradução em português trouxe a informação a um público maior, tanto em Portugal quanto no Brasil, como testemunhado por referências ao tópico em escritos posteriores no Brasil. Interessante também foi outro breve texto *quaker* em português, publicado em Londres em 1822, *Memorial aos habitantes da Europa sobre a iniquidade do commercio de escravatura.*

O primeiro texto brasileiro bem conhecido do século XIX, que se opunha à escravização, pretendia ser um discurso, em 1823, para o novo Parlamento (o *Constituinte*) do império brasileiro recentemente independente, mas foi publicado na verdade em Paris, apenas em 1825, a *Representação sobre escravatura.*

Foi escrito pelo "patriarca" da independência brasileira, **José Bonifácio de Andrada e Silva (1763-1838)**, deputado de São Paulo, ministro do Interior e das Relações Exteriores, que também era naturalista, poeta e professor (de Geologia em Coimbra). Após a dissolução do Parlamento, em 1823, ele foi exilado para a Europa, onde viveu muitos anos. Apresentou seu discurso como "cidadão livre" e como membro do Parlamento, interessado em dois tópicos principais para a futura prosperidade do país, a "civilização" das populações indígenas e uma nova lei proibindo o comércio de pessoas, incluindo detalhes sobre o tratamento a "esses miseráveis cativos". Ele propunha abolir o comércio de pessoas escravizadas e sua "emancipação progressiva". Aqui estão alguns fragmentos desse discurso pré-abolicionista relativamente antigo no Brasil:

(9)   Quando verdadeiros *Christãos e Philantropos* levantarão a voz pela primeira vez na Inglaterra contra o tráfico de escravos africanos, houve muita gente interesseira ou preocupada, que gritou ser impossível ou impolítica *similhante* abolição porque as Colônias Britânicas não podiam escusar *hum* tal *commercio* sem *huma* total destruição. (p. 11 [grafia e grifos do original])

Esse primeiro fragmento do discurso é relevante, antes de tudo, porque mostra que Bonifácio foi informado sobre o debate acerca da abolição no Reino Unido. Em segundo lugar, ele menciona um argumento padrão dos oponentes da abolição no Reino Unido, que também foi e continuou sendo usado contra a abolição no Brasil: que ela significaria a destruição econômica da colônia. Contra esses argumentos, ele sustentou, uma lei de proibição do tráfico de pessoas escravizadas foi adotada no Parlamento do Reino Unido. O segundo argumento poderoso que ele mencionou, e que mais tarde foi frequentemente repetido por abolicionistas, foi elaborado como uma pergunta retórica:

(10)   E por que somente os brasileiros continuarão a ser surdos aos gritos da razão e da religião cristã, e direi mais, da honra e brio nacionais? Pois somos a única nação de sangue *europeo* que ainda *comercia* clara e publicamente em escravos *Africanos*. (p. 12 [grafia e grifos do original])

Dois valores são destacados como critérios aqui, a saber: razão e religião cristã – um argumento típico do Iluminismo. No entanto, o mais importante é a vergonha nacional, porque Brasil e Cuba eram os únicos países que ainda se dedicavam ao comércio de pessoas. Posteriormente, o mesmo argumento

Discurso antirracista no Brasil

é usado em favor da abolição: que na década de 1880 o Brasil era o único país de "sangue europeu" no mundo que ainda tinha escravização legal. Interessante também é que, nessa passagem, Bonifácio define o Brasil como branco. Um país assim só pode ter uma constituição liberal desde que não tenha um "imenso número de escravizados e inimigos primitivos". Ele enfatiza (usando itálico) a Regra de Ouro: *não fazer aos outros o que não queremos que eles façam contra nós*, o que mostra que ele não só conhece um dos *topoi* clássicos (religiosos e humanitários) da história do Brasil, mas também dos *quakers* contra escravização. Sendo assim, ele recomenda que deveriam de uma vez por todas parar de roubar e queimar a África e fomentar guerras entre os "selvagens", além de trazê-los para os portos onde muitas pessoas morrem:

(11)   *He tempo pois, e mais que tempo, que acabemos com hum tráfico tão bárbaro e carniceiro; he tempo também que vamos acabando gradualmente até os últimos vestígios da escravidão entre nós, para que venhamos a formar em poucas gerações huma Nação homogênea, sem o que nunca seremos verdadeiramente livres, respeitáveis e felizes. He da maior necessidade ir acabando tanta heterogeneidade physica e civil; cuidemos pois desde já em combinar sabiamente tantos elementos discordes e contrários, e em amalgamar tantos metaes diversos, para que saia hum Todo homogêneo e compacto, que se não esfarele ao pequeno toque de qualquer nova convulsão política. Mas que sciencia chimica, e que dexteridade não são precisas aos operadores de tão grande e difficil manipulação? Sejamos pois sábios e prudentes, porém constantes sempre.* (p. 13 [grafia e grifos do original])

Observamos, nesse fragmento, as várias maneiras pelas quais a "homogeneidade" social é enfatizada, pressupondo a heterogeneidade e a desigualdade social de um país baseado na escravização. Para ele, a homogeneidade implica uma mistura das raças do Brasil, formulado com os típicos estereótipos raciais: "O mulato deve ser a raça mais ativa e empreendedora; pois reúne a vivacidade impetuosa e a robustez do negro com a mobilidade e sensibilidade do europeu; o índio é naturalmente melancólico e apático". Devemos ter em mente que, naquele momento, no início do século XIX, ainda não havia apelo à abolição imediata, mas apenas à abolição gradual "prudente" – concentrando-se especialmente na abolição do comércio de pessoas.

Os *topoi* predominantes da empatia, que encontramos em muitos textos antiescravistas, também de séculos anteriores, enfatizam a humanidade das pessoas escravizadas:

68

Discursos antiescravistas e abolicionistas

(12)   Se os negros são homens como nós, e não formão huma espécie de brutos animaes; se sentem e pensão como nós, que quadro de dôr e de miséria não apresentão elles á imaginação de qualquer homem sensível e christão? (p.14 [grafia do original])

Além da lealdade "cristã", observe-se a característica da sensibilidade, predominante nos textos românticos, e frequentemente presente nos textos *quakers* contra a escravização (ver, por exemplo, Carey, 2005, 2012). Oposta a essa sensibilidade é a falta de compaixão daqueles que são gananciosos e fingem trazer pessoas escravizadas da África para resgatá-las de déspotas africanos e convertê-las ao cristianismo em um país supostamente fértil e brando. O autor denuncia as falácias desses "vendedores de carne humana", com a defesa de que esses argumentos só poderiam ser confiáveis se os comerciantes de pessoas escravizadas libertassem-nas, uma vez chegadas ao Brasil, ou se pelo menos os senhores ("preguiçosos") os tratassem bem.

Seguem argumentos socioeconômicos contra a escravidão no Brasil, como comparações com outros países, como a Índia, que produziam competitivamente sem mão de obra escravizada. Soma-se que a "importação" de milhares de pessoas escravizadas sequer fazia a população aumentar, porque "quase todos morrem de miséria e desespero". A economia também não crescia, porque os proprietários de pessoas escravizadas são ditos ignorantes e preguiçosos para trabalhar e melhorar a agricultura. Bonifácio resume seus argumentos da seguinte forma:

(13)   Este commercio de carne humana he pois hum cancro que róe as entranhas do Brasil, commercio porém, que hoje em dia já não he preciso para augmento da sua agricultura e povoação, huma vez que, por sábios regulamentos, não se consinta a vadiação dos brancos, e outros cidadãos mesclados, e a dos forros; huma vez que os muitos escravos, que já temos, possão, ás abas de hum Governo justo, propagar livre e naturalmente comas outras classes, huma vez que possão bem criar e sustentar seus filhos, tratando-se esta desgraçada raça Africana com maior christandade, até por interesse próprio; huma vez que se cuide emfim na emancipação gradual da escravatura, e se convertão Brutos immoraes em cidadãos úteis, activos e morigerados. (p. 24 [grafia do original])

Vemos que os argumentos econômicos (não serem mais necessárias pessoas escravizadas – o que mostra uma perspectiva funcionalista sobre a questão, e não uma condenação enfática da escravização), os valores morais (preguiça de brancos e "mesclados") e os objetivos sociais (produzir, de "brutos imorais", cidadãos ativos e úteis) são combinados nesse pedido de abolição. Como vimos anteriormente, o uso frequente, aqui e em outros escritos sobre pessoas escravizadas, de expressões como "brutos imorais" mostra que os apelos à abolição da escravidão não implicam uma descrição não racista das populações africanas. Interessante aqui é a referência à "raça" africana, numa época em que a noção de raça ainda não era muito comum. Obviamente, acrescenta o autor, não se deveria apenas parar o comércio de pessoas, mas melhorar o tratamento às pessoas escravizadas, um argumento também presente no período anterior. Todas as pessoas escravizadas não deveriam, em sua opinião, ser libertadas ao mesmo tempo ("o que traria apenas o caos"), mas gradualmente. Como muitos desses argumentos, também essa recomendação é enquadrada em termos do interesse próprio dos senhores proprietários:

(14)   Este he não só o nosso dever mas o nosso maior interesse, porque só então conservando eiles a esperança de virem a ser hum dia nossos iguaes em direitos, e começando a gozar desde já da liberdade e nobreza d'alma, que só o vício he capaz de roubar-nos, èlles nos servirá com fidelidade e amor ; de inimigos se tornaráó amigos e clientes. Sejamos pois justos e benéficos, Senhores, e sentiremos dentro d'alma, que não ha situação mais deliciosa, que a de hum senhor carinhoso e humano, que vive sem medo e contente no meio de seos escravos, como no meio da sua própria família, que admira e goza do fervor com que esses desgraçados advinhão seus desejos,e obedecem a seus mandos, observa com júbilo celestial o como maridos e mulheres, filhos e netos, sãos e robustos, satisfeitos e risonhos, não só cultivão suas terras para enriquece-lo, mas vem voluntariamente offerecer-lhe até as premissas dos fructos de suas terrinhas, de sua caça e pesca, como á hum Deos tutelar. He tempo pois, que esses senhores bárbaros, que por desgraça nossa inda pullulão no Brasil ou-ção os brados de consciência e da humanidade ou pelo menos o seu próprio interesse, senão, mais cedo do que pensão, serão punidos das suas injustiças, e da sua incorrigível barbaridade. (p. 25-26 [grafia do original])

Poucas análises críticas são necessárias para desmascarar essa fantasia idílica (mas racista) do professor e político brasileiro branco sobre as relações raciais ideais que imagina. É verdade que os senhores de então são chamados de bárbaros, mas, na situação ideal dos sonhos de Bonifácio, as pessoas escravizadas obedeceriam amorosamente a seus senhores, como se fossem uma grande família. Essa fantasia está muito longe de ser um discurso de

Discurso antiescravistas e abolicionistas

abolição e dos direitos humanos de pessoas escravizadas em geral. Trata-se, de fato, de um discurso racista tão poderoso a ponto de seguir informando hierarquias raciais. Como no caso dos discursos dos jesuítas anteriores a ele, vemos aqui, no início do século XIX, ainda a contradição entre a crítica aos *abusos* da escravização e a aceitação de um *sistema* idealizado de escravidão, ou seja, sem uma condenação categórica da escravização.

Após essa introdução geral, Bonifácio, sempre estadista, elabora artigos de uma nova lei, inspirada por leis da Espanha e da Dinamarca. Podemos sumarizar esses artigos assim:

- Abolição total após quatro ou cinco anos, durante os quais as pessoas escravizadas seriam "mais caras".
- Todas as pessoas escravizadas deveriam ser registradas.
- Os "preços" das pessoas escravizadas não registradas seriam fixados por uma comissão composta por senhores e um funcionário público externo e dependeriam dos anos já servidos.
- As pessoas escravizadas deveriam ser libertadas por quem pagasse a quantia pela qual foram "compradas", ou parcialmente libertadas na proporção da quantia paga.
- Os senhores precisariam cuidar das pessoas escravizadas que não conseguissem cuidar de si quando fossem libertadas.
- As pessoas escravizadas casadas não poderiam ser "vendidas" sem cônjuge ou prole.
- As "pessoas de cor" libertadas que não tivessem meios de viver receberiam um lote de terra ou crédito.
- Todo senhor que "amasiou-se" com uma mulher escravizada com quem teve filhos seria obrigado a libertá-la e a seus filhos e seria responsável pela educação dos filhos até os 15 anos de idade.
- Cada pessoa escravizada seria legalmente proprietária de suas próprias poupanças e ganhos (pecúnia).
- Os senhores não teriam permissão para punir brutalmente as pessoas escravizadas, e, publicamente, apenas com permissão oficial, dependendo da natureza de seus delitos. As pessoas escravizadas que fossem maltratadas por seus senhores teriam o direito de procurar outro proprietário.

- As pessoas escravizadas menores de 12 anos não deveriam realizar trabalhos insalubres.
- Para cada província, os comitês decidiriam que tipo de trabalho, roupas e alimentos as pessoas escravizadas receberiam.
- As mulheres escravizadas grávidas não deveriam realizar tarefas pesadas após três meses de gestação, e, após seis meses, ficariam apenas no serviço doméstico; elas convalesceriam durante um mês após o parto e trabalhariam perto do bebê durante um ano após o nascimento. Quando tivessem mais filhos, teriam mais horas livres e seus filhos deveriam ser libertados – mas precisariam morar com o marido, se fossem casadas.
- Os senhores não poderiam proibir os homens escravizados de se casarem com mulheres livres ou com mulheres escravizadas.
- O governo promoveria que, nas grandes plantações, pelo menos um terço das pessoas escravizadas fossem casadas.
- As pessoas escravizadas receberiam educação religiosa e moral – o que não apenas lhes proporcionaria felicidade eterna, mas também promoveria subordinação e fidelidade.
- Homens religiosos libertariam as pessoas escravizadas sob seu jugo, e não mais seriam senhores.
- Para evitar a falta de leis trabalhistas, a polícia poderia prender mendigos e vagabundos, "normalmente pessoas de cor".
- Senhores que libertassem mais de oito famílias seriam condecorados ou receberiam outras honras.

Muitos desses argumentos já haviam sido elaborados antes, em outros documentos, como aqueles formulados pelos jesuítas dos séculos XVII e XVIII. Não são uma ameaça ao sistema escravocrata, apenas um apaziguamento, com direitos mínimos para as pessoas escravizadas, como o controle de seus ganhos e o direito de comprar sua própria liberdade. Um elemento importante é a garantia de maior proteção de mães e das famílias. Observe-se também que a educação moral e religiosa é especialmente recomendada em nome da sua subordinação. É importante levar também em conta o eufemismo do estupro massivo de mulheres escravizadas em termos de senhores "amasiados".

O projeto de Bonifácio não é interessante por expressar ideias "progressistas" para a época, mesmo que várias dessas ideias sejam reformulações, mas sim pelo que pressupõe sobre as práticas e atitudes abomináveis daquele momento, sobre o tratamento direcionado às pessoas escravizadas no início do século XIX, décadas concomitantes ao aumento da abolição total em outros países da América Latina. Mesmo que as ideias racistas de Bonifácio, aqui resumidas, sejam abomináveis, a realidade da abolição no Brasil foi ainda pior.

RUMO À ABOLIÇÃO

Nos anos que se seguiram a essas primeiras ideias do Império recém-independente, a pressão internacional, especialmente pela Inglaterra, levou à abolição do comércio de pessoas em 1831. Isso significava que qualquer navio negreiro que cruzasse o oceano, em princípio, poderia ser apreendido, mas, na prática, muitas centenas de milhares de pessoas escravizadas ainda seriam contrabandeadas no Atlântico. O comércio realmente aumentou por mais duas décadas até que a Marinha inglesa bloqueasse portos brasileiros e o governo fosse finalmente forçado a parar todo o tráfico, em 1850. Ao mesmo tempo, várias condições econômicas, sociais e ambientais começaram a minar cada vez mais o sistema de escravidão, como a concorrência entre países, a seca severa nas províncias do norte, o aumento da resistência das pessoas escravizadas e a crescente popularidade dos argumentos abolicionistas após 1880.

Apesar da forte resistência e da influência política de senhores ricos e poderosos, especialmente nas províncias do sudeste, onde o café foi plantado, lentamente também a maré política começou a mudar, e alterações superficiais foram feitas. A Lei do Ventre Livre, de 28 de setembro de 1871, pretendia limitar o futuro da escravização, libertando todas as crianças nascidas, embora na prática, especialmente nas plantações, elas ainda trabalhassem a partir dos 8 anos de idade. Da mesma forma, segundo lei de 1885, todas as pessoas escravizadas idosas deveriam ser libertadas, embora sem qualquer garantia de manutenção após a manumissão (alforria) – e embora a expectativa de vida de pessoas escravizadas fosse bastante reduzida. Ambas as leis nunca foram realmente colocadas em prática.

Essas reformas lentas e parciais tiveram uma variedade de causas políticas, mas especialmente relevantes para nossa perspectiva são as mudanças nos sistemas sociocognitivos subjacentes de atitudes e ideologias, instigadas e depois expressas e distribuídas por uma crescente produção de discursos públicos após 1860 e, especialmente, após 1880 (Alonso, 2015; Santos da Silva Pessanha, 2013). Essas ideias e discursos não eram apenas um desenvolvimento local, mas também foram inspirados pelos debates internacionais sobre a abolição, especialmente na América do Norte, no Reino Unido e na França, bem como a abolição da escravização na maioria dos outros países das Américas, a Revolução negra no Haiti e a Guerra Civil nos Estados Unidos.

Especialmente as elites simbólicas do Brasil (padres, políticos, jornalistas), responsáveis por mudanças de opinião pública, desde o século XVII, tiveram sua formação em Coimbra e, posteriormente, em outras cidades europeias, conseguindo comparar as ideias predominantes no Brasil com ideias e atitudes mais liberais adotadas no exterior, especialmente desde a Revolução Francesa. Além da pressão política e econômica internacional, essas elites sentiam vergonha de serem representantes de um país "atrasado", onde a escravidão ainda existia.

Na situação sociocultural das elites simbólicas influenciadas externamente e da mudança da opinião pública, as ideias de abolição de algumas pessoas isoladas finalmente levaram ao surgimento de um amplo movimento social do qual boa parte da população participou, por exemplo, em espetáculos públicos, shows e desfiles (para detalhes, ver a excelente monografia de Alonso, 2015).

Com a ampla divulgação de pôsteres, panfletos, livros e artigos de periódicos, esses eventos públicos definiram o movimento de abolição também como uma ampla forma multimodal de resistência discursiva, às vezes festiva, contra o sistema cada vez mais debilitado de opressão e desigualdade servil. Vamos, então, examinar alguns dos textos básicos de lideranças desse movimento, como Luiz Gama, André Rebouças, José Bonifácio (o Moço) e Joaquim Nabuco, entre outros.

DISCURSOS ABOLICIONISTAS

José Bonifácio de Andrada e Silva, o Moço (1827-1886), era sobrinho e neto (seu pai era irmão e sua mãe era filha) do patriarca da independência brasileira, e recebeu o mesmo nome. Nasceu em Bordeaux, quando a família estava no exílio na França. Como muitos outros homens da classe alta de sua época, formou-se na Faculdade de Direito de São Paulo. Como professor, teve alunos que mais tarde se tornariam abolicionistas famosos, tais como Rui Barbosa, Castro Alves e Joaquim Nabuco. Como ministro e senador, defendeu a abolição imediata da escravidão. Em sua reação ao discurso ("Falas do trono") do imperador Pedro II, ele disse, em 10 de abril de 1885, um ano antes de sua morte prematura:

(15)   Como, portanto, podemos reconciliar os princípios fundamentais da constituição brasileira com o suposto direito do homem de escravizar o homem? Como chamamos esse comércio hediondo de empresa legítima, que, em 1827, obteve as classificações mais severas de todos os palestrantes, mesmo com aqueles que tentaram justificá-lo, sem querer defendê-lo? A garantia fornecida pelo trabalho, pela constituição do império não poderia ser fornecida para esse comércio abominável, vergonhoso e desumano, contrário às inspirações do século, injustas e bárbaras, antissociais e contraditórias ao espírito do cristianismo, e só serve para retardar o progresso da civilização humana.

Encontramos, também, neste pequeno fragmento, a qualificação negativa do tráfico e da escravização em longa sequência retórica de fortes termos de avaliação negativa ("hediondo, abominável, vergonhoso, desumano, injusto, bárbaro, antissocial"), além de mais críticas jurídicas (a escravidão contrária à Constituição) e uma condenação religiosa (contra o espírito do cristianismo). Interessante também é o argumento sociopolítico de que a escravização é contra os princípios do iluminismo e uma obstrução ao progresso da civilização humana. Critica o alegado direito dos seres humanos de escravizar outros seres humanos. Obviamente, é uma declaração bastante compacta de muitos dos argumentos contra a escravização, que não apenas resume vastos debates contemporâneos, de meados da década de 1880, mas também anos de discurso abolicionista desde a década de 1860, senão décadas de debate político, por exemplo, sobre ideias e políticas abolicionistas na Inglaterra.

Na verdade, essa passagem precede uma revisão histórica da Constituição (que excluiu tacitamente o cativeiro, embora aceitasse como um fato do passado em sua "natureza peculiar" – como também se chamava escravização no sul dos Estados Unidos), incluindo a abolição, o mais rápido possível, e uma emancipação gradual, por exemplo, limitando o nascimento de pessoas escravizadas – conforme prescrito por várias leis e tratados (a Lei do Ventre Livre já era adotada em 1871). Um argumento legal contra os direitos adquiridos com base no domínio ilegítimo é o fato de a escravização ser considerada não menos ilegítima que o despotismo, a feudalidade, as castas, favorecendo a nobreza e outros privilégios.

Como foi o caso da limitação da escravidão de crianças recém-nascidas na lei de 1871, uma outra limitação foi então aceita para pessoas escravizadas com mais de 65 anos. Quando "o Moço" morreu, em 1886, os abolicionistas organizaram uma manifestação, e as ruas ficaram cheias com milhares de pessoas seguindo a procissão fúnebre, e seu aluno, Joaquim Nabuco, agora um famoso político abolicionista, proferiu um discurso (Alonso, 2015: 301).

Luiz Gonzaga Pinto da Gama (1830-1882) era filho de pai branco e mulher africana livre, no entanto, foi escravizado e permaneceu analfabeto até os 17 anos. Luiz Gama escapou da escravidão e, por meio de seus estudos jurídicos, após muitos empregos, incluindo o de jornalista, tornou-se um advogado popular famoso, apesar da oposição racista dos professores da Faculdade de Direito, em São Paulo. Com sua persistente ação legal, ele libertou centenas de pessoas e se tornou um dos líderes negros mais famosos do movimento abolicionista brasileiro. Também sua procissão fúnebre, seguida por milhares de pessoas (em uma cidade de apenas 40 mil habitantes), foi um dos eventos mais notáveis da história de São Paulo. Além de seu trabalho como advogado popular, ele também foi autor de poesia burlesca, apenas dois anos depois de aprender a escrever, com versos irônicos e satíricos, sobre a sociedade brasileira dominada por brancos (Alonso, 2015; Kennedy, 1974).

Infelizmente, não temos acesso aos seus muitos discursos defendendo com sucesso pessoas escravizadas. Há alguns exemplos de artigos de jornais irônicos sobre tais casos legais, com críticas mordazes a juízes e padres (brancos) (Fonseca Ferreira, 2011). Ao contrário de Joaquim Nabuco, ele não publicou ideias teóricas ou programáticas sobre escravização e abolição. No entanto, há fragmentos de discursos retoricamente persuasivos comentando sobre a escravização em geral e sobre casos específicos de tratamento horrível direcionados a pessoas escravizadas por seus senhores. Aqui está um fragmento de uma carta endereçada ao Dr. José Ferreira de Menezes, ele próprio descendente de pessoas escravizadas e proprietário da *Gazeta da Tarde*, publicada no mesmo jornal abolicionista em 16 de dezembro de 1880:

(16) Milhões de homens livres, nascidos como feras ou como anjos, nas fúlgidas areias da África, roubados, escravizados, azorragados, mutilados, arrastados neste país clássico da sagrada liberdade, assassinados impunemente, sem direitos, sem família, sem pátria, sem religião, vendidos como bestas, espoliados em seu trabalho, transformados em máquinas, condenados à luta de todas as horas, de todos os dias, de todos os momentos, em proveito de especuladores cínicos, de ladrões impudicos, de salteadores sem nome; que tudo isso sofreram e sofrem em face de uma sociedade opulenta, do mais sábio dos monarcas, à luz divina da santa religião católica, apostólica, romana, diante do mais generoso e mais interessado dos povos. Aqueles que recebiam uma carabina envolvida em uma carta de alforria, com a obrigação de se fazerem matar a fome, a sede e a bala nos esteiros paraguaios e que nos leitos dos hospitais morriam, volvendo os olhos ao território brasileiro, os que, nos campos de batalha, caíam, saudando risonhos o glorioso pavilhão da terra de seus filhos; estas vítimas que, com seu sangue, com seu trabalho, com sua jactura, com sua própria miséria constituíram a grandeza desta nação, jamais encontraram quem, dirigindo um movimento espontâneo, desinteressado, supremo, lhes quebrasse os grilhões do cativeiro! (s/p)

Essa parte da carta trata da escravização em termos genéricos, descrevendo, em uma longa sequência de passivas, as muitas ações negativas perpetradas por comerciantes e proprietários de pessoas e a falta de direitos e posses das próprias pessoas escravizadas. O retrato negativo dos senhores é enfatizado ainda mais pelos julgamentos morais usuais ("cínicos, insolentes"), e ironicamente contextualizando-os primeiro nos termos positivos de uma sociedade opulenta, religiosa e generosa com um monarca "sábio". Ele então contextualiza sua atitude, referindo-se à manumissão de escravizados que participaram como soldados na Guerra do Paraguai (1864-1870), sofrendo e morrendo por um país onde nenhum movimento estava interessado em libertá-los. Além das enumerações avaliativas generalizadas que descrevem a situação miserável das pessoas escravizadas e dos soldados negros, como é o caso em muitos textos antiescravistas, a retórica vigorosa de Gama, ironicamente, contrasta essa situação com as características potencialmente positivas do Brasil.

Ao lado do poder de persuasão de uma formulação retórica de contrastes, o texto de Gama, ao mesmo tempo, expressa a conceituação polarizada da ideologia antiescravista e testemunha uma descrição sociológica realista do sistema brasileiro de escravização, incluindo uma crítica mordaz por falta de oposição organizacional à escravização. Mais adiante, na mesma carta, ele resume as terríveis torturas e assassinato de um homem escravizado que fugiu várias vezes. Em seu discurso legal para os tribunais, ele defendeu com sucesso pessoas escravizadas que haviam matado seus senhores como uma forma de autodefesa. Podemos inferir que ele usou a mesma retórica, e com argumentos legais detalhados, especialmente sobre a escravização criminal daqueles que foram "importados" após a Lei de 1831, que proibia o tráfico de pessoas e que deveriam, por isso, ser livres (para detalhes sobre o discurso de Gama, veja Fonseca Ferreira, 2011).

André Pinto Rebouças (1838-1898) era filho de um homem libertado, tornou-se membro do Parlamento da Bahia e um dos principais abolicionistas, mas também um famoso engenheiro militar. Ele serviu na Guerra do Paraguai e foi responsável por muitos trabalhos de engenharia (um túnel conhecido na cidade do Rio de Janeiro recebeu o seu nome). Durante a campanha de abolição, ele foi muito crítico da monarquia, mas era amigo íntimo do imperador Pedro II, com quem se exilou na Europa após a Proclamação da República em 1889. Viajou para a Europa e Nova York, onde experienciou tratamento racista em um hotel. Em 1868, iniciou a campanha abolicionista e estava entre os poucos abolicionistas que também formularam ideias sobre a população negra após a escravidão, por exemplo, na defesa da posse de lotes de terras próprias, no que ele chamou de "Democracia Rural Brasileira", em seu livro *A agricultura nacional* (1874). Nessa obra, ele escreveu, três anos após a Lei do Ventre Livre:

(17) Até hoje, três anos após a lei, nenhuma medida [foi tomada] para a educação daqueles que têm inocência juvenil e são emancipados.

Como aconteceu com os outros abolicionistas, Rebouças também estava ciente do papel especial do discurso, em geral, e da imprensa, em particular, para o avanço da abolição:

(18) Não há reforma liberal, por maior que seja, que não possa ser realizada pela palavra e pela imprensa [...] A imprensa não pode perder essa missão sagrada, e esperamos que, em breve, a imprensa levante a barra moral e intelectual da nação, tornando-se o principal agente de sua instrução, seu engrandecimento e sua prosperidade. (p.1)

Rebouças usou uma metáfora interessante, mais tarde recuperada por Manoel Bomfim em seus escritos antirracistas (veja adiante), comparando escravização com "parasitismo":

(19) Parasitismo, na Socionomia, significa viver à custa do trabalho de outros. [...] O parasita-aristocrata quer não apenas se beneficiar do trabalho de outros, mas fazê-lo cercado de honras e prestígio. Trabalhar a terra é lancinante, difícil, doloroso; apreciar os frutos da terra é doce e suave, é agradável. Assim, o parasitismo consiste em um que trabalha na terra enquanto outro desfruta de seus frutos. (Cidade do Rio, 9 de julho, 1888, citado em Santos da Silva Pessanha, 2013: 8)

No *Manifesto da Confederação Abolicionista do Rio de Janeiro* de 1883, escrito por Rebouças e Patrocínio e assinado por muitas organizações abolicionistas, encontramos tópicos e metáforas semelhantes. Além da qualificação usual da escravização como barbaridade, encontramos tópicos que mais tarde se destacariam, como a evolução racial e o papel parasita dos senhores, como elementos de um tratamento mais amplo da sociedade e da economia brasileiras.

Juntamente a Joaquim Nabuco e outros, Rebouças fundou, em 1880, a Sociedade Brasileira Contra a Escravidão (SBCE) e, em 1883, a Confederação Abolicionista, da qual era o tesoureiro (Alonso, 2015; Rezende de Carvalho, 1998; Santos da Silva Pessanha, 2005, 2013).

João Clapp (1840-1902) era um empresário republicano, mas tornou-se especialmente conhecido como presidente da Confederação Abolicionista, fundada em 1883, com José do Patrocínio e André Rebouças. A entidade pretendia organizar o crescente número de sociedades abolicionistas no país, incluindo o Clube dos Libertos de Niterói, que Clapp fundou em 1881 para a educação de pessoas escravizadas que haviam sido libertadas e para as que eram fugitivas, e que ele mesmo presidiu e onde também atuou como professor.

Antônio Bento de Souza e Castro (1843-1898), como outros abolicionistas, foi juiz formado na Faculdade de Direito de São Paulo e se tornou líder do abolicionismo em São Paulo após a morte de Luiz Gama, em 1882. Em 1887, fundou e editou o jornal abolicionista *A Redempção*, em que também foram publicados muitos de seus discursos abolicionistas (Ferro Otzuka, 2016). Em 1882, fundou o secreto Movimento dos Caifazes, cujos membros viajaram às fazendas para convencer pessoas escravizadas a fugirem, e fundou o famoso Quilombo Jabaquara, perto de Santos, onde mais de 10 mil pessoas procuraram refúgio (Ferro Otzuka, 2016; Pereira Toledo Machado, 2006). No editorial de abertura de *A Redempção*, Bento escreveu o seguinte:

(20)　Queremos libertação imediata, sem limites. Para isso, aceitamos a própria revolução, porque não podemos permitir que tantos brasileiros permaneçam sob o chicote e sob a escravidão, que, quando livres, poderiam competir vantajosamente pela felicidade de nossa terra natal. Também abordaremos o progresso moral e material de nossa província, castigando energicamente todos os abusos onde quer que possam aparecer e indicando as melhorias necessárias. De passagem, diremos que para nós todos os homens são iguais, seja ele marquês, conde, alferes ou soldado. Se cometerem abuso, encontrarão nosso jornal sempre pronto para revelá-lo, escrevendo seus nomes para que o público conheça os hipócritas que querem governá-lo. Estamos cansados de tolerar hipócritas; precisamos purificar a sociedade. No entanto, prometemos que nossa linguagem, embora firme e vigorosa, seja educada e apropriada. Contamos com o povo e nada mais. (Citado em Ferro Otzuka, 2016: 194)

Os abolicionistas geralmente defendiam ações pacíficas. Portanto, "aceitar a própria revolução" é uma posição bastante radical para um novo periódico, embora o termo "revolução" já tivesse sido usado antes, e o discurso abolicionista tenha se tornado mais radical a partir do governo escravista de 1885. Além disso, nesse ponto, em 1887 não havia mais paciência com reformas moderadas da escravização, e era exigida a libertação imediata das pessoas – com o argumento de que, como pessoas livres, poderiam contribuir com o país. Se geralmente expressões como "sob o chicote" seriam interpretadas metaforicamente, no Brasil isso também teria significado literal.

Valores do progresso social ou econômico e da igualdade social, pressupondo o atraso e a desigualdade da escravização, foram repetidamente enfatizados no discurso da abolição, como também é o caso aqui. Interessante é a intenção de denunciar explicitamente os hipócritas (tartufos) que são culpados de abuso contra pessoas escravizadas. Finalmente, bastante excepcional nos textos abolicionistas, o fragmento apresenta um projeto metadiscursivo, ou seja, usa uma linguagem educada, mas firme – o que pressupõe que, em geral, as críticas à escravização naquela época tendiam a ser (muito) educadas e, portanto, não suficientemente firmes.

Joaquim Nabuco (1849-1910) foi, sem dúvida, o mais famoso dos abolicionistas, graças a seus escritos sobre a abolição, seus contatos internacionais, as viagens que realizou e seu papel de liderança dentro e fora do Parlamento, no movimento abolicionista. O fato de ele ser branco e filho do famoso político José Tomás Nabuco de Araújo Filho, oriundo de uma importante família de Pernambuco, ajudou sua bem-sucedida carreira política, de maneiras impensáveis para seus amigos abolicionistas negros. Sua atividade internacional, também como diplomata, estava especialmente focada no Reino Unido, onde ele mantinha contatos e correspondências frequentes com (*quaker* e outros) membros da Sociedade Britânica e Estrangeira Antiescravidão (BFASS), como o secretário Charles H. Allen (Penalves Rocha, 2008). Nabuco foi importante fonte de informação sobre a escravidão brasileira para o BFASS, e muitos de seus textos foram publicados pela instituição, no *Anti-slavery Reporter*.

Em 1880, Nabuco e seus amigos fundaram a SBCE; organizaram e participaram de inúmeros eventos e publicações antiescravidão (Alonso, 2015; Dennison, 2006; Penalves Rocha, 2008). Em sua autobiografia, *Minha formação* (1900), além de memórias de sua juventude, ele também tratou brevemente de suas relações com amigos abolicionistas, o que citamos com o intuito de dar uma ideia da cooperação para o movimento abolicionista no Brasil:

(21)   Dentre aqueles com quem mais intimamente lidei, em 1879 e 1880, e que formavam comigo um grupo homogêneo, nossa pequena igreja, as principais figuras foram André Rebouças, Gusmão Lobo e Joaquim Serra [...] A

Discurso antirracista no Brasil

igreja de fronteira era a de José do Patrocínio, Ferreira de Menezes, Vicente de Souza, Nicolau Moreira e, depois, João Clapp, com a Confederação Abolicionista. Se eu estivesse escrevendo nesse momento um ato para o movimento abolicionista de 1879-1888, já teria citado Jerônimo Sodré, que foi quem pronunciou o decreto, e citaria meus membros da Câmara: Manoel Pedro, Correa Rabello, S. de Barros Pimentel e outros, porque o movimento começou na Câmara, em 1879, e não, como já foi dito, na Gazeta da Tarde de Ferreira de Menezes, em 1880, nem na Gazeta de Notícias, onde naquela época José do Patrocínio, escrevendo a Semana Política, não fazia senão nos apoiar e ainda não havia previsto sua missão. De certo pelos escravos já vinham trabalhando Luiz Gama e outros, mesmo antes da lei de 1871, como trabalharam todos os colaboradores dessa lei; mas o movimento abolicionista de 1879 a 1888 é um movimento que tem seu próprio eixo, sua formação distinta e cujo princípio, marcha e velocidade são fáceis de verificar; é um sistema fluvial do qual se conhecem as nascentes, o volume de água e o valor de cada confluente, as cataratas, as corredeiras e o estuário, e esse movimento começa, sem sombra de dúvida, com o pronunciamento de Jerônimo Sodré, em 1879, na câmara [...].

Em sua autobiografia, ele também enfatiza que nenhum outro tema em sua vida o moveu tanto quanto a abolição:

(22) A abolição no Brasil me interessou mais do que todos os outros temas que testemunhei no meu tempo.

Embora também outros abolicionistas tenham escrito panfletos e manifestos, Nabuco redigiu, aos 34 anos, um grande tratado sobre a abolição, *O abolicionismo* (1883). Ele inicia seu tratado com uma definição e uma história do movimento abolicionista:

(23) Não há muito o que se dizer no Brasil sobre o abolicionismo e o partido abolicionista. A ideia de suprimir a escravidão, libertando os escravos existentes, sucedeu à ideia de suprimir a escravidão, entregando-lhe mais de um milhão e meio de homens de que ela se achava de posse, em 1871, e deixando-a acabar com eles. Foi na legislatura de 1879-80 que se viu, pela primeira vez, dentro e fora do Parlamento, um grupo de homens fazer da emancipação dos escravos, não da limitação do cativeiro às gerações atuais, a sua bandeira política ou a condição preliminar da sua adesão a qualquer dos partidos [...] A primeira oposição nacional à escravidão foi promovida apenas

contra o comércio. Pretendia suprimir a escravidão lentamente, proibindo a importação de novos escravos. À vista da espantosa mortalidade dessa classe, dizia-se que a escravatura, uma vez extinto o viveiro inesgotável da África, iria sendo progressivamente diminuída pela morte, apesar dos nascimentos.

É crucial nesse fragmento o pressuposto de que leis e políticas anteriores estavam limitadas à abolição oficial do comércio de pessoas, em 1831 (mas na verdade apenas em 1850) e à (pouco aplicada) Lei do Ventre Livre de 1871, que significa abolição da escravidão no futuro. O movimento abolicionista, ao contrário dos argumentos que vimos dos períodos anteriores, pedia libertação imediata de todas as pessoas. No entanto, diferente de outros abolicionistas, provavelmente em decorrência de sua procedência na elite, Nabuco era a favor de compensação aos senhores escravocratas.

Nos 17 capítulos de seu tratado, Nabuco tratou sistematicamente de todos os aspectos do movimento de abolição, como o "partido" abolicionista ("uma opinião organizada para atingir seus fins") e o movimento, sua história e fundações, objetivos e organização, o comércio de pessoas e muitos outros tópicos. Para ele, a abolição seria a condição da democracia e, "nesse sentido, a abolição deve[ria] ser a escola primária de todos os partidos, o alfabeto de nossa política". Ele percebia que a abolição não seria suficiente – e que o verdadeiro trabalho começaria depois.

Em uma passagem que lembra as ideias de André Rebouças, Nabuco argumenta:

(24) Quando mesmo a emancipação total fosse decretada amanhã, a liquidação desse regime só daria lugar a uma série infinita de questões, que só poderiam ser resolvidas de acordo com os interesses vitais do país pelo mesmo espírito de justiça e humanidade que dá vida ao abolicionismo. Depois que os últimos escravos houverem sido arrancados ao poder sinistro que representa para a raça negra a maldição da cor, será ainda preciso desbastar, por meio de uma educação viril e séria, a lenta estratificação de trezentos anos de cativeiro, isto é, de despotismo, superstição e ignorância. O processo natural pelo qual a escravidão fossilizou nos seus moldes a exuberante vitalidade do nosso povo durante todo o período de crescimento, e enquanto a nação não tiver consciência de que lhe é indispensável adaptar à liberdade cada um dos aparelhos do seu organismo de que a escravidão se apropriou, a obra desta irá por diante, mesmo quando não haja mais escravos. (s/p)

O estilo sociopolítico formal de Nabuco é óbvio nesse excerto, no sentido de que a própria abolição não poderia ser o único objetivo do movimento, e que fazer política é estar pensando nas consequências futuras das ações atuais. Também aqui encontramos um retrato sistemático e muito negativo da escravização (poder sinistro, despotismo etc.). Diferente dos textos anteriores sobre escravização é a referência à "raça negra" (usada 26 vezes no livro) e à "maldição da cor" que destaca os critérios cruciais da escravização racista. Ele dedicou um capítulo inteiro a "O mandato da raça negra", texto que abriu com um ataque feroz contra a Igreja Católica e seus sacerdotes no Brasil, em comparação negativa com a religião e a Igreja no exterior:

(25)   Em outros países, a propaganda da emancipação era um movimento religioso, pregado no púlpito, sustentando com fervor pelas diferentes igrejas e comunidades religiosas. Entre nós, o movimento abolicionista nada deve, infelizmente, à Igreja do Estado; pelo contrário, a posse de homens e mulheres pelos conventos e por todo o clero secular desmoralizou inteiramente o sentimento religioso de senhores e escravos. No sacerdote, esses não viam senão um homem que os podia comprar, e aqueles a última pessoa que se lembraria de acusá-los. A deserção, pelo nosso clero, do posto que o Evangelho lhe marcou, foi a mais vergonhosa possível: ninguém o viu tomar parte dos escravos, fazer uso da religião para suavizar-lhes o cativeiro, e para dizer a verdade moral aos senhores. Nenhum padre tentou, nunca, impedir um leilão de escravos, nem condenou o regime religioso das senzalas. A Igreja Católica, apesar de seu imenso poder em um país ainda em grande parte fanatizado por ela, nunca elevou no Brasil a sua voz a favor da emancipação [...]. No Brasil, a questão não é, como nas colônias europeias, um movimento de generosidade em favor de uma classe de homens vítimas de opressão injusta a grande distância de nossas praias. A raça negra não é, tampouco, uma raça inferior, alheia à comunhão, ou isolada dessa e cujo bem-estar nos afete como o de qualquer tribo indígena maltratada pelos invasores europeus. Para nós, a raça negra é um elemento de considerável importância nacional, estreitamente ligada por infinitas relações orgânicas à nossa constituição, parte integrante do povo brasileiro [...]. A escravidão moderna repousa sobre uma base diversa da escravidão antiga: a cor preta. Ninguém pensa em reduzir homens brancos ao cativeiro; isso foi reservado tão somente para negros. Nós não somos um povo exclusivamente branco e não devemos, portanto, admitir essa maldição pela cor; pelo contrário, devemos tudo fazer para esquecê-la.

A condenação da Igreja Católica nessa passagem é enfatizada no elenco de situações em que ela não fez nada para proteger as pessoas escravizadas. A comparação com outros países, e especialmente com o apoio do movimento de abolição (sem dúvida, referente aos *quakers*), não é apenas religiosa, mas também racial, na qual, para outros países, o racismo e a exploração colonialista caminham juntos. Importante aqui é que, pelo menos em teoria, a população negra no Brasil é reconhecida como parte importante do povo brasileiro – um princípio que também após a abolição dificilmente seria respeitado na política e na vida cotidiana. Ao enfatizar que a população negra não constitui uma "raça inferior", Nabuco não apenas pressupõe (e se opõe a) uma ideologia racista como o fundamento da escravização, mas também se opõe explicitamente às ideias racistas propagadas na Europa, no racismo científico.

Comparando essa passagem com textos dos jesuítas dos séculos XVII e XVIII (limitados à crítica dos abusos dos senhores) ou com as propostas "prudentes" de décadas anteriores para aliviar a escravização de José Bonifácio de Andrada e Silva, observamos significativas diferenças de ideologia e argumentação, especialmente no tratamento da hierarquia racial e na posição inequívoca em favor da abolição completa e imediata. Só no final do século XIX os textos no Brasil sobre a escravização se tornaram mais antirracistas no sentido atual do termo.

Nabuco também lembra que a escravização era ilegal, como no excerto seguinte, que novamente compara de modo negativo o Brasil com outros países e o direito internacional, em uma passagem que pressupõe o conhecimento internacional de Nabuco e sua preparação para seu futuro papel de diplomata:

(26) Não me era necessário provar a ilegalidade de um regime que é contrário aos princípios fundamentais do direito moderno e que viole a própria noção do que o é o homem perante à lei internacional. Nenhum Estado deve ter a liberdade de pôr-se assim fora da comunhão civilizada do mundo, e não tarda, com efeito, o dia em que a escravidão seja considerada legalmente, como já o é moralmente, um atentado contra a humanidade toda. (s/p)

Como outros abolicionistas, Nabuco critica ironicamente o mito conhecido, compartilhado pela imprensa sobre a "suavização" da escravidão no Brasil:

Discurso antirracista no Brasil

(27) Encontram-se, por fim, declarações repetidas de que a escravidão entre nós é um estado muito brando e suave para o escravo, de fato melhor para este do que para o senhor, tão feliz pela descrição, que se chega a supor que os escravos, se fossem consultados, prefeririam o cativeiro à liberdade; o que tudo prova, apenas, que os jornais e os artigos não são escritos por escravos, nem por pessoas que se hajam mentalmente colocado, por um segundo, na posição deles. (s/p)

Vemos que as críticas às implicações da "cordialidade" e da "democracia racial", debatidas no século seguinte, já eram formuladas por abolicionistas como Nabuco nessa passagem irônica. Ainda mais relevante para este livro e este capítulo é a discussão crítica de Nabuco sobre o papel da imprensa e de jornalistas, a maioria dos quais não tinha interesse em criticar a realidade cotidiana da escravização. Somente no final da década de 1870, começa a haver artigos críticos em jornais sobre os maus-tratos a pessoas escravizadas, porém, bastante comuns eram publicações sobre fugitivos e anúncios de compra e venda de pessoas.

Nabuco passa então a uma descrição detalhada dos abusos de poder dos senhores e da vida cotidiana miserável das pessoas escravizadas, sem qualquer direito de cidadania, o que tinha sérias consequências para a política populacional no país. Com seu livro, suas análises sociais e políticas, Nabuco ofereceu ao movimento abolicionista da década de 1880 um documento com conhecimentos e argumentos para a resistência contra a escravização e as ideologias racistas e, ao mesmo tempo, uma base intelectual para o movimento abolicionista. No entanto, o movimento de abolição naquele momento já era bastante forte, e o livro de Nabuco quase não foi usado na campanha, sendo muito mais consultado posteriormente pelos historiadores do movimento abolicionista.

José Carlos do Patrocínio (1853-1905), filho não reconhecido de um padre com uma escrava de 15 anos, tornou-se um grande líder negro do movimento de abolição. Após concluir seus estudos de farmácia, em 1874, a principal atividade profissional de Patrocínio foi o jornalismo, primeiro como editor da *Gazeta de Notícias*, escrevendo sob o pseudônimo Prudhomme. Com outros jornalistas, como Ferreira de Menezes, do jornal abolicionista *Gazeta da Tarde* (adquirido por Patrocínio em 1881), participou ativamente da Associação Central Emancipadora e da SBCE, e, mais tarde, da Confederação Abolicionista, para a qual escreveu com

Rebouças, em 1883, um manifesto (ver Magalhães Pinto, 2015). Em 1887, passou a editar o novo jornal *Cidade do Rio*, onde continuou a publicar seus escritos abolicionistas até que o jornal foi proibido em 1893.

Conhecido por se ajoelhar e beijar a mão da princesa Isabel após a assinatura da Lei Áurea, ele se envolveu em atividades antirrepublicanas, por exemplo, como participante da Guarda Negra, um grupo de homens antes escravizados, cuja função era proteger a princesa Isabel. Seus inúmeros artigos de jornal, dos quais uma coleção foi publicada posteriormente com o título *A campanha abolicionista*, são peças irônicas e críticas, sobretudo acerca do processo político em andamento a favor ou contra a abolição, especialmente no Parlamento, bem como sobre a fala do imperador Pedro II, a quem ele responsabilizou pela falta de progresso do processo da abolição. Depois de artigos iniciais da *Gazeta de Notícias*, entre os quais um longo cálculo do valor (mais de 1 milhão de contos de réis) que os senhores deixaram de pagar pelo trabalho escravo durante séculos, ele resumiu a situação do processo de abolição da seguinte forma:

(28)   De feito, a questão de maior alcance que diz respeito à vida nacional hoje é a conversão do trabalho escravo em trabalho livre. O problema da escravidão foi definitivamente colocado na face do país e pede uma solução. O véu espesso com o que até hoje o Império tinha conseguido ocultar dos olhos do mundo a medonha monstruosidade, que se constituía pelo calote, pela quebra de compromissos mais solenes, pela fraude lei, pela conivência do governo com os traficantes de mercadoria; esse véu negro sobre o qual o Império aplicou a lei de 28 de setembro para melhor mascarar seu crime acaba de ser despedaçado. A humanidade civilizada começa a olhar para dentro do Brasil, e, apesar da parede de interesses que tenta empanar-lhe a vista, ela consegue ver os horrores até hoje foram mascarados. (*Gazeta de Notícias*, 8 de março, 1880)

Para além da habitual avaliação moral negativa da escravização ("medonha monstruosidade"), podemos observar, em primeiro lugar, os repetidos tópicos de vergonha, exemplificado em "a humanidade civilizada começar a olhar para dentro do Brasil", um dos principais argumentos do discurso abolicionista, ao lado da acusação ao governo de ocultação ativa, por exemplo, quando se fala em promessas quebradas, fraude e conivência com o "comércio de viventes". Ele qualifica a Lei do Ventre Livre como um crime – que parecia um avanço positivo; no entanto, na verdade, não libertou os recém-nascidos. Em terceiro lugar, julgando o mundo exterior como "humanidade civilizada", pressupõe que o Brasil sob a escravidão é incivilizado, outro importante tópico da argumentação abolicionista. Além de acusar os governos (geralmente conservadores) como responsáveis por essa fraude e crime, ele também se dirige frequentemente ao imperador, não apenas com perguntas retóricas que expressam acusações, mas também com ameaças:

(29)　Não sente Sua Majestade alguma coisa de extraordinário nesse momento que em dois anos se comunicou a todo o país? Não lhe parece que é o produto de um terremoto que se aproxima? Quando fender-se o amaldiçoado solo árido que tem bebido por três séculos o suor e o pranto de milhões de homens, não teme Sua Majestade que uma das ruínas seja o seu trono? A lealdade impõe-nos uma advertência a Sua Majestade. (*Gazeta de Notícias*, 8 de março, 1880)

Esses atos de fala mais hostis são materializados por metáforas igualmente fortes e personificadas, representando a abolição como um terremoto, a escravização vista metonimicamente em termos de suor e pranto, e a ameaça, como a queda do trono. Aqui está outra das mensagens de Patrocínio ao imperador e seu reinado, desta vez como um ultimato:

(30)　Sabe que só a desídia do Segundo Reinado é responsável pela cegueira em que viveu o país, desbaratando as suas forças na conservação de uma criminosa e hedionda instituição. Ou o imperador se coloca francamente à frente do movimento, aproveita pela sua inércia constitucional o trabalho e o sacrifício dos que arrostaram para levar à alma do povo o convencimento de que é preciso condenar já e de uma vez a escravidão, ou o imperador terá o desprazer de ver os seus últimos dias entenebrecidos pelo mais assombroso acontecimento da nossa história. (*Gazeta da Tarde*, 17 de julho, 1882)

Novamente, a escravidão como instituição é qualificada com uma avaliação negativa considerada "crime hediondo", e o país, metaforicamente, se não o reinado, é descrito como se vivesse na cegueira. Aqui, como em outros de seus artigos, Patrocínio espera, em princípio, que o imperador, exercendo a função de "Poder Moderador", finalmente mostre liderança, assumindo o movimento abolicionista e persuadindo o povo a condenar de uma vez por todas a escravização. A alternativa também é metaforicamente aprimorada, por um acontecimento assombroso que pode "entenebrar" seus últimos dias. Essas dúvidas sobre a posição do imperador fazem Patrocínio mais tarde perguntar:

Discurso antiescravistas e abolicionistas

(31)   É, realmente, o imperador o chefe do abolicionismo? Se o é, por que o ministério não procura os meios de intervir já e já como opinião no pleito eleitoral? (*Gazeta da Tarde*, 30 de agosto, 1884)

A retórica dos abolicionistas é muitas vezes direta e firme, mas isso não significa que não tivessem dúvidas, formuladas em termos dos *topoi* conhecidos da disputa entre paixão e razão:

(32)   Sabendo qual a complexidade do problema servil, tendo-o estudado em todas as suas ligações com a vida doméstica e pública da nação, desde a organização da família até a produção de riqueza nacional, os próprios abolicionistas tiveram muitas vezes horas de dúvida, quando interrogaram a consciência, perguntando-lhe se não tinham deixado o sentimento sufocar o raciocínio, e o humanitarismo para obscurecer as conveniências pátrias. (*Gazeta da Tarde*, 10 de janeiro, 1885)

Claro é que o apelo supostamente racional da questão pressupõe o argumento padrão contra a abolição usado pelos senhores e seus representantes no discurso público até o final da década de 1880, ou seja, que seria fatal para a economia do Estado. É na mesma linha que Patrocínio, mais tarde, especifica como os abolicionistas veem a nova economia sem escravização. Ao mesmo tempo, suas críticas mordazes em artigos do jornal continuam concentradas no partido conservador:

(33)   Todos os que estudam a história parlamentar deste país sabem que o Partido Conservador chamou a si a resolução do problema servil. A história desse partido é a história da escravidão, a partir de 1831. Foi ele quem escandalosa e criminosamente protegeu o tráfico, já proibido; foi ele quem não tendo conseguido anistia de direito concedeu-a de fato aos réus de pirataria, aos traficantes apontados pela imprensa e pelas reclamações – da Inglaterra; é ele, finalmente, quem pela voz dos srs. Paulino de Sousa e João Alfredo ainda ousa vir falar em propriedade legal, depois do Projeto 133 do Senado, em 1837, e das vergonhosas revelações de todos os Governos e dos parlamentares brasileiros, com relação aos abusos flagrantes, à violação proposital da lei, que fechou os nossos portos à introdução de africanos. (*Gazeta da Tarde*, 28 de março, 1885)

Essa passagem do texto apresenta vários movimentos argumentativos enfatizando a posição do escritor. Antes de tudo, sua opinião, bem como a dos abolicionistas, é generalizada ("Todos os que...") com um movimento de consenso combinado com um de autoridade (científica) como parte de uma evidência ("sabem") e de um dos tópicos repetidos sobre as evidências acumuladas da história. A perspectiva enfática no papel conservador é expressa por uma estrutura inicial de oração subordinada ("Foi ele quem"), introduzindo os fortes termos de avaliação "escandalosa" e "criminosamente". Isso implica mais do que uma opinião negativa, pois enfatiza a responsabilidade dos conservadores no domínio jurídico de negligência criminal e conluio ativo do comércio de pessoas (já proibido). Vemos que a retórica de Patrocínio combina argumentos legais, morais e políticos nos ataques a seus oponentes, que ele localiza mais no Parlamento do que nas plantações ou no mar – porque é a falta de ação política que permite a continuidade do comércio (entre 1831 e 1850) e a escravização (até 1888).

Patrocínio, em seguida, lembra seus leitores sobre alguns dos principais eventos da história da luta contra o tráfico de pessoas, como as ações internacionais e as da imprensa e de (outros) parlamentares que denunciaram tais crimes. Ele se refere ao Projeto de Felisberto Caldeira Brant Pontes de Oliveira Horta, o Marquês de Barbacena, no Senado (30 de março de 1837), que em seu primeiro artigo estipula que "É proibida a importação de escravos e negros livres para o território brasileiro". No mesmo dia, Patrocínio acrescenta que esse conhecimento sobre o papel dos conservadores faz parte da "memória pública", durante os debates da Lei do Ventre Livre de 1871, porque continuam a defender o "direito de propriedade", em vez de defender os direitos das pessoas escravizadas.

Enquanto grande parte do discurso crítico se concentra nos conservadores, Patrocínio personaliza o debate com ataques contínuos ao imperador, do qual ele espera impacientemente intervenção, mais uma vez em termos de um movimento de consenso e com uma escolha binária entre "Sim e Não", entre Glória e Esquecimento (*Lethe*, o rio do esquecimento no submundo):

(34)   Os estudiosos e os sábios, todos os que imaginam e comovem, que descobrem e generalizam, esperam pela vossa crítica monossilábica, e o sim, ou o não de Vossa Majestade são para eles o Panteão, ou o Letes, a perpetuidade glória, ou a eternidade do olvido. (*Gazeta da Tarde*, 19 de setembro, 1885)

Em seu *flashback* histórico, ele lembra aos leitores de seu jornal o papel da Monarquia e conclui com uma definição diferente de liberdade:

(35)   É um fato histórico que a monarquia só se fundou no Brasil por ser a da escravidão. Sua Majestade está tratando da questão abolicionista como tem tratado de todas as outras, como se fosse uma questão de simples direitos políticos, para a qual os povos concedem adiamentos. É um erro. O escravo não pleiteia a causa de uma liberdade política, mas a liberdade de possuir-se a si mesmo. (*Gazeta da Tarde*, 19 de setembro, 1885)

Enquanto Nabuco e outros abolicionistas lutavam no Parlamento, Patrocínio também o fazia, mas de sua posição poderosa como proprietário e editor de jornal, ou seja, com acesso privilegiado à mente do público em geral, por meio do qual sua influência sobre os políticos finalmente se tornou importante instrumento para a abolição. Ao mesmo tempo, o discurso de Patrocínio mostra o papel e o poder mais gerais da imprensa durante a década de 1880.

MULHERES ABOLICIONISTAS

Nos estudos de história, o papel das mulheres é frequentemente apagado. Em nossa análise do discurso abolicionista no Reino Unido e nos EUA, vimos que as mulheres tiveram um papel de destaque na luta contra a escravização e o racismo (Van Dijk, 2021). Esse também foi o caso no Brasil, onde, no entanto, a maioria dos estudos de abolição se concentra principalmente ou exclusivamente em homens (ver, no entanto, Alonso, 2015, e os estudos em geral breves, e às vezes marginalmente publicados, de Barbosa Silva e Barreto, 2014; Carneiro da Silva, 2015; Do Couto Gontijo Muniz e Macena, 2012; Fernandes Rocha, 2015; Garcia e Baldin Lippi Fernandes, 2014; Gonçalves, 2017; Sant'Anna, 2008; Telles, 1989).

Para nosso objetivo, isso significa que dificilmente existem coleções publicadas de conversas ou textos de mulheres sobre abolição. Apesar da falta de dados, mencionemos algumas dessas mulheres, pois participaram de atividades discursivas abolicionistas, como reuniões, propagandas, performances teatrais e poesia, além da organização de clubes e sociedades abolicionistas, como a Ave Libertas, organizada pela costureira Leonor Porto e outras mulheres em Recife, em 1884 (ver sobretudo os estudos de Alonso, 2011, 2015; Barbosa Silva e Barreto, 2014; Gonçalves Ferreira, 1999). Em um folheto publicado em 1885, após um ano de sua fundação, as mulheres da Ave Libertas comemoraram suas atividades da seguinte forma:

(36)   O pêndulo eterno da época marcou um ano de existência para a sociedade Ave Libertas. Apesar de uma vida útil tão curta, esse pequeno, mas corajoso grupo de mulheres ocupa um lugar muito vantajoso na galeria de glórias de nossa Pátria, comandando a admiração e a conscientização pública de Pernambuco como uma necessidade crescente e, arriscamo-nos a dizer, uma condição sine qua para o movimento abolicionista no Brasil.

(37)   Sem aceitarmos as injúrias e ápodos, as implicações hidrofóbicas, os qualificativos de que se despem para emprestar-nos nossos admiráveis escravocratas, sugadores do sangue humano; sem que caiba as amáveis antonomásias de pretoleiras e niilistas temos até o presente conseguido libertas cerca de 200 escravizados, travando esta renhida batalha, em que nossa infelicidade e vergonha, procura-se reconquistar o que pode haver de mais inalienável, de mais indestrutível, de mais santo, de mais sublime, a liberdade humana! (*Aves Libertas*, Recife, 8 de setembro de 1885, p. 2)

A referência irônica crítica a senhores como sugadores de sangue, como seus oponentes e detratores, dá uma ideia sobre a combatividade das mulheres e sua força retórica, além de mostrar seu orgulho de ter libertado mais de 200 pessoas em tão pouco tempo. Do grande número de clubes e associações abolicionistas no Brasil, muitos foram fundados ou gerenciados por mulheres (Alonso, 2011, 2015). Somente no Rio de Janeiro, havia cinco associações abolicionistas com protagonistas femininas, sendo que em todo o Brasil totalizava 18 (Alonso, 2011: 188; Barbosa Silva e Barreto, 2014: 56; Fernandes Rocha, 2015; ver também Kittleson, 2005).

Devido ao fato de seus textos não se encontrarem acessíveis, não serão mencionadas a seguir inúmeras mulheres, especialmente negras, livres ou escravizadas, que resistiram à escravidão e lutaram pela abolição, como Dandara dos Palmares, Anastácia, Tereza de Benguela (Rainha Tereza do Quariterê), Agualtune, Zeferina, Acotirene, Adelina Charuteira, Mariana Crioula, Esperança Garcia, Eva Maria de Bonsucesso, Maria Aranha, Tia Simoa e Zacimba Gaba (Gonçalves, 2017).

Embora tampouco tenhamos acesso à maioria de seus textos, mencionaremos algumas mulheres de relevo na história da luta abolicionista no Brasil.

Maria Firmina dos Reis (1825-1917) foi a autora negra do primeiro romance brasileiro escrito por uma mulher, *Úrsula* (1859), uma trágica história de amor. Ela escreveu também a novela *A escrava* (1887), retratando a vida de pessoas escravizadas. Defendeu a abolição em jornais locais, e seu ponto de vista em relação à escravização também é claramente observado em seu romance, em que há a representação de personagens sob uma perspectiva negra (De Macedo Mendes, 2011; Telles, 1989):

(38) Senhor Deus! Quando calará no peito do homem a tua sublime máxima – ama a teu próximo como a ti mesmo - e deixará de oprimir com tão repreensível injustiça! ... a aquele que também era livre no seu país ... aquele que é seu irmão?! E o mísero sofria, porque era escravo, e a escravidão não embrutecera a alma; porque os sentimentos generosos, que Deus implantou no coração, permaneciam tão intactos, e puros como sua alma. Era infeliz, mas era virtuoso; e por isso seu coração enterneceu-se em presença da dolorosa cena, que se lhe ofereceu à vista.

Francisca Edwiges Neves Gonzaga (1847-1935), chamada de Chiquinha Gonzaga, foi uma pianista de pensamento livre, divorciada, famosa compositora de música popular e maestrina. Filha de uma mulher pobre e "mestiça", foi uma das mulheres que participaram de reuniões abolicionistas em torno de atividades culturais como teatro ou concertos, bem como de atividades sufragistas.

Maria Amélia de Queiroz (são desconhecidos os anos de nascimento e morte) era professora, membro do clube secreto abolicionista Cupim, de Recife (fundado por João Ramos), além de ser uma das fundadoras, em 1884, da influente associação Ave Libertas e de um jornal de mesmo nome. Em suas palestras, enfatizou que os direitos civis e a escravização eram incompatíveis, denunciou o chauvinismo masculino e defendeu o direito ao divórcio. Ela também escondeu pessoas fugitivas em sua casa e alfabetizou pessoas escravizadas após a abolição.

Maria Tomásia Figueira Lima (1826-1902?), nascida em uma família aristocrática, foi presidenta e uma das fundadoras, em 1883, de uma das muitas associações abolicionistas da província do Ceará (Alonso, 2015), a Sociedade das Senhoras Libertadoras (ou Libertadoras Cearenses ou Sociedade Abolicionista Feminina), um grupo muito ativo de 22 mulheres abolicionistas de famílias influentes que viajaram pela província do Ceará para fazer propaganda abolicionista. Essas mulheres assinaram 12 cartas de suspensão e persuadiram 72 senhores de engenho a fazerem o mesmo. Maria Tomásia estava presente em 25 de março de 1884 na Assembleia Legislativa do Ceará, quando a província, primeira no império, declarou a libertação oficial de todas as pessoas escravizadas, quatro anos antes que isso acontecesse em todo o Brasil. Esse evento político teve enorme influência no restante do país e foi usado como argumento por muitos outros abolicionistas e organizações. Embora tivesse pouca educação formal, Maria Tomásia era conhecida por ser uma excelente oradora (Girão, 1956), e como é o caso das outras mulheres abolicionistas mencionadas aqui, é lamentável que não tenhamos acesso a seus discursos ou publicações.

Narcisa Amália de Campos (1856-1924) era poeta, romancista, feminista, abolicionista e foi a primeira mulher jornalista profissional no Brasil, engajada ativamente na luta contra a escravização e pelos direitos das mulheres. Acreditava no papel extremamente importante da imprensa para a formação da opinião pública e da emoção (Torres Montenegro, 1989). Em seu livro de poemas *Nebulosas* (1872), admirado por Machado de Assis e pelo imperador, ela descreveu a situação miserável de pessoas escravizadas, como nas seguintes linhas do poema "O africano e o poeta".

(39) No canto tristonho
      Do pobre cativo
      Que elevo furtivo
      Da lua ao Clarão
      Na lágrima ardente
      Que escalda-me o rosto,
      De imenso desgosto
      Silene expressão.

Júlia Valentina da Silveira Lopes de Almeida (1862-1934), nascida em uma família portuguesa de classe alta, iniciou sua carreira como jornalista, tornou-se uma romancista de sucesso e influente feminista e abolicionista. Entre seus outros escritos, influenciados, por exemplo, por Émile Zola, seu romance *A família Medeiros* (1892) é relevante aqui porque oferece uma representação detalhada dos horrores da escravidão na plantação, o caráter autocrático e cruel dos senhores, bem como as atividades abolicionistas e feministas de uma jovem moderna (Toledo Mendonça, 2003). Ela planejou a Academia Brasileira de Letras (ABL), no entanto, como mulher, foi excluída desse clube masculino, que só admitiu sua primeira mulher, Rachel de Queiroz, em 1977. Somente em 2017, a ABL organizou um evento honorário especial para Júlia Lopes de Almeida (Ferreira, 2017).

Maria Augusta Generoso Estrela (1860-1946) foi a primeira mulher brasileira formada em Medicina (em Nova York, aos 16 anos), em 1881 – mulheres não eram admitidas em universidades no Brasil até o decreto de 1879. Foi membro do Clube Abolicionista em Recife (ver Gonçalves Ferreira, 1999), onde abriu uma sessão com as seguintes palavras (Torres Montenegro, 1989):

(40)   Meus Senhores e minhas Senhoras: Convidada pelos ilustres membros do Clube Abolicionista para assistir à festa da liberdade de alguns escravos, sinto-me entusiasmada, porque ela simboliza o fervoroso amor à causa da salvação de uma parte da família brasileira, que se acha ainda sob a lei cruel do cativeiro! Sim, meus Senhores e Senhoras, meu coração estremece de infinita alegria por ver que, a terra onde nasci em breve não será pisada por um pé escravo [...]. O dia de hoje exprime duas sublimes manifestações: a do governo e Câmara dos Deputados que votou a lei da emancipação dos filhos de escravos, e da mocidade que, sentindo pulsar-lhe o coração em prol da causa dos escravos, tem trabalhado com energia inexcedível para diminuir o número das vítimas de uma lei inumana e antissocial, que reduziu a criatura humana á cousa e não pessoa! Ah! Nada mais abjeto e vil do que separar de um todo útil uma parte para vilipendiá-la! Admira, certamente, como homens que estudaram o direito humano, que dizem acreditar em Deus; como os apóstolos de cristo possuíssem ou possuam escravos [...]. Esta festa é precursora de uma conquista da luz contra as trevas, da verdade contra a mentira, da liberdade contra a escravidão. (Torres Montenegro, 1989: 36)

Esse fragmento mostra as propriedades discursivas usuais da retórica abolicionista: a avaliação bastante negativa da escravidão ("cruel, inumana/ desumana, antissocial"), os tópicos familiares para descrever sua consequência (pessoas escravizadas tratadas como coisas, não como os seres humanos que são), a incompatibilidade entre ser cristão e possuir pessoas escravizadas e uma série de metáforas binárias (liberdade *vs.* escravidão; luz *vs.* trevas; verdade *vs.* mentiras). Interessante também é a metonímia que descreve pessoas escravizadas como parte da "família" brasileira.

Maria Inês Sabino Pinho Maia (1853-1911) também foi poeta, feminista e abolicionista, integrante da associação abolicionista Ave Libertas em Pernambuco (escreveu um livro de poemas com o título *Ave Libertas*), autora de *Mulheres ilustres do Brasil* (1899) e advogou a lei do divórcio (Teles Silveira, 2014).

Embora esse breve elenco de mulheres abolicionistas esteja longe de ser completo, dá uma ideia da relevância das mulheres brasileiras independentes na luta contra a escravização, sobretudo em clubes abolicionistas e em uma ampla variedade de atividades, que vão desde discursos públicos, artigos em revistas, propaganda, poesia, romances, teatro e palestras. Algumas ficaram famosas, como é o caso da primeira romancista. Muitas eram mulheres profissionais brancas, de famílias de classe alta, mas também havia mulheres negras, de classe baixa, envolvidas nessas atividades. Não surpreende que muitas delas fossem ao mesmo tempo abolicionistas e feministas, e que defendessem mais direitos civis para as mulheres, como o divórcio e o acesso ao ensino superior. A história da abolição brasileira, especialmente também por causa de seu papel nas muitas associações abolicionistas responsáveis pela mudança de atitudes na década de 1880, é impensável sem o papel de destaque das mulheres. De fato, embora o discurso da abolição tenha se disseminado apenas na década de 1880, as primeiras associações de abolição foram fundadas a partir a década de 1850 (Alonso, 2015). Infelizmente, não tive acesso aos textos abolicionistas dessas mulheres para análises mais detalhadas – razão pela qual nossa história do discurso antirracista no Brasil é muito incompleta. Esse é, com certeza, um tema para estudos futuros de um(a) pesquisador(a) que encontre acesso aos textos das mulheres abolicionistas.

CONCLUSÕES

A escravização no Brasil, como em outros lugares, foi combatida primeiro pelas próprias pessoas escravizadas, que de muitas maneiras desafiaram os senhores e superintendentes, e por aquelas que escaparam do cativeiro e fundaram quilombos, instituindo formas alternativas de organização social. Assim como em outros países, no Brasil essa resistência se configurou como uma dentre as muitas causas da derrocada da escravização no século XIX.

Nos limites deste livro e do próprio capítulo, analisamos somente algumas das muitas formas de resistência e solidariedade discursiva contra a escravidão e o racismo. De início, é pouco provável que essa resistência fosse coletivamente bem-sucedida com uma organização isolada das próprias pessoas escravizadas, uma vez que elas enfrentavam muitas adversidades, tais como a proibição do acesso à escrita e à leitura. Como foi o caso da história da escravização na Europa e na América do Norte, as críticas iniciais e a oposição à escravização foram realizadas por padres, como Bartolomeu de las Casas, no México, e pregadores *quakers,* no Reino Unido, no Caribe e nos EUA.

Escritos jesuítas contra os abusos da escravização

No Brasil, a oposição aos abusos da escravização foi formulada pela primeira vez, nos séculos XVII e XVIII, por jesuítas como Vieira, Benci e Rocha tanto em seus sermões quanto em escritos mais extensos – isso depois das críticas também por eles realizadas à escravização dos povos indígenas. Mas devido ao controle e à censura da Inquisição, esses precursores não escreveram contra o sistema escravista em si, tido como a base econômica da colônia.

No entanto, eles se envolveram em críticas detalhadas e sistemáticas aos abusos cometidos pelos senhores escravocratas. Retrataram em detalhes a dura exploração cotidiana, a miséria e os castigos cruéis que infligiam às pessoas escravizadas. Os tópicos, argumentos e retórica desses primeiros escritos contra os senhores escravistas tiveram ampla influência nos discursos religioso, político e jornalístico, até a abolição no século XIX.

Uma das impressões desses escritos iniciais contra (apenas alguns aspectos do) sistema escravocrata no Brasil é o fato de suas ideias serem típicas da época, mas seu estilo e ironia parecerem mais modernos. Seus autores não eram apenas muito bem informados sobre a retórica clássica e pregadores experientes capazes de, no púlpito, influenciar pessoas. Eles se expressaram com ironia e muitos outros truques retóricos para desafiar os aspectos mais inumanos do sistema de escravidão e, especialmente, para acusar a brutalidade dos senhores e descrever a comovente miséria das pessoas escravizadas. Eles se dirigiam às pessoas escravizadas e tentavam aliviar seus sofrimentos – mas nunca as incitavam a escapar ou se revoltar. Dirigiam-se sobretudo aos senhores e tentavam persuadi-los a aliviar os abusos, a crueldade nos castigos, a atenuar as terríveis tarefas cotidianas e a fornecer alimento e vestuários adequados, além de descanso e assistência médica. Paralelismos, repetições, metáforas e muitos outros movimentos retóricos enfatizam os contrastes entre a opulência e a crueldade dos senhores e a miséria e o sofrimento das pessoas escravizadas.

Esses escritos são mais do que etnografias vanguardistas da vida cotidiana no Brasil. Seus contextos comunicativos, incluindo a identidade dos

Discurso antirracista no Brasil

autores como padres católicos (jesuítas), também controlam preocupações e argumentos religiosos nos textos, como recomendações para descanso aos domingos e feriados religiosos, e as ameaças inequívocas de inferno aos senhores, por sua crueldade. Além disso, esses primeiros textos não podem obviamente ser considerados antirracistas. Eles descrevem pessoas escravizadas em termos humanitários, mas ainda não sem estereótipos e preconceitos.

Até o século XIX, a censura e o controle (ameaçadores) da Inquisição e de outros detentores de poder, em Portugal, poderiam aceitar uma crítica ao abuso "não cristão" de pessoas, mas não propostas de abolição do próprio sistema, terrível sustento econômico da colônia. Nesse sentido, os discursos desses padres podem ser – e foram – interpretados como legitimações religiosas da escravização e como expressões de ideologias colonialistas. Ao mesmo tempo, muitas das propriedades de seus textos mostram empatia com as pessoas escravizadas, e – pelo menos nas entrelinhas – uma visão algo crítica da escravização como sistema. De fato, como cristãos, também poderiam persuadir senhores a libertar pessoas escravizadas, a fim de receber compensação divina.

No século XVIII, um escritor como Rocha, bem informado sobre o debate a respeito da escravização na França e na Inglaterra, foi além dos sermões religiosos de seus antecessores jesuítas e concentrou-se nos aspectos legais da escravização. O comércio de pessoas pôde, então, ser definido como roubo, sequestro de pessoas e, portanto, como crime, e ser julgado por padrões internacionais.

Esses textos críticos dos abusos da escravização dos séculos XVII e XVIII, no entanto, não significam que essa atitude ligeiramente crítica caracterizasse toda a Igreja (Católica), bem como todos os padres. Pelo contrário, como salienta o proeminente abolicionista Nabuco, no século XIX, em um ataque bem elaborado: não apenas muitos padres eram também senhores, mas a Igreja, como instituição, nunca se opôs à escravização.

Discursos da abolição

Os discursos de padres como Vieira, Benci e Rocha nos séculos XVII e XVIII podem ser bastante explícitos em sua definição da humanidade das pessoas escravizadas indígenas e negras, e muito críticos especialmente da crueldade e dos abusos cometidos pelos senhores brancos. Mas, comparados

98

à infinidade de textos antiescravistas de seus irmãos cristãos, os *quakers*, no Reino Unido e nos EUA, no Brasil houve poucos escritos críticos da escravização até o século XIX. De fato, apesar do conhecimento do debate na Europa e na América do Norte, mal encontramos discussão ampla sobre a escravização no Brasil no século XVIII. A Igreja Católica sempre foi conivente com os poderosos proprietários e as elites, e a imprensa, limitada, não se tornaria ativa até muito mais tarde, no século XIX. Não temos conhecimento dos escritos filosóficos sobre a escravização no Brasil no século XVIII, embora as elites, muitas delas com formação acadêmica em Coimbra, conhecessem, sem dúvida, o debate na França e na Inglaterra e o debate político e filosófico mais geral sobre a Revolução Francesa, que inspirou alguns movimentos revolucionários de vida curta no Brasil – mas dificilmente visando à abolição da escravização.

Foi necessário esperar até depois da Independência do Brasil, em 1822, para que o debate sobre o crescente e controverso tráfico de pessoas adentrasse, modesta e prudentemente, o discurso político, como foi o caso dos escritos de José Bonifácio de Andrada e Silva, o "patriarca da independência". Bem informado e explicitamente se referindo ao debate no Reino Unido, ele defendia a abolição do tráfico e a abolição gradual do sistema escravista no Brasil. Diferentemente dos autores religiosos dos séculos XVII e XVIII, os argumentos de Bonifácio e de outros textos abolicionistas de sua época não atualizavam apenas tópicos e *topoi* cristãos, ou argumentos humanitários, mas uma expressão de vergonha nacional, comparando o Brasil com outros países. Ao mesmo tempo, formulavam-se argumentos mais sociopolíticos contra a escravização. A influência de normas e valores da Revolução Francesa – ocorrida mais de 30 anos antes, e também ela excludente – finalmente se tornou conhecida nos escritos brasileiros sobre a escravização, que já não era discutida apenas em termos de direitos humanos, embora a vida na plantação ainda fosse descrita como uma (suposta e absurda) cooperação idílica entre pessoas escravizadas e senhores.

Enquanto isso, por um lado, a oposição à escravização no Brasil era em grande parte uma crescente resistência das próprias pessoas escravizadas. Por outro lado, havia o debate internacional e as atividades (não exatamente altruístas) da Marinha Britânica para proibir e impedir o comércio de pessoas no Brasil, embora pouco eficazes até por volta de 1850, inclusive em relação às "importações" ilegais e maciças de centenas de milhares de pessoas.

Somente após a década de 1860, políticos, jornalistas, advogados e ativistas brasileiros mais radicais, incluindo mulheres, começaram a atacar o próprio sistema de escravidão e a defender a abolição completa, bem como a garantia de direitos civis de pessoas libertas. O sobrinho e neto de José Bonifácio Andrada e Silva, chamado "O Moço", não deixa dúvidas quando, em 1885, descreve o comércio de pessoas, décadas após a sua proibição, como inconsistente com a Constituição brasileira, condenando-o, no discurso do parlamento, como "esse comércio abominável, vergonhoso, desumano, contrário às luzes do século, injusto e bárbaro, antissocial e contrário ao espírito do cristianismo, servindo apenas para retardar o progresso da civilização humana". A incompatibilidade com os valores cristãos não era nada nova, como vimos nos textos jesuítas, a exemplo de sua natureza "desumana". Mas a partir desse momento as noções metafóricas de "luzes" e "civilização" passaram a ser formuladas como parte dos argumentos de resistência contra escravização.

O advogado abolicionista negro Luiz Gama não apenas resistiu à escravização, defendendo com sucesso pessoas escravizadas contra senhores, mas também usou discursos vigorosos, descrevendo a escravização e a situação de "milhões de homens livres", em termos explícitos que não precisam de comentários e análises, merecendo ser simplesmente repetidos:

(41) Milhões de homens livres, nascidos como feras ou como anjos, nas fúlgidas areias da África, roubados, escravizados, azorragados, mutilados, arrastados neste país clássico da sagrada liberdade, assassinados impunemente, sem direitos, sem família, sem pátria, sem religião, vendidos como bestas, espoliados em seu trabalho, transformados em máquinas, condenados à luta de todas as horas de todos os dias, de todos os momentos, em proveito de especuladores cínicos, de ladrões impudicos, de salteadores sem nome; que tudo isso sofreram e sofrem em face de uma sociedade opulenta, do mais sábio dos monarcas, à luz divina da santa religião católica, apostólica, romana, diante do mais generoso e mais interessado dos povos. (citado em Fonseca Ferreira, 2011)

Descrever essa passagem em termos de retórica, com uso de *hipérbole*, *metáforas* ou *contrastes* pode pressupor que há nela exagero em relação à situação real. Por isso, seria mais apropriado caracterizá-la como um realismo semântico preciso que descreve a vasta desigualdade social entre pessoas escravizadas e senhores escravistas.

Os discursos de outros abolicionistas eram um tanto menos contundentes. Rebouças, o eminente engenheiro negro, escreveu enfaticamente sobre aquilo que a população negra precisaria após a abolição, enquanto atacava os senhores, descrevendo-os como parasitas. Ao mesmo tempo, ele foi o primeiro a enfatizar a "santa missão" da imprensa – que até poucos anos antes se importava muito pouco com pessoas escravizadas e escravização.

Bento, na posição de jornalista, prometia revelar, em "linguagem educada", os abusos das trufas (hipócritas) e exigia a liberdade imediata de todas as pessoas escravizadas, para que pudessem participar da felicidade do país, acrescentando um argumento nacionalista e uma dimensão metadiscursiva do estilo à luta contra a escravização.

Nabuco, o estadista de elite (branco) de Recife, bem informado sobre o tema e em contato com abolicionistas na Inglaterra, escreveu uma monografia inteira sobre a abolição. Ele se tornaria o mais famoso e mais citado dos abolicionistas – assim como fonte de informações sobre todos os envolvidos no movimento. Como Rebouças, ele também pensou sobre o que viria após a abolição, nas seguintes palavras, no seu livro *O abolicionismo*: "Depois que os últimos escravos fossem arrancados ao poder sinistro que representa para a raça negra a maldição da cor, será ainda preciso desbastar, por meio de educação viril e séria, a lenta estratificação de trezentos anos de cativeiro, isto é, de despotismo, superstição e ignorância".

A forte retórica ("arrancados ao poder sinistro") aqui combina com a análise sociológica e política, em termos de "maldição da cor" e "raça", descrevendo a desigualdade como forma de "estratificação", bem como as consequências sociocognitivas da escravização, em termos de "superstição e ignorância".

Com Nabuco e seus companheiros abolicionistas, tanto no Parlamento quanto na imprensa, o discurso antiescravidão percorreu um longo caminho desde os escritos críticos dos abusos da escravização pelos jesuítas 200 anos antes. De fato, mais do que ninguém, ele apontou a Igreja Católica por sua conivência com a escravização – afirmando que nenhum padre jamais havia impedido a venda de pessoas. Seu discurso abolicionista se tornou explicitamente antirracista quando afirmou a inadequação da hierarquia racial e quando falou dos abusos dos colonizadores europeus contra indígenas. Como advogado e diplomata, ele advertia que nenhum Estado poderia pertencer a uma comunidade civilizada internacional ao promover

Discurso antirracista no Brasil

ataques à própria humanidade. Esse discurso, obviamente, aborda noções, valores e argumentos de direitos humanos que se preparam para o século XX. E décadas antes de outros o fazerem (somente após 1960), Nabuco ironicamente desafiou o mito da "democracia racial" brasileira.

Patrocínio, e muitos outros não citados aqui, também se concentrava na miserável reputação internacional do Brasil diante dos "olhos do mundo... da comunidade civilizada", o último país a abolir a escravização, em 1888 – pouco antes do colapso do Império e do nascimento da República, um ano depois. Sua retórica é principalmente política, primeiro tentando persuadir seu amigo, o imperador Pedro II, a liderar o processo de abolição, depois atacando-o abertamente, por ele não fazer isso. Como seus companheiros, sua retórica metafórica enfatiza os discursos ao descrever o país, para o imperador, como o "solo árido, que bebe há três séculos o suor e o sofrimento de milhões de homens". Ao mesmo tempo, sua análise política responsabiliza, especialmente, o Partido Conservador como o partido da escravização e aquele que protegeu a pirataria dos comerciantes e ignorou os abusos dos senhores.

A abolição no Brasil, como também em outros países, não foi apenas o discurso contundente e a análise crítica política e moral de um pequeno grupo de pessoas negras e brancas, políticos, jornalistas, advogados e outros ativistas. A partir de 1880, tornou-se um movimento vasto e inclusive popular, com uma grande variedade de eventos, celebrações, espetáculos, manifestações e atos públicos de manumissão, como bem descrito na monografia de Ângela Alonso (2015). Em muitas cidades, havia sociedades abolicionistas locais, como a Ave Libertas, em Recife, liderada por mulheres, negras e brancas. Em muitos escritos, como organizadoras, romancistas e poetas, as mulheres também tiveram um papel de destaque na libertação de pessoas escravizadas e cooperaram em iniciativas populares e políticas, a fim de obter a abolição e garantir a cidadania de homens, mulheres e crianças negras. Já não eram as ideias e críticas de algumas pessoas religiosas ou políticas, mas, pela primeira vez, um movimento social, parte de um movimento internacional.

Discursos antirracistas após a abolição

As últimas décadas do século XIX e as primeiras do século XX representaram o auge ideológico do racismo pseudocientífico. Ideias pseudocientíficas tiveram um efeito devastador nas relações raciais entre a crescente população branca e as pessoas recentemente libertadas e seus descendentes. Também no Brasil, o positivismo de Comte, o darwinismo social de Spencer, a eugenia de Galton e as ideologias racistas relacionadas influenciaram muitos estudiosos e políticos, tal como o conhecido historiador literário, folclorista, filósofo e político Silvio Romero, que seguiu as ideias de Spencer (Eakin, 1985; Schwarcz, 1993).

As políticas de imigração para "branqueamento" favoreceram imigrantes europeus (ver, por exemplo, Dávila, 2003; Skidmore, 1974). Também autores literários do período refletiram sobre a civilização, a natureza "racial" da nação tropical e a imigração europeia, contexto tão bem retratado no romance de Euclides da Cunha, *Os Sertões* (1902; ver também Wood, 2019). Apesar da popularidade do darwinismo social, no Brasil também havia opositores a essa teoria, dos quais apenas alguns serão discutidos aqui brevemente.

Manoel Bomfim (1868-1932), médico, pedagogo e sociólogo, com formação em Psicologia em Paris, criticou as ideias racistas de Silvio Romero e outros (ver, por exemplo, Bechelli, 2009). Bonfim defendia uma psicologia mais histórico-social e interpretativa. Assumia posição antirracista em seus escritos, em um período no qual muitos de seus colegas acadêmicos, tanto no Brasil quanto na Europa, foram influenciados por ideias racistas e eugênicas (Schwarcz, 1993). Por isso, examinaremos vários de seus discursos.

Em seu livro *América Latina: males de origem* (1905), ele usa a metáfora biológica dos parasitas (como Rebouças havia feito antes para descrever tanto a relação entre pessoas escravizadas e senhores, quanto aquela entre países metropolitanos e colônias):

(42)   Os escravos negros – coagidos por chicotadas – se adaptaram e se acostumaram a trabalhar o máximo possível e a viver com o mínimo de conforto alimentar; aqueles que não fizeram isso pereceram. Assim, morreram os milhões de africanos importados para servir os colonizadores espanhóis e portugueses. Ao moralista e ao sociólogo há de parecer impossível, ao ler as crônicas da escravidão, que entes humanos houvessem chegado ao estado de perversão moral característico e comum nos senhores de escravos. Não se trata de coisas passageiras, de ódios e cruezas que acompanham as lutas armadas. Não; é a abjeção moral definitiva, a perversidade e a desumanidade permanentes: gerações e gerações de homens que viveram a martirizar, a devorar gerações de índios e de negros escravos – pela fome, o açoite, a fadiga... Não havia nada de humano nas relações de senhor e escravo. Arrancado à selva nativa, abandonado aqui à ganância implacável do colono, o pobre africano só tinha um meio de libertar-se: a morte. Quantos milhares que aí procuraram descanso! Em certas fazendas – ainda em nossos dias, raro era o mês em que se não desciam das árvores dois, três cadáveres de negros, enforcados.

Além da metáfora dos parasitas ("a devorar"), Bomfim continua aqui, em um estilo um pouco mais moderno (referindo-se aos sociólogos), usando a tradição abolicionista de descrever a escravidão em termos de uma profunda perversidade moral e desumana. O uso de números ("milhões", "milhares"), nesse caso, não é apenas um dispositivo retórico de ênfase, mas representa números reais. Suas opiniões não são apenas isso, mas são baseadas na leitura de crônicas reais da escravização, um movimento "evidencial" (referindo-se à fonte de conhecimento) bastante singular entre outros comentários sobre o sistema e práticas escravistas. É notável também que seu estudo não se aplique apenas ao Brasil, mas a toda a América Latina, e não só às pessoas africanas escravizadas, mas também às pessoas indígenas (ver também Klein e Vinson, 2007). É também importante a sua comparação com o ódio intergrupal em função da guerra, que geralmente é temporária. Pelo contrário, a maneira como os colonos tratavam pessoas escravizadas é avaliada moralmente como a forma mais baixa de perversão e desumanidade, motivada pela ganância. Outros discursos sobre a escravização que examinamos não falam em suicídio como Bomfim. Ou seja, essa breve passagem oferece, em poucas palavras bem escolhidas e com uma sofisticada estrutura retórica, uma descrição e avaliação sociológica e moral do sistema de escravidão, sua motivação (ganância), suas interações, o caráter perverso dos senhores, bem como a origem e as experiências diárias das pessoas escravizadas. É como um resumo de um tratado sociológico. Vimos antes que a empatia com pessoas escravizadas não implica necessariamente a superação dos estereótipos, o que também se observa em Bomfim:

(43)   Em primeiro lugar, os indígenas e negros, sendo povos ainda muito atrasados, não possuíam nem qualidades, nem defeitos, nem virtudes, que se impusessem aos outros e provocassem a imitação. Almas rudimentares, naturezas quase virgens, eram eles que, nesse encontro e entrecruzamento de raças, sofriam a influência dos mais cultos, e os imitavam. Esses povos primitivos se distinguem, justamente, por um conjunto de qualidades negativas – inconsistência de caráter, leviandade, imprevidência, indiferença pelo passado etc., à proporção que progridam, a civilização irá enchendo esses quadros vazios.

Definir a natureza de povos originários de outros continentes, como América e África, com uma descrição metafórica como "quadros vazios" parece uma etnografia eurocêntrica tradicional – na qual esses povos são "preenchidos" (outra metáfora) com civilização. Noções como "rudimentares", "virgem" e "atrasados" completam a descrição eurocêntrica e darwinista desses povos. Para além da etnografia tradicional que lembra o *bon sauvage* de Rousseau e outros filósofos do século XVIII, há uma lista de características reconhecidamente negativas que parecem bastante baseadas em estereótipos do senso comum à época sobre pessoas negras no Brasil – e não em estudos sistemáticos, obviamente. Todavia, Bomfim explica essas características em termos da situação:

(44)   De par com estas qualidades, citam-se os clássicos defeitos dos negros: submissão incondicional, frouxidão de vontade, docilidade servil... Tais qualidades são antes o efeito da situação em que os colocaram. Pensem na mísera condição desses desgraçados, que, jovens ainda, ignorantes, de inteligência

embrionária, são arrancados ao seu meio natural e transportados a granel, nos porões infectos, transportados por entre ferros e açoites, a um outro mundo, à escravidão desumana e implacável!

Em outras palavras, os estereótipos negativos não são, para Bomfim, características "raciais" inerentes, mas atribuídos à situação em que os negros foram forçados a viver – novamente definidos pela descrição negativa de senhores ("desumanos", "cruéis"). Essa não é uma conclusão de pesquisa que Bomfim tivesse realizado, mas características sobre as quais ele leu – outro movimento epistêmico da evidencialidade. A noção de "ignorância" e a metáfora de inteligência *embrionária* complementam os estereótipos eurocêntricos do "selvagem vazio" que observamos no exemplo anterior, também resumidos pela noção metafórica de *atraso*, que conceitualmente implica uma estrada ou uma viagem em que europeus seriam mais avançados, numa perspectiva darwinista.

Em vez de uma descrição explicitamente negativa, essas metáforas estereotipadas implicam que os povos considerados "primitivos" poderiam, nessa perspectiva, se desenvolver, crescer, tornar-se "preenchidos" pela civilização – como se descrevessem crianças. O racismo nessas passagens aparece como paternalismo, com a noção implícita de supremacia branca ou ocidental, que de maneira nenhuma poderia ser vista como antirracista, mesmo quando outros povos não europeus e não ocidentais são considerados "apenas temporariamente" "primitivos" – como foi o caso em grande parte da reflexão antropológica do período.

Como se fosse para corrigir os estereótipos citados (atribuídos às suas leituras), o autor muda a descrição negativa para positiva e relembra a resistência heroica das pessoas escravizadas e dos quilombos, acrescentando um argumento contrafactual original:

(45)   Se, hoje, depois de 300 anos de cativeiro (do cativeiro que aqui existia!), esses homens não são verdadeiros monstros sociais e intelectuais, é porque possuíam virtudes notáveis.

Nesse caso, as "virtudes notáveis" não são características situacionais, mas características inerentes positivas, isto é, uma contradição das caracterizações racistas dos povos como "primitivos". Algo especialmente relevante para nossa análise é o comentário crítico de Bomfim acerca das ideias contemporâneas sobre a suposta superioridade racial dos europeus brancos,

> **(46)** Tanto vale discutir logo toda a célebre teoria das raças inferiores. O que vem a ser esta teoria? Como ela nasceu? A resposta a estas questões nos dirá que tal teoria não passa de um sofisma abjeto do egoísmo humano, hipocritamente mascarado de ciência barata, e covardemente aplicado à exploração dos fracos pelos fortes.

Dessa vez, o foco não está nas pessoas consideradas "primitivas", mas na ciência ocidental "barata", caracterizada por qualidades negativas (estas inerentes) (egoísta – "egoísmo humano"; hipócrita – "hipocritamente mascarado"; covarde – "covardemente aplicado"), combinando uma descrição psicossocial com uma análise sociológica, utilizando termos de abuso de poder e dominação. A rejeição das ideias de Gobineau, e de outros não poderia ser mais explícita, ainda que em contradição com os excertos anteriores, uma contradição típica dos escritores do princípio do século XX. Tal característica qualifica Bomfim como o primeiro estudioso explicitamente antirracista (ver a seguir) no Brasil no século XX, comparável aos estudiosos antirracistas (principalmente judeus) que desafiavam a ciência racista na Europa no século XIX (ver Van Dijk, 2021). E, como muitos abolicionistas, Bomfim não poupa a religião cristã e a Igreja em outra condenação:

> **(47)** Tudo isto foi abafado pelo barbarismo a serviço da política cristã, degenerando a religião do igualitário da Judeia no mais formidável instrumento de opressão moral e política que tem existido. Ficou o mundo entregue à fereza dos maus – condes ou bispos – e, à sombra dessa religião, as injustiças se continuaram e se acumularam.

Sua avaliação da escravidão não é mitigada, sendo caracterizada como a pior de todas as formas de opressão, o que dificilmente é uma hipérbole, mas uma conclusão da análise sociopolítica, na qual a Igreja (bispos) está ligada às elites do poder político que definiram a escravidão no Brasil. Interessante, porém, não é sua completa rejeição à religião, quando enfatiza que a Igreja (Católica) degenerou a religião "verdadeira", ou seja, uma religião baseada na igualdade. Bomfim combina, assim, a forte condenação da escravidão dos abolicionistas que o antecederam, com a reprovação do psicólogo e sociólogo do início do século XX. O objetivo crítico de Bomfim é apontar o papel perverso da pseudociência racista contemporânea e sua pressuposição de que as desigualdades e as diferenças históricas no desenvolvimento dos povos se devessem a suas características inerentes:

Discurso antirracista no Brasil

(48) E assim os sociólogos egoístas e exploradores voltaram à história contemporânea, e encontraram que, no momento – como em todos os tempos, os homens não se apresentavam no mesmo estado de desenvolvimento social e econômico: havia uns mais adiantados do que outros, uns já decaídos, outros ainda na infância; e, sem hesitar, eles traduziram essa desigualdade atual e as condições históricas do momento, como a expressão do valor absoluto das raças e das gentes – a prova da sua aptidão ou inaptidão para o progresso. A argumentação, a demonstração científica, não chega a ser pérfida, porque é estulta; mas foi bastante que lhe pudessem dar esse nome de Teoria científica do valor das raças, para que os exploradores, os fortes do momento, se apegassem a ela.

Esse fragmento elabora de forma mais explícita o que outros fizeram de maneira mais implícita, ou seja, faz uma distinção clara entre uma pseudo-ciência racista sobre características "raciais" inerentes a pessoas consideradas "primitivas" (que não podem mudar), por um lado, e a descrição de carac-terísticas históricas dos povos tidos como "atrasados", por outro lado (que estão "em desenvolvimento", conforme a caracterização contemporânea). Novamente, Bomfim não apenas desqualifica a pseudociência racista, mas também acrescenta uma conclusão sociopolítica: que essa pseudociência é usada para dominar. Ele não é simplesmente um estudioso, mas um estu-dioso crítico. E, mais ainda, ele argumenta que não é apenas uma ciência ruim, mas também que ela é usada como uma forma de legitimação do colonialismo. Décadas antes das teorias pós-coloniais e de outras teorias de "subdesenvolvimento", Bomfim, neste tratado inicial, fornece um relato crítico e antirracista do porquê de a América Latina, em geral, e o Brasil, em particular, terem sido "subdesenvolvidos":

(49) Assim, foi admitido que há povos melhores do que outros, que há raças nobres e vis, e que somente aquelas eram capazes de atingir o ponto culmi-nante do desenvolvimento e da cultura; as outras são condenadas a vegetar na mediocridade, na abjeção – não atingirão jamais as altas esferas da ciência, arte, filosofia e riqueza. E, daí, a conclusão lógica de que os mais perfeitos e nobres devem governar os outros. Chegada a esta descoberta, a sociologia dos egoísmos combinados não parou; a violência dos apetites obscureceu todas as noções de justiça, e os tais sociólogos proclamaram sem rebuços o emprego da força bruta como a suprema sabedoria – o despotismo e a opressão como a condição natural da espécie humana.

Discursos antirracistas após a abolição

Aqui está outra paráfrase crítica da noção racista de supremacia branca, uma polarização entre raças "nobres" e "vis", metafórica e conceitualmente entre as posições alta (cultura, ciência, arte, filosofia) e baixa (vegetativa) – novamente com uma conclusão sociopolítica, a saber: que as raças tidas como superiores deveriam governar as outras.

A definição de colonialismo não poderia ser mais precisa. Mesmo comparadas aos discursos mais críticos da escravidão até o final do século XIX, essas formas de ciência antirracista crítica, combinando Psicologia Social, Sociologia, Antropologia e Ciência Política, abrem um paradigma que definiria os estudos críticos do final do século XX. Ao mesmo tempo, oferece uma caracterização detalhada das ideologias de supremacia racial e colonialismo.

Ironicamente, Bomfim desenvolve contra-argumentos acerca dessa pseudociência, mostrando como os povos "loiros", no norte da Europa, foram precedidos por poderosos povos "morenos", do Mediterrâneo, que estão na origem da civilização ocidental:

(50)   Pois não vemos, hoje, admitido pela quase unanimidade das antropologias e etnologias a superioridade dos famosos "dolicocéfalos louros" da Europa – alemães, ingleses, suecos etc., sobre todos os povos da Terra, inclusive os outros da própria Europa?!... Porque as nações por eles constituídas são, hoje, mais fortes e ricas, ei-los proclamados superiores a esses próprios "morenos" do Mediterrâneo, que produziram a civilização ocidental – tudo que nela se encontra de belo e de efetivamente original.

Mais especificamente, ele comenta o seguinte sobre o darwinismo social da ciência contemporânea:

(51)   Pobre Darwin! Nunca supôs que a sua obra genial pudesse servir de justificativa aos crimes e às vilanias de negreiros e algozes de índios!... Ao ler-se tais despropósitos, duvida-se até da sinceridade desses escritores; Darwin nunca pretendeu que a lei da seleção natural se aplicava à espécie humana, como o dizem os teoristas do egoísmo e da rapinagem.

Argumentação, estilo e retórica do discurso crítico de Bomfim sobre escravidão e pseudociência racista fazem dele o mais eminente antecessor brasileiro de cientistas antirracistas do século XX, embora a caracterização paternalista de povos como "primitivos" sem dúvida o defina, ao mesmo tempo, como um antropólogo de sua época.

109

RESISTIR À EUGENIA

Assim, com o primeiro exemplo de Bomfim, o novo século no Brasil começa com um debate entre a ciência racista e antirracista, discussão que continuou até depois da Segunda Guerra Mundial e das declarações da Unesco examinadas em obra recente nossa (Van Dijk, 2021; ver também Haghighat, 1988; Hazard, 2012). No Brasil, o debate ocorrido a partir da década de 1910 se deu entre o médico Renato Kehl e o antropólogo físico Edgard Roquette-Pinto, ambos interessados em eugenia, como muitos de seus contemporâneos, mas com perspectivas e objetivos diferentes (De Souza, 2012, 2016; Rocha, 2014; Stepan, 1991).

Renato Kehl (1889-1974), influenciado por Galton, foi um dos fundadores do Movimento Eugênico Brasileiro, editou o *Boletim de eugenia* e tornou-se o principal propagandista da eugenia (chamada de "negativa") radical no Brasil, em favor da esterilização de "degenerados", do controle do casamento e da seleção racializada de imigrantes. Não surpreendentemente, ele também era um admirador de Hitler (De Souza, 2016).

Edgard Roquette-Pinto (1884-1954), antropólogo físico e, mais tarde, diretor do Museu Nacional no Rio de Janeiro, também se interessou pelas características físicas da raça. Em extenso trabalho de campo, forneceu um retrato físico "científico" de diferentes tipos de brasileiros, a quem ele chamava, por exemplo, de brasileiros e não brasileiros, medindo muitas de suas características corporais e psicológicas. No entanto, diferente de Kehl e outros, Roquette-Pinto aderiu a uma eugenia chamada de "positiva", ridicularizou hierarquias raciais defendidas por muitos de seus contemporâneos e enfatizou o papel da educação popular e das políticas sociais para a melhoria da população. Em 1911, viajou para a Europa e participou do enorme congresso internacional sobre raça em Londres, onde muitos estudiosos, como DuBois e Spiller, defenderam visões liberais e humanistas sobre a igualdade moral e intelectual das raças e sustentaram que os preconceitos racistas se deviam à ignorância (De Souza, 2017).

Contra muitos de seus colegas racistas, por exemplo, Raymundo Nina Rodrigues e Francisco José de Oliveira Vianna, a pesquisa de Roquette-Pinto desconfiava de qualquer hipótese de degeneração devido à miscigenação e a desacreditava. Discursos como esses sugerem uma perspectiva crítica sobre concepções racistas de miscigenação e de hierarquias raciais (no seu artigo "Nota sobre os typos anthropológicos do Brasil", 1929):

Discursos antirracistas após a abolição

(52) [...] visto que o seu modo de agir, na luta pela conquista da terra, não permite que se considerem os mestiços do Brasil como gente moralmente degenerada, vejamos se as suas características antropológicas mostram sinais de decadência anatômica ou fisiológica; vejamos se é gente fisicamente degenerada.

(53) O conceito de hierarquia racial, um dos temas favoritos do diletantismo científico, é meramente uma fábula criada pelos países imperialistas para justificar o domínio sobre os "povos negros e amarelos".

Roquette-Pinto não rejeita a ciência racista *a priori*, mas investiga suas alegações por meio de pesquisas anatômicas detalhadas, concluindo que uma das principais teses racistas da época, a degeneração por miscigenação racial, não é apenas empiricamente falsa, mas produto de "diletantismo científico", como é a própria noção de "raça". Assim como Manoel Bomfim, ele acrescenta uma conclusão sociopolítica crítica ao seu estudo dessa ciência racista, a saber: que seu propósito é de legitimação – dominar pessoas não brancas. Importante neste caso não é apenas o fato de ele falar sobre os abusos políticos da "raça branca" dominante, mas também sobre os "países imperialistas" – uma noção até então pouco usada.

Apesar de sua posição antirracista, Roquette-Pinto foi influenciado pelos métodos biométricos do eugenista Charles Davenport, nos EUA (De Souza, 2016, 2017), que propagou ideias racistas de miscigenação e teve contato com os nazistas. Roquette-Pinto também era leitor do trabalho do notório antropólogo alemão Eugen Fischer, que não apenas estudou a "mestiçagem" no sudoeste da África (hoje Namíbia), mas também se tornou um dos principais referentes de *Mein Kampf* de Hitler, da eugenia nazista, das leis de Nuremberg, da proibição de casamentos inter-raciais e da esterilização de 600 filhos de soldados franco-africanos. Roquette-Pinto fez uso seletivo da obra de seu colega alemão e não citou as ideias mais explicitamente racistas de Fischer, seu antissemitismo, seu arianismo e seu envolvimento nos tribunais nazistas eugênicos (De Souza, 2017).

Não sabemos se Roquette-Pinto mais tarde abandonou sua admiração pelo trabalho de Fischer. Se seu trabalho pode ser qualificado como antirracista, é porque ele combateu explicitamente algumas das ideias e políticas racistas de seus contemporâneos brasileiros, como Kehl, Vianna e outros, o que novamente aponta o antirracismo como noção contextual, ou seja, definido como oposição às ideias contemporâneas dominantes e às práticas racistas de cada época. Hoje, a própria medição de crânios e outros procedimentos biométricos, praticados por Roquette-Pinto para avaliar diferenças raciais, sem dúvida estariam corretamente associados ao racismo pseudocientífico. Igualmente problemáticas são suas ideias sobre diferenças psicológicas (como temperamento) entre raças: ele acreditava na existência de raças mais inteligentes, outras mais sentimentais ou mais pertinazes. Diferente de seus colegas, no entanto, suas conclusões não levaram a políticas racistas de população e imigração. Pelo contrário, a função política de sua "ciência" foi combater essas políticas racistas (para detalhes, ver De Souza, 2017).

Foi o caso também dos estudos antropológicos físicos sobre classificação racial de seu colega **Álvaro Fróes da Fonseca (1890-1988)** no Museu Nacional, que escreveu o seguinte (Tavares do Amaral Martins Keuller, 2012):

(54) Entre os meus discípulos deste ano, o melhor, de longe, é um preto de puro sangue africano; compreende facilmente e tem tal ânsia de aprender qual aqui nunca encontrei e que é raro mesmo no vosso clima fresco. Esse preto representa para mim mais um reforço da minha velha opinião contrária ao ponto de vista dominante que vê no negro um ramo por toda parte inferior e incapaz de desenvolvimento racional por suas próprias forças; quando em apoio disto se alega que no seu habitáculo não atingiu nenhum grau elevado de civilização e por isso se deve ter como incapaz dela [...]. Conheço, entre pretos, uma quantidade de fisionomias nobres e expressivas como dificilmente se encontraria entre caucasianos vivendo em situação social igualmente deprimida, e se essa situação em geral condiciona uma grande imperfeição moral, observei, contudo, com frequência, bastantes vestígios indiscutíveis de um sentimento profundo e delicado. [...] É sabido que os filhos de brancos e mulatos a maioria das vezes se caracterizam por suas aptidões intelectuais enquanto as suas frequentes falhas morais em geral se explicam por sua situação social. (*Os grandes problemas da Antropologia*, 1929)

O argumento antirracista desse tipo de passagem é por contraexemplo (como argumentos racistas são frequentemente baseados em exemplos de experiências pessoais de autores). Mas o contraexemplo também é apoiado por pesquisas antropológicas físicas sistemáticas. O autor não apenas conta sobre sua experiência positiva com um estudante negro, mas se concentra na pseudociência de seus contemporâneos que alegavam que as pessoas negras não podiam desenvolver sua racionalidade. Fonseca generaliza a partir de suas observações positivas em contraponto. O ponto principal de seu argumento é que tanto pessoas brancas quanto negras sofrem vivendo em uma situação socialmente degradada. Assim, contra as "qualidades raciais" assumidas como inerentes pelo racismo científico, o autor enfatiza o papel fundamental do contexto e a unidade da humanidade.

Outro crítico inicial das ideologias de supremacia racial foi **Alberto de Seixas Martins Torres (1865-1917**), advogado, político e jornalista, fundador da revista *O Povo*, quando a nova república foi proclamada, em 1889. Seus artigos na *Gazeta de Notícias* foram posteriormente publicados como o livro *A organização nacional* (1914), no qual escreveu:

(55) Seria simples pretensão de vaidosa nobreza étnica afirmar que o brasileiro negro ou índio é inferior ao branco. Mais de uma memória ilustre protesta contra a sentença de incapacidade dos nossos negros; e, entre os nossos políticos e escritores eminentes, seria fácil apontar dezenas de figuras em que a mescla de sangue africano ou índio se denunciava nos traços fisionômicos.

Sua oposição à tese racista da supremacia branca e à degeneração por "mestiçagem" não é formulada em termos científicos, mas também pelo contraexemplo de destacados personagens da época no Brasil. Seus artigos do *Jornal do Commercio* foram publicados em seu livro *O problema nacional brasileiro*, em 1912. Nesse livro, ele declara:

(56) O desenvolvimento destes trabalhos contém a melhor das lições de otimismo, conduzindo, depois de consignar e de comprovar a verdade, a essas outras conclusões animadoras; que este nosso estado não resulta nem de uma inferioridade étnica, nem de uma degeneração, da nossa gente; e, apontando as causas físicas, sociais e históricas, que explicam, não só as nossas crises, como as razões da aparente superioridade de outros povos, propõe, depois do estudo crítico, os meios de restabelecer a nossa marcha evolutiva.

Essa conclusão de seu livro, formulada no início da obra, não apenas rejeita a tese racista amplamente aceita sobre a supremacia branca e a alegada degeneração dos "mestiços" no Brasil, mas também explica quaisquer diferenças entre países aparentemente "superiores" e "inferiores" em termos de contexto. É claro que esse contra-argumento também tem pressupostos e implicações nacionalistas, porque a ciência racista internacional se concentrou especialmente no Brasil como um país tipicamente miscigenado, muito diferente, por exemplo, de contextos mais segregados. Ao mesmo tempo, seu ataque deve ser entendido como uma oposição às políticas de imigração de branqueamento. Assim, como é o caso de seus contemporâneos antirracistas, sua resistência contra a ciência e as políticas racistas também têm importantes implicações práticas e políticas.

Essas declarações de Alberto Torres mostram que, desde o início do século XX, houve no Brasil estudiosos e políticos que rejeitaram explicitamente as visões dominantes sobre superioridade racial, degeneração e miscigenação. Eles o faziam não como meras opiniões, mas com base em extensa pesquisa antropológica, como é o caso de Roquette-Pinto, ou em contra-argumentos sólidos, como a obra de Torres.

Focando especialmente aspectos políticos do racismo, Roquette-Pinto, com Gilberto Freyre e Arthur Ramos, assinou, em 1935, o *Manifesto dos Intelectuais Brasileiros contra o Preconceito Racial*, que também rejeitava noções de hierarquia racial. Alguns anos antes, em 1929, durante o Primeiro Congresso Brasileiro de Eugenia, as diferentes visões sobre esses assuntos se chocaram, por exemplo, entre Kehl e Roquette-Pinto. Isso aconteceu, também, durante o debate sobre raça e imigração, no qual o jornalista Antônio José de Azevedo Amaral, que mais tarde defenderia o autoritário Estado Novo (1937-1945) de Getúlio Vargas, sugeriu limitar a imigração negra, proposta que foi rejeitada por uma pequena maioria (ver Hochman, Trindade Lima e Chor Maio, 2010).

Arthur Ramos de Araújo Pereira (1903-1949), um dos mais prestigiados psiquiatras e cientistas sociais de sua época, não apenas organizou o já citado *Manifesto dos Intelectuais Brasileiros contra o Preconceito Racial,* em 1935, mas em sua prática mostrou que vários tipos de comportamento anormal eram socialmente condicionados, e não geneticamente, como afirmava seu colega médico Raymundo Nina Rodrigues. Após a Segunda Guerra, Arthur Ramos tornou-se diretor do Departamento de Ciências Sociais da Unesco em Paris, onde também contribuiu para o projeto internacional de paz de Bertrand Russell, Jean Piaget e outros, pouco antes de sua morte prematura, em 1949. Especialmente relevante para a história do discurso antirracista no Brasil, sua contribuição ao manifesto antirracista de 1935 foi crucial, juntamente ao seu estudo etnográfico e psicanalítico *O negro brasileiro* (1934; e uma nova versão em 1940) (ver Omena Tamano, 2013). Como alguns de seus colegas, ele, por um lado, reconheceu os estudos etnográficos de Nina Rodrigues, mas, por outro, já na introdução de seu livro afastou-se das ideias racistas de seu colega:

(57) Sem nos determos, no momento, em pontos contestáveis de outras obras suas – por exemplo, a [these] da inferioridade anthropologica de certos grupos ethnicos, da degenerescência da mestiçagem... que estão a soffrer radical revisão ao sopro dos Boas, e da moderna anthropologia cultural, – as dedicadas às religiões negras apresentam postulados scientíficos que estão em franco [desacordo] com a [sciencia] atual (1934, p.28) [...]. Estudando neste ensaio "as representações coletivas" das classes atrazadas da população brasileira, no setor religioso, não endosso absolutamente, como várias vezes tenho repetido, os postulados da inferioridade negra e sua incapacidade para a civilização. Essas representações collectivas existem em qualquer typo social de cultura. É uma consequência do pensamento magico e pre-logico, independente da questão anthropologico-racial, porque podem surgir em outras condições e em qualquer grupo ethnico – nas aglomerações culturalmente, atrazada em cultura, classes pobres das sociedades, crianças, adultos neurosados, no sonho, na arte, em determinadas condições de regressão psychica... Esses conceitos de "primitivo" e "archaico" são puramente psychologicos e nada teem que ver com a questão da inferioridade racial. Assim, para a obra de educação e da cultura, é preciso conhecer essas modalidades do pensamento "primitivo", para corrigi-lo elevando-o a etapas mais adiantadas, o que só será conseguido por uma revolução educacional que aja em profundidade, uma revolução "vertical e "intersticial" que desça aos degraus remotos do inconsciente collectivo e solte as amarras pre-logicas a que se acha acorrentado. (1934: 30-31 [grafia do original])

Como é o caso de todos os discursos antirracistas elencados neste capítulo, esse fragmento do livro de Arthur Ramos também mostra a influência do contexto ideológico, sociopolítico e científico. Por um lado, é uma rejeição explícita à concepção de inferioridade racial, como defendida por Nina Rodrigues; por outro, é formulada com termos como "primitivo" (mesmo quando usado entre aspas) para se referir a aspectos culturais e psicológicos das "classes atrasadas" e do caráter "pré-lógico" e "mágico" de seus pensamentos, como também encontramos com Lévy-Bruhl. Mais tarde, Lévi-Strauss (1966) enfatizaria que o pensamento mágico não implica inferioridade, mas apenas uma maneira diferente de entender o mundo.

Crucial para a natureza antirracista do argumento não é apenas a rejeição da pseudociência racista, mas também a afirmação "universalista" de que, a depender das circunstâncias, qualquer grupo étnico pode estar em classes sociais subalternizadas, e que suas condições de acesso sempre podem melhorar, mudadas as circunstâncias. Em outras palavras, não há diferença inerente (intelectual, moral etc.) entre racialidades.

Comparado ao discurso abolicionista, vemos que, no discurso antirracista das primeiras décadas do século XX, os argumentos ideológico e teórico são mais explicitamente científicos, apenas para rejeitar o discurso racista pseudocientífico da época. Interessante também é um dos primeiros usos no Brasil da noção de "representações coletivas", que influenciou a psicologia social francesa desde Durkheim até Moscovici, décadas depois.

Gilberto Freyre

Poderá ser considerado problemático incluir uma análise detalhada do discurso de **Gilberto de Mello Freyre (1900-1987)** em nossa breve história do discurso antirracista no Brasil, uma vez que é precisamente o conceito de "democracia racial", divulgado por ele, que promoveu as muitas formas de negação do racismo no Brasil nas décadas seguintes, especialmente pela ditadura militar, e até os dias atuais. No entanto, foi enfatizado, ao longo deste livro, que o discurso antirracista (como qualquer outro) só pode ser compreendido contextualmente, pois está sempre relacionado aos discursos dominantes de cada época. Os discursos predominantes das décadas de 1920 e 1930 eram explicitamente racistas e eugênicos, e estavam influenciados pelo racismo pseudocientífico na Europa e nos EUA (Schwarcz, 1993). Foi nesse contexto social e intelectual que Freyre também assinou o manifesto contra o preconceito racial, organizado por Arthur Ramos em 1935.

Freyre nasceu em Recife, na terra dos engenhos de açúcar, onde muitas pessoas escravizadas foram exploradas desde o século XVII. Formou-se como sociólogo e antropólogo nos EUA (Universidade de Baylor e Universidade de Colúmbia), foi aluno de Franz Boas, cujas ideias concorreriam diretamente à associação de Freyre a uma ideologia antirracista (para os anos de formação de Freyre nos EUA, veja Skidmore, 2003). Ele se opunha às ideias pseudocientíficas de inferioridade racial, bem como às políticas de branqueamento populacional. Enquanto muitos de seus colegas racistas supunham que a miscigenação levava à degeneração, Freyre comemorou a "mestiçagem" como a característica positiva dominante da população brasileira, como se vê, por exemplo, em sua influente *Casa-grande e senzala* (1933).

O problema com sua obra, como o futuro veio mostrar, é que esse foco "lusotropical" também implicava uma visão positiva das relações raciais no Brasil e uma negação do tipo de segregação que ele observara nos EUA – uma visão generalizada exclusivamente baseada na perspectiva vivencial da branquitude que, por décadas, dominou as ciências sociais, inclusive internacionalmente. Era uma perspectiva cara ao pensamento social brasileiro, altamente polemizada, para o bem e para o mal, vista por alguns como ideal e por outros, mais criticamente, como mito, conforme discutiremos adiante (ver, por exemplo, Andrews, 1991; Chacon, 2001; Falcão e Barbosa de Araújo, 2001; Garcia Pallares-Burke, 2005; Htun, 2004; Lund e McNee, 2006; veja ainda a discussão sobre a recepção variável do trabalho e das ideias de Freyre em, por exemplo, Lehmann, 2008).

DISCURSO ANTIRRACISTA DE AUTORES AFRO-BRASILEIROS

Enquanto escritores afro-brasileiros tiveram papel fundamental no discurso público e na formação de atitudes que levaram à abolição em 1888, os debates sobre racismo pseudocientífico nas décadas seguintes foram monopolizados por estudiosos brancos. Isso não significou, contudo, que escritores e intelectuais negros estivessem em silêncio durante esse período. Mencionaremos brevemente alguns deles, infelizmente sem muitos textos para citar, pois a maioria deles é de jornais apenas acessíveis em arquivos físicos brasileiros, e não publicados em livros recentes a que tenhamos acesso.

Após 1888, um número crescente de clubes e associações atendeu às necessidades culturais e de lazer das pessoas negras no Brasil. A imprensa negra também floresceu nessas décadas. Seja com foco na literatura, nas artes ou nas identidades e religiões africanas ou afro-brasileiras, a história da escravidão, bem como o racismo contínuo, a discriminação e outras formas de exclusão constituíram temas explícitos ou implícitos constantes nesses escritos e em outras atividades de protesto e resistência (da vasta literatura, ver, por exemplo, Afolabi, 2009; Alberto, 2011; Bastide, 1972; Butler, 1998; Ferrara, 1986; Pinto, 2010; Pires, 2006; Andrews, 1991).

Embora tenhamos esperado décadas para que um movimento negro cada vez mais forte e influente fosse capaz de desafiar o mito de uma democracia racial, os escritos de alguns intelectuais brasileiros dessa época abriram o caminho para uma análise teórica e política mais explícita e para a resistência ao racismo pelo Movimento Negro após a Segunda Guerra Mundial. O estudo de Alberto (2011) mostra que, desde a década de 1910, os autores negros promoveram a "fraternidade racial" para se oporem ao racismo científico prevalecente e para evitar o agravamento do antagonismo racial. Com essa estratégia política não queriam sugerir, no entanto, que acreditavam de fato viver uma "democracia racial", como afirmariam futuramente alguns autores.

Como veremos, diferentemente das lutas abolicionistas anteriores no Brasil, nas Américas e na Europa, nas quais as mulheres tiveram um papel de destaque, os intelectuais negros em atividade contra o racismo nas décadas seguintes que ganharam destaque na historiografia eram quase todos homens – principalmente escrevendo sobre e para homens negros.

A luta contra a escravidão e, mais tarde, contra a discriminação racista foi mais bem-sucedida no século XIX, tanto no Brasil quanto na Europa e nos EUA, do que a luta feminista contra o sexismo, a supremacia masculina e discriminação de gênero. De fato, os homens negros obtiveram o direito ao voto muito antes de (todas) as mulheres, por exemplo.

No final do século XIX e início do século XX, pessoas negras, principalmente em São Paulo, tiveram que competir com a imigração maciça de pessoas brancas de países europeus. Para a pequena classe de escritores negros e outros intelectuais "nativistas", esse processo de branqueamento significava que eles precisavam enfatizar e defender sobretudo sua identidade de brasileiros, em vez de seus vínculos com África. Como novos membros da classe média baixa, adotaram valores burgueses dominantes. Por estarem entre os poucos negros formalmente instruídos, sua exclusão dos círculos e profissões da elite branca foi especialmente sentida quanto mais alto subiam na hierarquia política, social e cultural, como é geralmente o caso das sociedades racistas (Figueiredo, 2002; ver também Tate, 1976).

Apesar de sua adaptação social e nacionalista, muitas formas de discriminação cotidiana caracterizaram suas vidas (para detalhes, ver Alberto,

2011: 24). Em vez de análises militantes e resistência contra essas formas de racismo, seus pequenos jornais, como *O Baluarte* de Campinas, inicialmente complementavam os principais jornais, por exemplo, com informações sobre as atividades de clubes e associações, bem como de membros individuais, em assuntos como concursos de beleza, aniversários e casamentos (Alberto, 2011: 33). Portanto, nesses escritos, a ênfase na discriminação era menor, e foco estava nas atividades sociais da comunidade negra.

Um desses escritores e oradores negros foi **Frederico Baptista de Souza (1870-1940)**, funcionário da Faculdade de Direito de São Paulo. Ele estava especialmente preocupado com a respeitabilidade e a impressão social dos brasileiros negros, a quem sugeria, por exemplo, em seu jornal do clube, chamado *Elite*, a fundação de instituições como bibliotecas como um meio de "progresso".

O debate na imprensa negra na década de 1920 celebrou, de certa maneira, um dos valores da Revolução Francesa – a fraternidade – como forma de enfatizar a integração da comunidade negra no Brasil, e por vezes criticando a imigração branca (especialmente italiana) e "imigrantes racistas". Nesse sentido, a emancipação deveria basear-se no "progresso" das comunidades negras e em sua contribuição material e cultural para a nação, e não no confronto aberto e antirracista contra os grupos brancos. Essa fraternidade com o Brasil branco frequentemente implicava uma mitigação do racismo (Alberto, 2011: 36).

Na década de 1920, vários jornais e autores negros começaram a analisar e denunciar cada vez mais o racismo, por exemplo, ridicularizando as ideias de Gobineau e autores eugênicos e enfatizando a capacidade intelectual das pessoas negras. Um dos objetivos dessa crítica também era um projeto de lei (PL) que proibisse a imigração negra, por exemplo, dos EUA, PL que era considerado incompatível com a Lei Áurea que marcou a abolição em 1888, bem como as leis da terra (Alberto, 2011: 43). Essas e outras oposições antirracistas baseadas na fraternidade racial finalmente derrotaram o PL no Congresso. Tais visões apareceram especialmente em um novo jornal independente, *Getulino*, de clubes e associações, fundado pelos poetas e jornalistas Lino Guedes e Gervásio de Moraes. Esse último, mais tarde (em 1931), também seria um dos fundadores da Frente Negra Brasileira (FNB). Diferente das publicações anteriores, o *Getulino* abordou explicitamente temas e preocupações internacionais. As pessoas negras no Brasil foram definidas, antes de tudo, como brasileiras, e não como um

Discurso antirracista no Brasil

grupo separado. Também rejeitava a acusação de discriminação de brancos como causa da ausência de médicos e advogados negros.

Um dos autores do *Getulino* e um opositor vocal do PL contra a imigração negra foi o advogado e escritor **Antônio Evaristo de Moraes (1871-1939)**, um dos fundadores dos primeiros partidos socialistas no Brasil, o Partido Operário e, mais tarde, o Partido Socialista, bem como da Associação Brasileira de Imprensa. Sua oposição incluiu uma rejeição explícita às ideias de racismo científico e branqueamento, generalizadas no período, apresentando uma das primeiras análises críticas dessas ideias na imprensa negra (em 1923) (Alberto, 2011: 51). E, por acreditar na miscigenação racial, ele escreveu o seguinte no artigo "Brancos, Negros e Mulatos" (*Getulino,* 1923), contra as ideias de Gobineau e De Lapouge:

(58) O 'amontoado de mestiços', que formava, no pensar delle [Gobineau], toda a população do Brasil, progredia por forma assombrosa, e, a despeito dos erros e abusos de uma administração inhabil e perdulária, pôde apresentar ao mundo, na comemoração da Independência, muita cousa digna de admiração sincera. Nas sciencias, nas letras, nas artes e nas industrias, contam-se por milhares os mestiços declarados, de todos os matizes, que se distinguem e se impõem, desmentindo a thése de Gobineau [a degenerescência] e o prognostico de Lapouge [o Brasil seria ainda um enorme estado negro atrasado]. (apud Geraldo, 2007: 197 [grafia do original])

A ampla miscigenação no Brasil e a presença de milhares de "mestiços" proeminentes em todos os domínios da sociedade foram usadas como o melhor contraexemplo das ideias de Gobineau. Relevante nessa passagem também é que Moraes apontou os "erros" do governo como responsáveis por embranquecer as políticas de imigração com base na pseudociência racista.

Vemos que a resistência jornalística negra contra o racismo pseudocientífico ocorreu paralelamente ao antirracismo científico de intelectuais brancos, os quais podem ter tido acesso ao *Getulino*. Mas os escritores negros tiveram influência em outros periódicos negros, como o *Elite*, dirigido por Theophilo de Camargo, que também atacou o PL da imigração de Fidelis Reis, uma causa célebre por aumentar o discurso antirracista entre os intelectuais negros (Alberto, 2011: 52). Mas o discurso antirracista também se voltou para a realidade do racismo cotidiano, como o ataque de Benedito Florêncio (no jornal *A Gazeta*) à discriminação no trabalho de homens negros, sendo tratados como estrangeiros em seu próprio país (Alberto, 2011: 53).

Entre os intelectuais antirracistas negros do século XX, destaca-se especialmente **José Correia Leite (1900-1989)**. Nascido em uma família pobre, cresceu em comunidade italiana em São Paulo. Depois de muitos empregos, tornou-se o fundador de *O Clarim,* mais tarde chamado *O Clarim d'Alvorada* (1924-1932). Ele foi também o fundador de várias organizações negras, membro do Conselho fundador da FNB, em 1931, e colaborador em vários projetos acadêmicos sobre negritude no Brasil, por exemplo, os de Roger Bastide e Florestan Fernandes (veja adiante). Em seus artigos em *O Clarim*, enfatizava a necessidade de estabelecer vários tipos de instituições de apoio à população negra em geral, e às mulheres negras pobres em particular. O principal valor que defendia era o da união das pessoas negras, a principal condição para avançarem em direção a "muito mais glórias":

(59) O verbo do negro A gramática diz – o verbo é a alma da oração e essa também é a situação de nossa classe e de nossos dias. Não nos falta nada; temos jovens cheios de vida, mas precisamos instruí-los muito bem; braços excelentes para vários trabalhos; nós temos liberdade de pensamento; a única coisa que precisamos para completar o que fizemos até agora é a verdadeira união. Uma vez unidos, podemos marchar sem restrições, a fim de conquistar muito mais glórias para o melhor cumprimento de nossas ideias! Então nosso futuro será ótimo; com isso, formaremos não apenas uma cláusula, mas várias cláusulas e, finalmente, uma sentença completa; muitas cláusulas subordinadas surgirão e ficarão ao lado da cláusula principal e juntas elas representarão tudo o que temos pregado até agora com tanta atenção! (José Correia Leite, *O Clarim d'Alvorada*, 7 de dezembro de 1924, p. 3)

Esse exemplo, assim como vários outros em *O Clarim*, mostra que, nos textos iniciais (Leite tinha 24 anos), sua principal preocupação não era o racismo branco, mas o avanço da união das pessoas negras em torno de objetivos comuns (ver também Alberto, 2011; Ferrara, 1986). No entanto, em edições posteriores, tal como a especial de maio de 1927, encontramos não apenas celebrações de abolicionistas negros, como José do Patrocínio e Luiz Gama, e da abolição (com artigo de Rui Barbosa), mas também um apelo aos pais negros, que começa com uma definição do que o artigo entende por "negro":

(60)   Antes de começarmos, devemos explicar o que queremos dizer com "negro": NEGRO são todas as pessoas de cor: preto, mulato, moreno etc., descendentes de africanos ou indígenas.

É possível observar, então, que na imprensa negra de São Paulo, da década de 1920, já ocorria o uso político da palavra "negro" para se referir a pessoas não brancas, que também será usada posteriormente pelo Movimento Negro. O artigo aborda o papel de pais negros na educação (e disciplinamento) de seus filhos:

(61)   Raça forte que graças a Deus somos, a miséria da condição social e physica em que vivemos nós Negros Brasileiros não pode ainda quebrar tanto a nossa integridad physica. É, pois, a cruzada da educação do corpo e menos attrahente, ou melhor menos urgente do que a do levantamento do nosso nível intellectual e moral. (*Clarim d'Alvorada,* 13 de maio de 1927, p. 3 [grafia do original])

Interessante aqui é que, bem diferente de hoje, o autor não prioriza a educação física dos jovens, mas enfatiza o papel da educação intelectual e moral. A metáfora conceitual (ver Lakoff e Johnson, 1980) espacial (elevação), frequentemente usada em discursos de jornalistas negros, pressupõe a relação hierárquica e a necessidade de subir – em escalas moral e intelectual.

Como observado por Alberto (2011: 91), as edições posteriores de *O Clarim*, especialmente a partir de 1928, mostram uma crescente preocupação com um papel mais ativista do Movimento Negro, além de seu autoprogresso, incluindo a promoção de um congresso da Juventude Negra. Como observado anteriormente, no entanto, ainda não há uma campanha jornalística sustentada contra a discriminação e o racismo contemporâneos. Além disso, os editores são ambíguos sobre questões raciais: por um lado, como vimos, há uma celebração explícita da racialidade negra – distinta dos brancos –, mas, por outro lado, também há a celebração da miscigenação, principalmente na forma "mestiçagem", mais tarde exaltada por Gilberto Freyre. Desde a década de 1930, Leite e *O Clarim* também começaram a enfatizar o papel do pan-africanismo e os escritos de Marcus Garvey, sobre "De volta à África", e uma forma mais explícita de resistência antirracista (Alberto, 2011: 140).

Um dos críticos mais radicais do racismo, no final da década de 1920, foi o professor de literatura **Arlindo Veiga (1902-1978)**, um católico e

Discursos antirracistas após a abolição

monarquista autoritário, conservador, que mais tarde simpatizaria com o Estado Novo anticomunista e autoritário de Getúlio Vargas. No entanto, ele criticou o preconceito e atacou a política racista de imigração de branqueamento:

(62)   [o Brasil sofria] do pior tipo de doença, que é o preconceito racial; em outras palavras, a mentalidade doentia de nossos líderes, que permitem que um Povo inteiro pereça, porque eles devem ser substituídos, porque são misturados, porque são pretos e devem ser brancos, a todo custo, mesmo às custas da destruição do Brasil pela onda de arianismo internacional de imigrantes. ("Congresso da Mocidade Negra Brasileira", *O Clarim*, 8 de junho de 1929; Alberto, 2011: 100)

Ao mesmo tempo, e de forma contraditória, Arlindo Veiga apoiou o movimento integralista fascista de Plínio Salgado (Ação Integralista Brasileira, AIB) e o regime fascista na Itália. Como vimos frequentemente neste capítulo, o antirracismo é contextual e cheio de contradições. Celebrar a raça negra, portanto, pode até ser consistente com alguns aspectos da ideologia nacionalista do fascismo, enaltecendo o poder da raça e da etnia e a admiração de um líder autoritário – como nesse caso.

Muito relevante na luta negra contra o racismo na década de 1930 foi a FNB, fundada por Arlindo Veiga, a primeira organização política (e depois partido político) de pessoas negras no Brasil, que após a Revolução de 1930, além de muitos serviços sociais, também promoveu candidatos políticos negros (Alberto, 2011; Butler, 1998; Fernandes, 1969; Hanchard, 1994). Arlindo Veiga defendeu um estatuto autoritário da FNB, como líder onipotente, uma posição que o colocou, e a seu grupo, em conflito com Correia Leite e outros redatores de *O Clarim*, que eram republicanos progressistas e, logo, reprimidos pelo Estado Novo de Getúlio (Alberto, 2011).

Especialmente importante para a nossa história do discurso antirracista no Brasil é o jornal da FNB, *A Voz da Raça* (1933-1937), mais politicamente ativo do que os jornais negros anteriores, até que teve que fechar, assim como a FNB e outras organizações negras, devido à opressão do Estado Novo, em 1937. Como é o caso de Arlindo Veiga, também a FNB defendeu não apenas a identidade e os interesses de pessoas negras do Brasil, mas também ideias

123

orgânicas e nacionalistas que eram populares na época, também no Brasil, incluindo vários textos nacionalistas e anticomunistas de Plínio Salgado (Pereira Gonçalves, 2018). Arlindo Veiga escreveu o seguinte:

(63)   Não se iluda o negro brasileiro a respeito do futuro da Gente Negra Nacional, se êle não tomar uma atitude viril em face da vida política e social brasileira. Não se iluda! O negro precisa entrar violenta e tenazmente na História do Presente do Brasil, conquistar violentamente O SEU LUGAR na comunidade nacional, porque desengane-se! – ninguém lh'o dará por bem. No fim de todos os nossos trabalhos, sempre nos quererão tapear, embrulhar, roubar... e felizes de nós ainda, quando o que devia ser nosso fica nas mãos de patrícios brancos e não vae parar nas de estrangeiros! (*A Voz da Raça*, n. 43, 15 dezembro 1934, p. 1)

(64)   Somos nacionalistas intolerantes e repelimos, e repeliremos sempre quem quer que vier com doutrinas exóticas corromper, com o espírito de luta de classes e de ataque à propriedade a mentalidade dos frentenegrinos. (*A Voz da Raça*, n. 3, 1º abril 1933, p. 1)

É dentro desse arcabouço ideológico contraditório, combinando orgulho racial negro, nacionalismo conservador e anticomunismo ("doutrinas exóticas"), que precisamos entender também o lema da revista: "Deus, Pátria, Raça e Família". Tudo isso explica a associação da FNB, ou pelo menos de seus líderes, com as ideias nativistas (brasilidade) subjacentes à fundação do Estado Novo e a admiração de "líderes fortes", como Hitler na Alemanha, esquecendo sua ideologia racista contra pessoas negras e, ao mesmo tempo, a oposição contra a imigração ("ariana"), vista como uma ameaça (Alberto, 2011: 129; Domingues, 2003).

A repressão do Estado Novo (especialmente também em relação a organizações e escritores negros progressistas), o nazismo e suas ideias, as leis e práticas racistas, a Segunda Grande Guerra e o Holocausto desacreditaram completamente o racismo oficial após 1945 também no Brasil. A nova democracia facilitou, assim, o ressurgimento da velha ideia de "fraternidade racial" na forma do novo e ambíguo conceito de "democracia racial" com o qual o Brasil poderia liderar no mundo. Enquanto essa "democracia" era inicialmente entendida como libertadora, foi o abuso do conceito pela ditadura militar que a deslegitimou, sendo cada vez mais combatida, sobretudo por intelectuais negros.

A democracia também favoreceu a fundação de novas organizações negras, como a Associação do Negro Brasileiro (ANB), em 1955, por José de Assis Barbosa ("Borba") e José Correia de Leite. Assim como outras organizações anteriores, seu primeiro objetivo era oferecer assistência social, promover a cultura e as artes, mas também promover a liberdade de expressão e a luta contra todas as formas de racismo, tanto no Brasil quanto internacionalmente (por exemplo, contra o Apartheid na África do Sul). Em cooperação com a National Association for the Advancement of Colored People [Associação Nacional para o Progresso de Pessoas de Cor] (NAACP) nos EUA, opôs-se a várias formas de discriminação racial (Alberto, 2011: 156; Domingues, 2018).

O PROJETO DA UNESCO

Alberto Guerreiro Ramos (1915-1982) foi um influente sociólogo negro, especializado em teoria organizacional, político socialista, consultor no segundo governo de Getúlio, diretor do Instituto Nacional do Negro (INN), membro da delegação brasileira na Organização das Nações Unidas (ONU) e professor nos EUA. Durante o Primeiro Congresso do Negro Brasileiro, em 1950, organizado pelo Teatro Experimental Negro (TEN; veja a seguir), Guerreiro Ramos apresentou um artigo sobre "Unesco e relações raciais", no qual defendeu uma reunião internacional para discutir formas de combater o racismo, e, especialmente, o papel dos intelectuais negros brasileiros.

No mesmo ano, a Unesco decidiu realizar pesquisas sobre as relações raciais brasileiras, supostamente mais "harmoniosas" do que as dos EUA e da África do Sul (ver adiante). Em uma entrevista de 1946, editada por Abdias do Nascimento no *Diário Trabalhista*, Guerreiro Ramos sustentou, citando vários especialistas estrangeiros, que o racismo não tem base científica e é apenas um dos meios de dominação sociopolítica dos brancos. Ao mesmo tempo, ele atribuiu muitos dos problemas da população negra à pobreza, e não ao preconceito racial – defendendo, assim, uma das visões tradicionais que explicam o racismo por classe e não por raça.

Assim como o jornalista, escritor e antropólogo **Thales de Azevedo (1904-1995)**, autor de *As elites de cor* (1953) – um estudo da Unesco sobre elites negras na Bahia –, Guerreiro Ramos era crítico de organizações políticas negras separadas: as pessoas negras, em sua opinião, deveriam se concentrar em questões culturais e atividades filantrópicas.

Guerreiro Ramos concordou com as crescentes críticas aos estudos afro-brasileiros tradicionais, como as de "afrologistas" como Arthur Ramos, que limitavam seu foco a aspectos culturais e religiosos da população afro-brasileira considerados "exóticos", em vez de pôr em destaque sua vida cotidiana de enfretamento da pobreza e da discriminação. Guerreiro Ramos, ao contrário, recomendava que, além da análise sociológica, as práticas políticas deveriam se concentrar na solução dos problemas cotidianos da população negra (Chor Maio, 1999). Em seu trabalho sociológico e de ativismo no TEN, ele combinava ideias sobre identidade e negritude, por um lado, e democracia racial e "mestiçagem", por outro lado, duas abordagens vistas mais tarde como incompatíveis (Campos, 2015).

Indiscutivelmente, o discurso antirracista afro-brasileiro mais influente após a Segunda Grande Guerra foi de **Abdias do Nascimento (1914-2011)**, poeta, dramaturgo, ativista, professor e fundador do TEN, no Rio de Janeiro, em 1944, uma das organizações negras mais importantes e influentes, responsável pela promoção de vários congressos. Entre sua vasta atividade nacional e internacional, estão suas múltiplas palestras em todo o mundo, a organização e participação em congressos, incluindo o Movimento Pan-Africano. Em 1983, ele também formulou as primeiras propostas de ações afirmativas – um tema que trataremos com mais detalhes no capítulo "Discursos parlamentares sobre ação afirmativa". Preso e excluído do Exército por resistência antirracista em sua juventude (também como membro da FNB, associado ao integralismo de Plínio Salgado, cujas ideias racistas ele mais tarde criticou), e exilado em 1968 pela ditadura, após seu retorno ao Brasil, em 1978, tornou-se deputado pelo Partido Liberal Democrata (PLD), em 1983.

Entre suas muitas publicações, por exemplo, sobre raça, etnia, pan-africanismo, arte, teatro, ele também escreveu vastamente sobre racismo, antirracismo e o tema da "democracia racial". Importante em seus primeiros escritos, após a guerra, foi sua insistência na implementação ativa dos direitos civis para pessoas negras, um tipo de discurso que ainda não era característico das lutas pré-guerra contra o racismo (Alberto, 2011).

Em um *Manifesto à Nação Brasileira* (1945), ele e Guerreiro Ramos formularam demandas sobre igualdade racial e uma resposta jurídica ao preconceito e discriminação raciais definidos como crime contra a pátria. Suas demandas encontraram apoio no Parlamento, mesmo entre políticos conservadores como o senador Hamilton Nogueira, cuja atitude antirracista sustentou tais demandas em termos de "crimes contra a humanidade", e Gilberto Freyre, como membro do Parlamento do mesmo partido, União Democrática Nacional (UDN), por suas ideias sobre os valores da "mestiçagem" no Brasil (Alberto, 2011).

Esse foco na discriminação racista como crime, bem como em vários casos de discriminação contra visitantes internacionais, levou à primeira lei contra a discriminação no Brasil, a Lei de Afonso Arinos, de 1951 – que, no entanto, foi pouco aplicada nas décadas seguintes. Por isso, o conceito de "democracia racial" ainda seria estrategicamente usado para criticar e se opor às formas explícitas de racismo.

O surgimento de muitas organizações, atividades e publicações negras pós-guerra também criou uma reação branca, como a encontrada na imprensa, e acusações de "racismo reverso", uma reação habitual ao aumento dos direitos de minorias. O jornalista, sociólogo, advogado e poeta Raul Joviano do Amaral (1914-1988), um dos fundadores de *A Voz da Raça* e *Alvorada*, criticou essas acusações, considerando-as formas de negação do racismo e outro tipo de preconceito contra pessoas negras retratadas como "agressivas". Em 1947, Amaral já havia criticado em *Alvorada* a ampla "tese equivocada" entre sociólogos de que a desigualdade racial no Brasil é causada mais pela classe do que por preconceito e discriminação racistas (Alberto, 2011: 201; ver também a seguir).

Das muitas publicações de Nascimento, citamos apenas fragmentos de seu ensaio *O genocídio do negro brasileiro: processo de um racismo mascarado* (1977), com prefácios de Florestan Fernandes e de Wole Soyinka. O ensaio de Nascimento no qual o livro se baseia, "Democracia racial no Brasil: mito ou realidade?" foi boicotado no Segundo Festival Mundial de Artes e Cultura Negra e Africana (Festac 77), em Lagos, Nigéria (dedicada à arte africana, negritude e pan-africanismo) pelas autoridades nigerianas sob pressão do regime militar brasileiro, conforme explicado em detalhes no prólogo de Nascimento. Na verdade, antes mesmo da contribuição do Festac e de Nascimento ao pan-africanismo, foi Correia Leite quem, nas décadas de 1950 e 1960, prestou atenção a temas políticos como o Apartheid na África do Sul e a descolonização, tendo fundado a Associação Cultural do Negro (ACN, 1958) (Alberto, 2011: 234).

Discurso antirracista no Brasil

Entre suas muitas contribuições, o livro de Nascimento apresenta uma das primeiras críticas mais explícitas à ideologia oficial brasileira de democracia racial, propagada também pelos militares no poder. Antes, Nascimento já havia atacado o golpe militar e sua ideologia por ocasião do Festac I, em Dakar, em 1966. Segundo essa ideologia, especialmente associada ao lusotropicalismo de Gilberto Freyre, as relações raciais no Brasil mestiço seriam harmoniosas. Entre seus muitos comentários sobre as ideias de Freyre e outros, Nascimento escreve o seguinte no livro de 1977:

(65)   De fato, tanto o paternalismo, quanto o neocolonialismo e o racismo que permeiam a obra de Gilberto Freyre, são mais perniciosos do que todo o seu elenco de eufemismos. Batizados de *morenidade*, *metarraça* ou qualquer outro nome que sua imaginação possa fantasiar, a farsa de Gilberto Freyre desarticula-se na contradição de seu próprio raciocínio e de suas próprias palavras; pois o paladino das mestiçagens etnoculturais afirma que essas ocorrem entre os brasileiros "sem isso signifique repúdio à *predominância* de valores culturais europeus na formação brasileira." [...] Devo observar de saída que este assunto de 'democracia racial' está dotado, para o oficialismo brasileiro, das características intocáveis de verdadeiro tabu. [...] Os brancos controlam os meios de disseminar informações; o aparato educacional; eles formulam os conceitos, armas e valores do país. Não é óbvio que, enraizado nesse exclusivismo, esteja o domínio quase absoluto desfrutado por algo tão falso quanto esse tipo de "democracia racial"? (Nascimento, 1977: 45-46 [grifos meus])

Obviamente, nesse caso, tanto o conteúdo quanto o estilo e a argumentação são muito diferentes dos textos jornalísticos anteriores de escritores negros, focados, principalmente, no avanço da "raça negra" e interessados em uma "fraternidade" pacífica com as elites brancas. Além do vocabulário crítico (paternalismo, neocolonialismo, eufemismo, perniciosos, paladino etc.), a avaliação irônica dos conceitos de Freyre, a análise política da ideologia racista da ditadura de então e o controle discursivo da mídia branca também se referem a debates e publicações internacionais sobre racismo.

Após os textos mais combativos dos abolicionistas negros no século XIX e o foco jornalístico limitado à identidade e ao avanço negros das décadas de 1920 e 1930, Nascimento oferece uma análise política e sociológica radical e sistemática do racismo. Essa análise apresenta, histórica e sistematicamente, uma nova leitura do sistema de escravidão e o mito do "senhor benevolente", a exploração sexual (ou melhor, o estupro) de mulheres negras (tema raramente discutido antes), o mito dos negros livres, seguido da abolição e do apagamento das ideias, além das políticas e das práticas de branqueamento do início do século XX – tópicos criticamente examinados como refutação da ideologia da democracia racial. Naquele contexto político, observa-se na escrita de Nascimento um uso bastante crítico da noção de "democracia racial". No entanto, ele também usa o conceito de maneira diferente em outros contextos políticos. Como veremos a seguir, não se trata de contradição, mas de usos estrategicamente diferentes do conceito.

Em uma pesquisa tão crítica, Nascimento também fornece avaliações contundentes das ideias pseudocientíficas importadas da Europa, de acadêmicos como Nina Rodrigues ou Oliveira Viana sobre o branqueamento por meio de políticas de imigração. Como conclusão dessas análises e considerando as estatísticas demográficas detalhadas, o título do livro (*O genocídio do negro brasileiro: processo de um racismo mascarado*) dificilmente será uma hipérbole. Mas, embora muitos desses assuntos ainda possam ser ignorados porque definem o passado, mais relevantes para o desafio do mito da democracia racial são os dados e argumentos de Nascimento sobre as muitas formas de desigualdade e discriminação contemporâneas, incluindo a mínima (0,6%, no censo de 1950) representação de negros na universidade, à qual voltaremos no capítulo "Discursos parlamentares sobre ação afirmativa".

Depois de dedicar capítulos sobre artes e cultura negras e referir-se a uma *Carta Aberta* à população sobre racismo, aqui está outra formulação sobre a definição de racismo do autor:

(66) Este movimento deve ter como princípio básico o trabalho de denúncia permanente de todo ato de discriminação racial, a constante organização da Comunidade para enfrentarmos todo e qualquer tipo de racismo. Todos nós sabemos o prejuízo social que causa o racismo. Quando uma pessoa não gosta de um negro é lamentável, mas quando toda uma sociedade assume atitudes racistas frente a um povo inteiro, ou se nega a enfrentar, aí então o resultado é trágico para nós negros: Pais de família desempregados, filhos desamparados, sem assistência médica, sem condições de proteção familiar, sem escolas e sem futuro. E é este racismo coletivo, este racismo institucionalizado que dá origem a todo tipo de violência contra um povo inteiro. Este racismo institucionalizado que dá segurança para a prática de atos racistas. (1977: 133-144)

Essa passagem da obra de Nascimento é crucial porque faz uma distinção clara entre o preconceito e a discriminação de intolerantes individuais, e o racismo coletivo sistemático e suas consequências sociais. Nascimento também é um dos primeiros autores no Brasil, se não o primeiro, a falar em "racismo institucional" e suas amplas influências em todos os domínios da sociedade. Ao mesmo tempo, ele faz a importante declaração de que o racismo institucional oficial legitima o racismo cotidiano, uma contribuição fundamental para a teoria política do antirracismo, definindo crenças e práticas racistas como controladas de cima para baixo pelas elites simbólicas (ver também Van Dijk, 1993). Novamente, em comparação com ensaios jornalísticos anteriores, desde o movimento de abolição, testemunhamos em Nascimento o desenvolvimento de distinções conceituais e teorias antirracistas explícitas.

Alguns anos depois, em 1982, Nascimento publicou uma nova edição de *O negro revoltado* (1968), que configura uma coleção de textos e declarações anteriores ao Primeiro Congresso do Negro Brasileiro (1950) e correções importantes de posições "conciliadoras" anteriores, como a celebração de Nina Rodrigues durante o Congresso. Sua posição no início dos anos 1980 sobre a noção de democracia racial não se tornou menos crítica, por exemplo, conforme foi formulada em uma palestra (realizada em inglês, em Washington DC), acrescentada como apêndice na edição de 1982, "Uma mensagem do Quilombismo", em que enfatiza a eminente resistência negra (ver Guimarães, 2006):

(67) O supremacismo branco no Brasil criou instrumentos de dominação racial muito sutis e sofisticados para mascarar esse processo genocida. O mais efetivo deles se constitui no mito da 'democracia racial'. Aqui temos talvez a mais importante diferença entre os sistemas de dominação anglo-americana e luso- (ou hispano-) americano. O mito da 'democracia racial' mantém uma fachada despistadora que oculta e disfarça a realidade de um racismo tão violento e tão destrutivo quanto aquele dos Estados Unidos ou da África do Sul. (1982: 28-29)

Já na década de 1980, vimos que Nascimento usa termos analíticos como "supremacismo branco" para analisar criticamente o racismo no Brasil, provavelmente sendo o primeiro a usar essa noção no país. Nesse contexto, ele o faz para atacar a noção de "democracia racial", que há

Discursos antirracistas após a abolição

décadas impedia a análise crítica da realidade racista no Brasil, também em uma perspectiva internacional.

Vale lembrar que, algumas décadas antes, Nascimento ajudou a criar a ideologia dominante da democracia racial, não apenas entre sociólogos e antropólogos brancos e entre escritores negros, mas antes do próprio Freyre. No *Quilombo*, o jornal do TEN, do qual era editor, ele escreveu o que se segue na ocasião do Congresso do Negro, cuja organização explicitamente se distanciou dos congressos pré-guerra em Recife organizados por Freyre e influenciados pelas abordagens folclóricas em relação às religiões e culturas afro-brasileiras, como as de Arthur Ramos e outros "afrologistas":

(68)   Observamos que a larga miscigenação praticada como imperativo de nossa formação histórica, desde o início da colonização do Brasil, está se transformando, por inspiração e imposição das últimas conquistas da biologia, da antropologia, e da sociologia, numa bem delineada doutrina de democracia racial, a servir de lição e modelo para outros povos de formação étnica complexa, conforme é o nosso caso. (1968: 67)

Em outras palavras, Nascimento não apenas expressa sua própria opinião, mas argumenta em termos de autoridade científica (de estudiosos brancos) e se refere a fatos históricos. Ao mesmo tempo, ele repete o argumento comparativo padrão da ideologia da democracia racial no Brasil, defendida por Freyre, Arthur Ramos e muitos outros, incluindo sociólogos americanos como Donald Pierson: que as relações raciais no Brasil seriam supostamente harmoniosas em comparação com o racismo mais violento e institucional nos EUA e as políticas do Apartheid da África do Sul. Esse argumento também motivou a política da Unesco no pós-guerra, como vimos.

Comparado com o texto e o estilo de sua rejeição explicitamente antirracista da ideologia da democracia racial no livro sobre genocídio, escrito na Nigéria em 1976 (em que ele criticou sua posição anterior), concluímos que, nos anos seguintes, incluindo o período de seu exílio durante a ditadura militar que legitimou a ideologia da democracia racial, Nascimento não apenas radicalizou fundamentalmente sua opinião, mas também aprendeu com os desenvolvimentos nas ciências sociais das décadas de 1960 e 1970.

131

Nascimento deve ser considerado um precursor, dado que a mesma ideologia (da democracia racial) permaneceu dominante até o final da década de 1970, e segue influente, ainda, na política, na mídia e em algumas ciências sociais. De fato, veremos que mesmo estudiosos antirracistas como Florestan Fernandes, mais tarde influenciados por uma ideologia marxista da luta de classes, tendem a explicar a desigualdade racial predominantemente em termos de classe, e não de raça. Foi necessário esperar até o final da década de 1970 para que outros sociólogos provassem que a desigualdade racial no Brasil se baseia em preconceito e discriminação racistas, como Nascimento já havia dito em seu ensaio.

E foi necessário esperar ainda mais para que mulheres negras, como a socióloga **Lélia González (1935-1994)**, fossem ouvidas e lidas, principalmente quando protestavam contra sua dupla discriminação (Alberto, 2011: 278ss.), ou como **Luiza Bairros (1953-2016)**, socióloga, coordenadora nacional do Movimento Negro Unificado (MNU, fundado em 1978; veja adiante) e ministra da Secretaria de Políticas de Promoção da Igualdade Racial (Seppir, 2011-2104) no governo da presidenta Dilma Rousseff (ver capítulo "Discursos parlamentares sobre ação afirmativa").

Em meados da década de 1970, influenciado por escritores como Nascimento, o Centro de Estudos Afro-Asiáticos (CEAA), em seus *Cadernos*, uniu jovens acadêmicos interessados em estudos da África e do racismo no Brasil. Seu diretor, o argentino Carlos Hasenbalg, com Nelson do Valle Silva, foram alguns dos autores dos estudos sociológicos seminais que comprovam a base racista (e não classista) da desigualdade racial. Mas isso ocorreu ainda durante a ditadura militar, na qual essas atividades acadêmicas de estudiosos negros eram vistas como suspeitas de "racismo negro" (Alberto, 2011; veja o próximo capítulo).

Também foi no final da década de 1970, quando a repressão militar se tornou menos severa, que várias revistas e organizações negras foram fundadas, como Sociedade de Intercâmbio Brasil-África (Sinba), Instituto de Pesquisa das Culturas Negras (IPCN) e Centro de Cultura e Arte Negra (Cecan), e finalmente, em 1978, o Movimento Negro Unificado contra Discriminação Racial (mais conhecido como Movimento Negro Unificado, MNU). O MNU desempenharia papel crucial na luta contra o racismo nas décadas seguintes, inicialmente também em uma perspectiva marxista da luta de classes (Alberto, 2011; Covin, 2006; Hanchard, 1994). Foi o MNU que buscou políticas públicas voltadas à população negra, incluindo várias formas de ação afirmativa (ver capítulo "Discursos parlamentares sobre ação afirmativa"). Por meio da organização de intelectuais negros e negras em debates, reuniões e publicações sobre hierarquias raciais, denunciava continuamente a democracia racial como uma farsa (Covin, 2006).

CONCLUSÕES

Assim como nos EUA, a abolição no Brasil também não pôs fim à discriminação, à marginalização e à opressão da população negra. Pelo contrário, as pessoas libertas tinham que se defender sozinhas, sem recursos, e competir, no mercado de trabalho, com imigrantes europeus. A discriminação trabalhista e outras formas de marginalização eram abundantes e contribuíam para a contínua divisão do país, em todos os domínios da sociedade, entre pessoas brancas e negras.

Ao mesmo tempo, a pseudociência racista do século XIX influenciou as políticas de imigração "branqueadoras", em favor de europeus, e as ideias eugênicas sobre supostas consequências da miscigenação predominante no Brasil. Assim como na Europa e nos EUA, durante as primeiras décadas do século XX, as ideologias da pseudociência eugênica e outras ideias racistas dominaram, também, a academia, a opinião pública e as políticas oficiais que legitimavam a discriminação e a exclusão de pessoas negras.

Nesse contexto, o discurso antirracista era corajoso e excepcional. Uma dessas vozes solitárias clamando no deserto racista foi a do psicólogo e sociólogo Manoel Bomfim, que já em 1905 havia escrito um panfleto explicitamente antirracista sobre a América Latina e o Brasil, tornando-o o precursor por longa data ignorado do pensamento social antirracista no Brasil. Seus muitos comentários críticos sobre a escravidão – tanto de pessoas negras quanto de pessoas indígenas na América Latina – oferecem uma análise psicológica e sociológica bastante precisa. Embora ainda formulado em termos de "primitivo" e "atrasado", como foi o caso de muitas antropologias da época, sua descrição da situação miserável de populações negras foi atribuída ao contexto social, como os mais de 300 anos de escravidão, e não, como a pseudociência racista gostaria, a supostas características raciais inerentes. Bomfim acreditava que a educação e as políticas sociais poderiam "melhorar" a situação dessa população. Um ponto crucial de sua contribuição ao discurso antirracista foi sua análise política de que a pseudociência da superioridade branca era usada para dominar grupos negros e, portanto, operava como legitimação da desigualdade racial. Ao mesmo tempo, culpava a Igreja Católica por sua falta de resistência contra a escravidão.

Outros estudiosos também se opuseram à ciência racista e às ideias e políticas eugênicas, como foi o caso de Edgard Roquette-Pinto. Embora também estivesse envolvido na medição anatômica racista, assim como muitos de seus colegas contemporâneos tanto no Brasil quanto no exterior, suas conclusões são bastante diversas do racismo científico, a saber: não havia evidências de degeneração. Para ele, as hierarquias raciais eram meramente o produto do diletantismo científico. No entanto, ao mesmo tempo, Roquette-Pinto admirava cientistas envolvidos em medições anatômicas racistas, deixando de se opor à aplicação de suas ideias no genocídio nazista posterior. De fato, como foi o caso de Boas, nos EUA, a Antropologia Física era uma ciência proeminente, e nem todos sustentavam que tal ciência não era uma legitimação de hierarquias raciais, muito menos políticas racistas de discriminação, exclusão e genocídio.

Na década de 1930, a resistência antirracista contra a eugenia, as políticas de imigração de branqueamento populacional e o racismo pseudocientífico tornou-se mais organizada. O eminente psiquiatra Arthur Ramos, em 1935, organizou um manifesto contra o preconceito racial, assinado por Gilberto Freyre e Roquette-Pinto, e, mais tarde, tornou-se diretor de ciências sociais da Unesco. Ele foi responsável pelo conhecido projeto da Unesco sobre a suposta natureza harmoniosa do racismo no Brasil – em comparação com a segregação de Jim Crow e os linchamentos, nos EUA. Embora parcialmente formulados em termos muito utilizados na época, como povos "primitivos" e modos de pensar "mágicos", os textos de Ramos rejeitam criticamente a noção de hierarquia racial: para ele, todos os grupos raciais poderiam permanecer "atrasados" em situações específicas de opressão.

Durante as primeiras décadas do século XX, o debate entre a pseudociência racista e a análise crítica antirracista foi, em grande parte, um debate entre homens brancos. Diferentemente da participação de escritores negros na luta pela abolição, os intelectuais negros, no início do século XX, estavam envolvidos, sobretudo, na organização de clubes, organizações e publicações negras. Em vez de antagonizar as elites brancas por uma análise crítica do racismo, do preconceito e da discriminação cotidiana, eles se concentraram primeiro em atividades de lazer, festas e serviços para a população negra, embora ocasionalmente ridicularizassem hierarquias raciais e criticassem a discriminação racista no trabalho em publicações como *Getulino* e *Elite*. Enaltecer a população negra, portanto, era um dos principais objetivos da produção dos intelectuais negros no período pré-guerra.

Nesses anos pré-guerra, o discurso antirracista era muitas vezes ambíguo em sua orientação ideológica. Por um lado, a celebração de uma forte "raça negra", por exemplo, nos textos de Arlindo Veiga dos Santos, poderia ser associada ao autoritário Estado Novo de Getúlio Vargas e ao movimento fascista integralista de Plínio Salgado, admirador do fascismo italiano e opositor do comunismo. Ao mesmo tempo, Arlindo Veiga fundou a FNB, rejeitou o branqueamento das políticas de imigração, mas abusou de sua posição no FNB, como líder autoritário, comemorando o *slogan* conservador da FNB: "Deus, Pátria, Raça e Família". A ideologia e a prática antirracistas nunca foram tão contextualmente moldadas e contraditórias quanto naqueles anos pré-guerra. No Brasil, a guerra, o nazismo, o fascismo e o Holocausto deslegitimaram também ideologias racistas.

O sociólogo negro Alberto Guerreiro Ramos apresentou artigo sobre o Projeto de Relações Raciais da Unesco em um congresso organizado pelo TEN, uma das organizações antirracistas mais importantes da história do Brasil. Ele criticou os estudos "afrologistas" de Arthur Ramos sobre a influência das religiões africanas no Brasil e recomendou mais atenção à análise de problemas práticos da população negra, como a discriminação no trabalho.

Sem dúvida, o erudito, poeta, político e ativista negro mais destacado do pós-guerra foi Abdias do Nascimento, fundador da TEN, exilado pela ditadura militar e um prolífico professor e colaborador do pan-africanismo. Mais tarde, depois de sua associação inicial com ideias integralistas, ele desenvolveu concepções antirracistas detalhadas e defendeu os direitos civis de pessoas negras. Foi especialmente relevante para este capítulo seu ensaio sobre o genocídio – e sua análise crítica do mito da democracia racial. Sua análise sociológica e política da escravidão e do racismo no Brasil introduziu noções bastante importantes, como a de "racismo institucional".

Na década de 1970, com a paulatina abertura política, o discurso antirracista no Brasil seria desenvolvido tanto pelas organizações negras, por meio do Movimento Negro Unificado (MNU), quanto em estudos sociológicos que comprovavam que o racismo não podia ser reduzido à discriminação de classe.

Neste capítulo, vimos que, após a abolição, levou quase um século inteiro antes de as ideias antirracistas se tornarem mais visíveis. Os primeiros autores antirracistas do século XX, como Manoel Bomfim, tiveram que lutar contra as ideologias pseudocientíficas dominantes de hierarquias raciais, os supostos efeitos negativos da miscigenação e as políticas de imigração de branqueamento populacional. Em seguida, quando estudiosos como Gilberto Freyre celebraram a identidade mista de boa parte da população brasileira, antirracistas negros, como Nascimento, mostraram que a natureza supostamente harmoniosa do racismo no Brasil, descrito na noção de "democracia racial", não era apenas um mito, mas uma negação oficial generalizada da realidade do racismo no Brasil.

Discursos antirracistas contemporâneos

Quando, no pós-guerra, os intelectuais negros, e especialmente Abdias do Nascimento, formularam sua crítica e luta cada vez mais combativa contra o racismo presente e recorrente na academia, na mídia e na política, e o Movimento Negro realizou congressos e outros eventos sociais sobre temas relacionados, também a intelectualidade (predominantemente branca) elaborou uma crítica importante para o debate nacional sobre relações raciais.

O PROJETO DA UNESCO

Conforme comentado anteriormente, a Unesco, desafiada tanto pelos horrores do Holocausto como pela continuação da segregação de Jim Crow nos EUA, e pelo Apartheid na África do Sul, demonstrou grande interesse por abordagens alternativas às relações interétnicas e raciais. Sob a influência da ideia então generalizada de "democracia racial" no Brasil, a Divisão de Estudos Raciais da Unesco, liderada pelo antropólogo suíço-americano Alfred Métraux (que havia feito estudos etnológicos das religiões no Brasil), começou a promover estudos sobre essas supostas relações raciais mais harmoniosas no Brasil. Primeiro, no interior da Bahia e do Amazonas, por Thales de Azevedo (ver capítulo anterior), e, depois, pelo antropólogo Charles Wagley (1913-1991), aluno de Boas, a título de comparação, em São Paulo.

Luiz de Aguiar Costa Pinto (1920-2002), que nasceu na Bahia e mais tarde se mudou para o Rio de Janeiro, foi um dos primeiros sociólogos brasileiros que, já na década de 1940, havia pesquisado relações raciais e que, desde 1950, havia contribuído para um estudo da Unesco sobre o tema. No Rio de Janeiro, ele se tornou o primeiro presidente da Faculdade Latino-Americana de Ciências Sociais (FLACSO, que no Brasil se chamava CLAPSC). Ele foi um dos primeiros a contribuir, em 1950, para com as declarações iniciais da Unesco sobre raça, obviamente, influenciado por estudiosos norte-americanos da Escola de Chicago, como, por exemplo, Herbert Blumer (então da Universidade de Colúmbia) e seu estudo sobre o recôncavo baiano, com especial interesse por uma situação de "marginalidade estrutural", inspirada na noção de "homem marginal" do sociólogo da escola de Chicago, Robert E. Park. Em 1953, ele elaborou uma pesquisa sobre a questão da "marginalidade" do "mulato" no Rio de Janeiro. Entre seus muitos estudos, é especialmente relevante *O negro no Rio de Janeiro* (dedicado a Nina Rodrigues e Arthur Ramos), uma pesquisa de 1953 para Unesco, na qual ele se concentrou nos aspectos sociais, educacionais e ecológicos das relações raciais, incluindo estereótipos e preconceitos. Depois de uma elaborada análise em seu último capítulo, Costa Pinto finalmente conclui o seguinte:

(69)   Assim, a lição dessas experiências nacionais indica sobejamente – e a do Brasil confirma – que o preconceito e a discriminação atuam fundamentalmente no sentido de reconduzir ao seu lugar o negro que historicamente sai desse lugar, o lugar que tradicionalmente ocupava no sistema de relações sociais, um lugar que a ideologia do grupo socialmente dirigente e etnicamente diferenciada considera próprio, natural e biologicamente justificado- tão próprio, natural e biologicamente justificado quanto o seu grupo dominante. Por mais paradoxal que isso possa parecer, a ascensão social dos negros e o seu afastamento da posição tradicional do branco sobre a posição que o negro deve ocupar no sistema de posições sociais está sendo o fator principal das discriminações que ele vem sofrendo, em escala crescente nos últimos tempos, neste país. Hoje, os negros encontram obstáculos e impedimentos nos portões de carreiras, instituições, ambientes sociais e tantas outras esferas de convivência com os brancos. (1953: 318)

Apesar de sua dedicação a estudiosos racistas como Nina Rodrigues, são claras as conclusões de Costa Pinto. Sua análise sociológica mostra que os homens negros são mantidos "em seu lugar" (ou seja, em um lugar de subordinação), ocupando uma posição inferior, tanto durante a escravidão quanto após a abolição. Ainda, argumenta que a discriminação cotidiana, em todos os domínios da sociedade, baseia-se na ideologia dominante dos brancos. É muito importante nesta análise o fato de que não se trata apenas da posição de classe (baixa) dos negros, mas que a ideologia se baseia em noções biológicas do que é "apropriado", do que é "o lugar" racializado. Embora não use o termo "racismo", ele explica as relações raciais no Brasil e, principalmente, a dominação branca como pressupostos das ideologias racistas.

Como conclusão de um estudo da Unesco, embora não em termos radicais, é claro que a imagem rósea da ideologia dominante da democracia racial dificilmente foi comprovada pelo extenso estudo sociológico de Costa Pinto. Ao mesmo tempo, conforme veremos a seguir, a análise sociológica sobre a relevância contínua das ideologias brancas sob a escravidão também será retomada no trabalho de Florestan Fernandes e outros. Na mesma obra citada de Costa Pinto, é especialmente interessante a noção de criptoracismo e sua crítica à habitual negação do racismo:

(70)   Geralmente, o que daí resulta é que o branco não se sente racista por isto, já que admite o companheirismo com pessoas de cor; essa, porém, dificilmente deixa de considerar de alguma forma estigmatizada por saber que a sua cor influiu como fator de limitação de sua capacidade de participação em determinadas esferas sociais. Um profundo ressentimento por parte da pessoa de cor, tanto maior quanto ela deliberadamente o esconde, para não vulgarizá-lo pela exteriorização e pela aparência de que faz muita questão daquilo que lhe negam – e uma relativa paz e tranquilidade de consciência por parte do branco, que com seu criptoracismo evita de ser considerado racista tout court num País onde "não existe o preconceito de raça" – é o que resulta, na prática, como forma precária de acomodação, obtida através da obediência a essas regras de etiqueta racial, tudo decorrendo de acordo com o bom tom, as boas maneiras e a boa educação, como convém "entre cavalheiros". (1953: 191)

Essa passagem da obra resume perfeitamente as relações raciais no Brasil até hoje e é elaborada em uma análise psicossociológica e psicossocial da negação do racismo pelos brancos, em geral, e pelas elites brancas, em particular (ver também Van Dijk, 1992). Estes têm como argumento que geralmente estabelecem relações cordiais e amigáveis com os negros, muitos deles são suas empregadas ou os porteiros, isto é, com pessoas negras em posições subordinadas, dado o racismo histórico e estrutural. Por outro lado, o autor examina as impressões dos negros confrontados com esse tipo de "companhia" dos superiores brancos: eles sabem muito bem que não têm acesso a muitas esferas sociais. A análise psicológica fica ainda mais sofisticada quando Costa Pinto explica o "ressentimento" entre os negros, especialmente o fato de que tiveram que escondê-lo para evitar dar a impressão (pela exteriorização e pela aparência) de que querem justamente aquilo que lhes é negado. Tais conclusões mostram empatia muito sofisticada ou análise refinada do discurso de suas entrevistas com negros. Não é de estranhar que essa negação sistemática do racismo mantida por brancos e negros possa ser chamada de "criptoracismo". Não se trata de uma questão de negação individual do racismo, mas de um sistema de racismo oculto. Esse livro foi escrito apenas alguns anos após os influentes estudos que pressupõem uma situação de democracia racial, e ele conta com um prefácio do próprio Arthur Ramos, diretor de ciências sociais da Unesco, responsável pelo projeto brasileiro da Unesco após Métraux, bem como supervisor da tese de Costa Pinto. Foi a conclusão de uma pesquisa empírica cuidadosa, incluindo testes entre adolescentes. Nesse sentido, as conclusões quanto ao estilo irônico sobre o racismo oculto à brasileira representam uma ruptura acentuada em estudos anteriores e mais ainda, representa uma sofisticada preparação teórica dos estudos sociológicos posteriores sobre relações raciais no Brasil.

A ESCOLA DE SÃO PAULO E A SOCIOLOGIA DO RACISMO

Nos anos pós-guerra, o racismo brasileiro (bem como sua negação ou mitigação) foi particular e exaustivamente estudado na emergente escola sociológica da Universidade de São Paulo (USP), que teve sua gênese e suas bases na intelectualidade europeia e norte-americana, representada por estudiosos/pesquisadores com relações com a USP, tais como:

- Roger Bastide (1898-1974), especializado em religiões afro-brasileiras.
- Donald Pierson (1900-1995), da escola de Chicago e autor de *Negros no Brasil* (1942), que nega o racismo no Brasil quando comparado aos EUA.
- Emilio Willems (1905-1997), antropólogo alemão que estudou a (falta de) integração de alemães no Brasil (um estudo posteriormente revisado por Florestan Fernandes).

Enquanto Gilberto Freyre, então um jovem estudante da Universidade de Colúmbia, foi influenciado pela abordagem cultural das relações étnicas de Franz Boas, Donald Pierson – e indiretamente os seus alunos – foi influenciado pela sociologia funcionalista da Escola de Chicago, por exemplo, pelos estudos de Robert E. Park, Herbert Blumer e Franklin Frazier, por um lado, e, por outro, pelos estudos afro-americanos do antropólogo Melville Herskovits, que estudou com Boas e que, mais tarde, fez trabalho de campo no Brasil.

Park, em seu prefácio ao livro de Pierson, já mencionava a impressão de que as relações raciais eram mais harmoniosas no Brasil do que nos EUA, porque Pierson havia entrado em contato com as ideias otimistas de Freyre sobre o progresso dos mestiços e, portanto, a negação do papel do preconceito de cor. Arthur Ramos, que anteriormente fora um dos principais divulgadores da ideologia da democracia racial, em seu prefácio à edição brasileira do livro de Pierson, enfatizou a novidade do estudo sociológico das relações raciais da Escola de Chicago (Guimarães, 2004). De maneira mais geral, também em trabalhos posteriores sobre relações raciais no Brasil, a pesquisa da Escola de São Paulo sempre foi muito bem informada sobre os estudos de seus colegas norte-americanos, mas nem sempre integrou os resultados das pesquisas brasileiras anteriores.

Não seria por acaso que o aluno de Bastide, **Florestan Fernandes (1920-1995)**, se tornaria a figura principal dessa escola, com suas extensas publicações e palestras internacionais sobre teoria sociológica, relações de classe e subdesenvolvimento. Foi considerado por muitos estudiosos o pai da Sociologia moderna no Brasil. De início adotando uma perspectiva funcionalista-estruturalista, Florestan estudou a posição dos negros na "sociedade de classes", retomando pesquisas anteriores sobre um povo indígena (tupinambá), nas quais desmascarou muitos dos estereótipos dominantes sobre eles. Florestan examinou em seu extenso estudo de dois volumes, *A integração do negro na sociedade de classes* (1964), as causas da ausência inicial (surgindo mais tarde, a partir da década de 1930, de modo muito lento) da integração de negros na sociedade paulista e criticou a ampla aceitação e disseminação da ideologia da "democracia racial" no Brasil. Embora sua abordagem tenha sido teoricamente formulada sobretudo em termos de classes e castas, parte de sua explicação sobre exclusão de negros foi formulada em termos de preconceito e discriminação dominantes dos brancos (ele não usa o termo *racismo*). Segundo ele, a situação mudou pouco após a abolição. Além disso, também destacou a concorrência desigual com os imigrantes brancos da Europa.

Como as estruturas e ideologias sociais e raciais durante a escravidão permaneceram intactas durante as primeiras décadas da abolição, uma estratificação racial (de "casta") acompanhou uma estratificação social (de "classe"), pelo menos até a década de 1930, quando uma pequena classe média negra emergiu e começou a publicar suas próprias análises sobre pessoas negras e seu avanço, como vimos nas publicações de intelectuais negros no capítulo anterior. Para Florestan, é como se o Brasil estivesse vivendo, ao mesmo tempo, em dois períodos histórico-sociais, um de grande "dilema racial", no qual um mundo branco mudou profundamente, socioeconomicamente, e outro de um "mundo negro" marginal que pouco mudou:

(71) O mundo negro permaneceu praticamente à margem desses processos socioeconômicos, como se ele estivesse dentro dos muros da cidade, mas não participassem coletivamente de sua vida econômica, social e política. Portanto, a desintegração e extinção do regime servil não implicou a modificação das posições relativas do estoque racial na estrutura social da comunidade. O sistema de castas foi abolido legalmente. Na prática, porém, a população negra e mulata continuou reduzida a uma condição social análoga à preexistente. Em vez de ser projetada, em massa, nas classes sociais em formação e em diferenciação, viu-se incorporada à "plebe", como se devesse converter-se numa camada social dependente e tivesse de compartilhar de uma "situação de casta" disfarçada. Daí resulta que a desigualdade racial mantivesse inalterável, nos termos da ordem racial inerente à organização

social desaparecida legalmente, e que o padrão assimétrico de relação racial tradicionalista (que conferia ao "branco" supremacia quase total e compelia o "negro" à obediência e à submissão) encontrou condições materiais e morais para se preservar em bloco. (*A integração do negro na sociedade de classes,* 1964: 106, v. 1)

Esse fragmento ilustra muito bem o tipo de discurso sociológico da escola de São Paulo. Descreve e explica a posição social de "casta" inferior dos negros como "plebeus" – e, nesse sentido, deve ser compreendido como parte da história do antirracismo no Brasil –, mas a análise é limitada às relações sociais – e pouco focada nas ideologias racistas dominantes das elites brancas, como Costa Pinto havia feito antes. As relações raciais contemporâneas continuam sendo as da escravidão, mas não há explicação acerca do motivo pelo qual elas não mudaram – e também sobre por que os brancos mudam (e como?) e os negros não. Florestan Fernandes aborda tanto sobre a "supremacia" racial quanto a "submissão" negra, mas não oferece explicação para a imobilidade negra. Talvez as elites brancas não tenham mudado muito, pelo menos não suas ideologias de supremacia racial, por meio das quais os negros foram mantidos "em seu lugar", como explicou Costa Pinto.

As limitações dessa predominante Sociologia do racismo da época também são teoricamente relevantes porque têm implicações para uma teoria do antirracismo e para um método de análise do discurso antirracista. Se precisamos de pelo menos uma abordagem mais sociocognitiva e sociocultural da descrição e explicação do racismo, o mesmo se aplica a uma teoria da resistência antirracista: precisamos conhecer os detalhes de como, no Brasil, a maioria das pessoas brancas de diferentes posições sociais realmente pensa e sente em relação aos negros para entender as muitas formas de discriminação e de exclusão habituais, bem como a interação cotidiana mais geral com as pessoas negras. Isso é fundamental para compreender tanto o racismo quanto a resistência antirracista.

Fernandes, em sua análise dos detalhes, causas e consequências dessa situação de desigualdade racial, concentra-se em especial nas muitas maneiras pelas quais os negros recém-libertados, após 1888, estavam psicológica e socialmente mal preparados para competir com os imigrantes brancos; e, de maneira mais geral, mal adaptados para agir como trabalhadores independentes e cidadãos na nova sociedade de classes de São Paulo.

Embora, como vimos, Fernandes mencione o papel do preconceito e da discriminação de brancos como uma das causas dessa exclusão, seu foco está principalmente nos fatores sociais, históricos e econômicos, atribuindo muitas limitações à população negra, em vez de detalhar o preconceito e a discriminação racistas como a principal causa de falta de integração e avanço dos negros, como seus colegas negros haviam feito e estavam fazendo ao mesmo tempo. A esse respeito, sua análise sociológica inconscientemente reproduz alguns dos estereótipos dominantes que culpam as vítimas negras por sua própria situação, como mencionado algumas páginas depois na própria análise de Florestan.

No entanto, sua detalhada análise social, histórica e econômica das relações raciais no Brasil contribuiu com uma crítica fundamental ao mito da democracia racial, central para a ideologia dominante do regime militar, bem como para a grande parte da mídia conservadora e das elites políticas até hoje. Sua reflexão crítica representou um ponto de inflexão no pensamento social brasileiro que forneceu argumentos de análise e resistência para intelectuais e Movimentos Negros após a década de 1960. De fato, como vimos, ele foi um dos autores do prefácio do livro de Nascimento, *O genocídio do negro brasileiro*.

As primeiras ideias de Florestan sobre as relações raciais no Brasil já haviam surgido antes, em um dos primeiros estudos sociológicos da Unesco, editado por Bastide e Fernandes (1955), com contribuições dos próprios editores, assim como as das pesquisadoras Oracy Nogueira (veja adiante), Virginia Bicudo e Aniela Ginsberg. As contribuições delas foram omitidas em edições posteriores, apesar de essas autoras, com diferentes teorias e métodos, já terem demonstrado o papel proeminente do preconceito racial em seus estudos anteriores. Virginia e Aniela são mulheres, e Virginia é afro-brasileira; isso confirma a impressão de que o trabalho sociológico inicial da Escola de São Paulo era monopolizado por teorias sociológicas específicas dos homens brancos (para uma revisão crítica das edições do livro editado por Bastide e Fernandes, ver Campos, 2016b).

De fato, **Virginia Leone Bicudo (1915-2003)**, como psicóloga social e psicanalista, já havia mostrado em sua tese de 1945 o papel do preconceito racial entre crianças, realizando testes bem conhecidos, nos quais utiliza bonecas (Bicudo, 1945). Ela foi uma das primeiras professoras negras, fundadora do primeiro centro psicanalítico da América Latina e foi também a primeira psicanalista não médica do Brasil e da América Latina (ver, por exemplo, Ferreira Abraão, 2010; Chor Maio, 2010).

Assim, enquanto Florestan se concentrava nas mudanças das relações de classe entre os negros, imaginando ver o racismo diminuir se os negros fossem capacitados a competir social e economicamente com os brancos, **Oracy Nogueira (1917-1996)**, também aluno de Donald Pierson e Emilio Willems, em São Paulo, bem como de Radcliffe-Brown, adotou uma visão mais sociocultural e sociopsicológica do preconceito e da discriminação em seu estudo sobre anúncios de negros fugidos na imprensa. Desafiando a suposição difundida de que a posição social dos negros se deve principalmente à pobreza, ou seja, à classe, Nogueira argumentou que os negros em posições altas também são discriminados e, portanto, raça ou racismo são variáveis independentes. Em vez de mero preconceito de cor, ele reformula a teoria em termos de "marcadores de preconceito racial", incluindo traços físicos, gestos e sotaques (Nogueira, 1942). Em seu projeto de doutorado, na Universidade de Chicago, ele desafiou a visão de Pierson (e Freyre) sobre a alegada forma "mais branda" de desigualdade racial no Brasil, devido às experiências portuguesas e familiaridade com os mouros. Em um estudo da Unesco, mostrou que, ao contrário, apesar do amplo reconhecimento da miscigenação brasileira, as pessoas com a pele mais escura são mais discriminadas do que as de pele mais clara em todas as situações sociais (trabalho, clubes, casamento etc.) (veja a análise de Chor Maio, 2011). Ou seja, diferente dos EUA (e sua regra única de identidade racial), no Brasil a aparência (principalmente a cor) desempenha um papel fundamental na discriminação e na mobilidade social vertical (Nogueira, 1955, 1985).

Concluímos esta breve seção sobre os sociólogos de São Paulo, do pós-guerra, e seus escritos sobre relações raciais, dizendo que seus mestres estrangeiros (Bastide, Pierson, Willems), apesar das contribuições de seus estudos em grupos minoritários, dificilmente eram exemplos de ciência antirracista. Por outro lado, seus proativos alunos, que mais tarde se tornaram os fundadores da Sociologia contemporânea brasileira, especialmente Florestan Fernandes e Oracy Nogueira, prestaram muita atenção às relações raciais e, sobretudo, aos padrões de preconceito e discriminação como principais causas da posição subordinada dos negros na sociedade brasileira. Também como parte do projeto da Unesco, suas pesquisas, desde a década de 1940, concluíram negativamente sobre a alegada igualdade racial no Brasil. O trabalho deles inspirou os estudiosos posteriores a analisar e declarar a tese que considerava as relações raciais relativamente "brandas" no Brasil como um mito – que, especialmente após 2000, é a posição acadêmica dominante –, embora a mistificação da democracia racial siga inspirando jornalistas e políticos.

No entanto, além de alguns estudos empíricos, suas pesquisas não se concentraram em análises detalhadas sobre preconceito e discriminação como parte de um padrão mais amplo de dominação racista, nem como contribuição principal para a luta acadêmica e política contra o racismo. Isso foi o caso dos estudos e outras atividades de Abdias do Nascimento e dos membros do Movimento Negro, com os quais, é claro, eram solidários. De fato, curiosamente, o próprio termo "racismo" quase não aparece em seus escritos.

RUMO A UMA PROVA SOCIOLÓGICA DE RACISMO EM VIRTUDE DA "RAÇA"

Ao buscarmos saber mais especificamente sobre o fato de a desigualdade racial no Brasil ser principalmente uma questão de raça ou classe, tivemos que esperar até o final da década de 1970, quando o sociólogo argentino **Carlos Hasenbalg (1942-2014)**, diretor e fundador do CEAA no Rio de Janeiro, e **Nelson do Valle Silva**, economista e sociólogo, conseguiram provar estatisticamente em suas teses de doutorado e artigos que a raça (ou melhor, o racismo) era uma variável independente de subordinação negra, em todos os domínios da sociedade (renda, moradia etc.).

Hasenbalg, diferentemente de Florestan Fernandes, também mostrou que a industrialização não eliminaria a desigualdade e a dominação raciais. (Hasenbalg, 1978; Do Valle Silva, 1978; Hasenbalg e Do Valle Silva, 1988; 1999; Hasenbalg, Do Valle Silva e Lima, 1999; para uma discussão sobre o trabalho de Hasenbalg, ver Lima, 2014; Guimarães, 2016b). Em entrevista ao sociólogo Antônio Sérgio Guimarães (Guimarães, 2006), Hasenbalg resumiu uma das principais conclusões de seu trabalho:

Discursos antirracistas contemporâneos

(72) As diferenças de desempenho de brancos e não-brancos são sempre observadas usando as variáveis de controle pertinentes, ou seja, a igualdade de outras condições, tais como origem social, renda familiar e nível educacional. Esses controles permitem tirar conclusões sobre as diferenças na apropriação de oportunidades sociais pelos grupos de cor ou raciais. Em todas os temas analisados durante mais de vinte anos, os não-brancos acabam em desvantagem. (2006: 260)

Diferentemente das análises sociológicas não quantitativas anteriores, esses autores mostraram que a discriminação dos negros não é uma questão de posição de classe ou de casta não analisada, mas principalmente devido à "raça" e, portanto, parte de um sistema de desigualdade racista.

Foram especialmente os escritos e as atividades combinados de Florestan Fernandes, Oracy Nogueira, Carlos Hasenbalg e Nelson do Valle Silva, e seus alunos em São Paulo e Rio, em estreita cooperação com o Movimento Negro e especialmente Abdias do Nascimento, que formaram a base da maioria dos estudos e das atividades contra o racismo no Brasil a partir dos anos 1980. O trabalho deles também contribuiu, por exemplo, para a refutação definitiva de várias formas de negação do racismo no Brasil, implícitas no mito da democracia racial ou na explicação da desigualdade racial exclusivamente em termos de relações de classe.

Em seu estudo da história das relações raciais no Brasil (e especialmente em São Paulo), apresentado em sua palestra inaugural como professor titular da USP, Antônio Sérgio Guimarães (2004) concluiu que é possível distinguir três desenvolvimentos, associados a três gerações, no estudo das relações raciais brasileiras. Primeiro os estudos de Pierson e seus colegas, depois os de seus alunos, principalmente Florestan Fernandes, e, finalmente, a geração de Carlos Hasenbalg e Nelson do Valle Silva, além do próprio Guimarães. Para a primeira geração, a desigualdade social e as relações raciais nos EUA são condicionadas por preconceito, discriminação e segregação. Como essas relações eram vistas como menos extremas e menos violentas no Brasil, eles assumiram que finalmente desapareceriam. Para a próxima geração, o preconceito e a discriminação de cor foram vistos como impedimentos da democracia completa e da mobilidade social dos negros, enquanto para a última geração, agora também usando a noção de racismo, preconceito e discriminação no Brasil, foram definidos como funções cruciais no desenvolvimento de capitalismo brasileiro.

Sem dúvida, devemos acrescentar uma quarta geração, os estudantes brasileiros e estrangeiros de Hasenbalg, Guimarães e outros, influenciados pela situação política e social no Brasil sob o governo do Partido dos Trabalhadores (PT), notadamente o de Lula (Luiz Inácio Lula da Silva). Foi nesse contexto político que se deu o acesso de intelectuais e ativistas negros a algumas posições-chave em Brasília, a fundação de várias instituições e organizações oficiais (como a Seppir) para a luta contra o racismo e a preparação e participação, especialmente também do Movimento Negro, na Conferência Mundial contra o Racismo em Durban, em 2001.

Esses avanços ficaram bastante prejudicados com a grande crise política de 2016, com o *impeachment* da presidenta Dilma Rousseff, do PT, e o golpe da direita conservadora encabeçado pelo vice-presidente Michel Temer, que acabou assumindo o cargo de presidente. Em continuidade ao processo golpista e o seu coroamento, houve a dura sentença de Lula, em 2017, e, finalmente, a eleição do presidente de extrema direita e explicitamente racista, Jair Messias Bolsonaro. Grande parte dessa eleição pode ser explicada em termos do ódio generalizado das classes médias e altas contra as prerrogativas nacional-desenvolvimentistas e populares dos governos de Lula e do PT, precisamente manipuladas pela mídia, em especial pelo jornal *O Globo* (ver Van Dijk, 2017) e pelo *Jornal Nacional*. Todavia, também requerem análise atenta, em termos raciais, o apoio das elites brancas, as mesmas que também votaram contra o aumento da igualdade racial promovido pelo Lula e pelo PT.

Devemos enfatizar que a maioria dos estudos acadêmicos sobre racismo no Brasil, mencionados anteriormente, é influenciada por perspectivas e teorias sociológicas, e, às vezes, antropológicas, e, menos, por outras disciplinas. De fato, muitos se concentram nas relações entre raça e classe, relações raciais, mobilidade social, ocupação e variáveis sociais e, ocasionalmente, na interação cotidiana entre negros e brancos nas comunidades ou nos aspectos culturais dos afro-brasileiros. A maioria dos debates foi sobre aspectos políticos, históricos, macrossociológicos e econômicos das relações raciais e de classe, não sobre os detalhes sutis da interação na vida cotidiana, como aqueles estudados em microssociologia e etnometodologia – fundamentalmente críticos para o funcionalismo da escola de Chicago. Embora interessados no preconceito racial, os detalhes sociocognitivos desse preconceito foram pouco estudados, seja em laboratório ou em campo.

E, embora muitos dos dados empíricos da desigualdade racial sejam discursivos, como é o caso de mídia, discurso político, educação (livros didáticos etc.) ou conversas cotidianas, ainda muito poucos estudos usam os avanços teóricos e metodológicos (de 50 anos) dos estudos do discurso. De fato, este livro é sobre a história do discurso antirracista no Brasil, no entanto, existem poucos estudos focados sistematicamente no discurso racista contemporâneo ou histórico e nenhum discurso antirracista – apesar do papel fundamental do discurso no preconceito, na aquisição e na reprodução de ideologias racistas, e, portanto, no próprio sistema de dominação racista. Em outras palavras, no Brasil, como em outros lugares, os limites das abordagens monodisciplinares, também na Sociologia, impõem limites a nossa compreensão das relações raciais, em geral, e do racismo, em particular.

RESISTÊNCIA CONTEMPORÂNEA CONTRA O RACISMO NO BRASIL (1980-2020)

Uma revisão mais ou menos completa dos estudos e outras atividades contra o racismo no Brasil, a partir dos anos 1980, exigiria trabalho separado, e parte dessa revisão será apresentada no próximo capítulo, quando tratarmos de políticas e discursos sobre ações afirmativas. No entanto, mencionaremos brevemente alguns dos mais destacados acadêmicos e ativistas brasileiros (e estrangeiros) dos últimos 40 anos que contribuíram, especificamente, com extensas pesquisas para nossa resistência ao racismo e compreensão sobre ele no Brasil. Nesta seção, no entanto, fornecemos apenas uma revisão muito breve e nenhum estudo sistemático dos discursos desses pesquisadores, cuja influência no debate e nas relações raciais no Brasil precisa ser estudada separadamente.

Nesta breve revisão, não nos referimos ao grande número de estudos sobre negros, história negra, história da escravidão, cultura negra etc., mas apenas sobre o racismo branco contemporâneo e principalmente sobre a resistência acadêmica e outros discursos que se colocaram contra ele (para estudos detalhados e revisões de pesquisas sobre racismo nesse período, ver, por exemplo, Guimarães, 2004).

Antes de tudo, a maioria dos cientistas sociais mencionados anteriormente era e permaneceu ativa nas décadas de 1980 e 1990, como fica claro em suas publicações já mencionadas. Além desses estudos, centenas de livros e milhares de artigos das últimas décadas, tanto no Brasil quanto internacionalmente, documentaram as diversas formas de desigualdade racial, preconceito e discriminação no Brasil.

Na década de 1980 no Brasil, o historiador, escritor e advogado, membro do Movimento Negro Unificado (MNU), Martiniano José da Silva, publicou um dos primeiros (senão o primeiro) trabalhos científicos com o termo *racismo* em seu título e ofereceu uma análise histórica das várias maneiras pelas quais o racismo era negado e tolerado na história brasileira (Da Silva, 1985).

Já na década de 1970, os sociólogos mencionados anteriormente, assim como o Movimento Negro, se interessavam pela conscientização dos negros, pela pedagogia multirracial e pela educação antirracista. Dessa forma, Manoel de Almeida Cruz (1950-2004) trata em sua pesquisa não apenas do estudo do racismo em várias disciplinas, mas também de estratégias para combatê-lo (De Almeida Cruz, 1989).

Nos anos 1990, devemos mencionar primeiro o Seminário Internacional sobre Desigualdade Racial no Brasil Contemporâneo, realizado no Rio de Janeiro em 1990, uma das primeiras (senão a primeira) conferências internacionais sobre racismo no Brasil (Lovell, 1991), com uma palestra introdutória proferida por Octávio Ianni (1926-2004), autor de inúmeros livros sobre populismo e imperialismo e um dos mais importantes sociólogos de São Paulo. Participaram dessa conferência, entre outros, acadêmicos de destaque como Carlos Hasenbalg, Edward Telles, Fúlvia Rosemberg, Luiza Bairros, Nelson do Valle Silva e Thomas Skidmore. Merece destaque nessa conferência, e, em sua publicação, o uso continuado da noção de "desigualdade racial", que também caracterizou os estudos dos sociólogos de São Paulo mencionados anteriormente. Nenhuma das palestras usava o termo "racismo". Além disso, os tópicos e métodos eram geralmente quantitativos, com muitas estatísticas sobre diferenças entre brancos e negros, por exemplo, no acesso à escola ou com estudos de classificações raciais, posição de mulheres negras ou contato racial. Sem dúvida, esses estudos contribuíram para a contínua pesquisa sociológica sobre relações raciais, e o foco na desigualdade também implicava um sistema de dominação racista. Mas não havia concentração específica no sistema ou na teoria do racismo, e menos ainda em uma luta antirracista comprometida; nem mesmo havia uma versão acadêmica dessa resistência, como descobrimos nos escritos de Nascimento examinados anteriormente.

As publicações de livros sobre racismo no Brasil, no restante da década, se multiplicaram rapidamente, testemunhando um crescente interesse acadêmico por um tópico que antes interessava apenas a alguns (brasileiros e estrangeiros) sociólogos, conforme mencionado.

O historiador George Reid Andrews (1991), em sua influente pesquisa sobre negros e brancos em São Paulo entre 1888 e 1988, oferece não apenas uma história da (lenta) emancipação e avanço dos negros – como seus colegas brasileiros fizeram nos anos 1970 –, mas também documenta as muitas formas de discriminação e exclusão dos negros, especialmente nas primeiras décadas do século XX, bem como sua resistência organizada contra o racismo, especialmente a partir da década de 1960. Curiosamente, ele observa que a discriminação racial, em geral, é causada por preconceito, mas de maneiras distintas, em diferentes momentos e partes do Brasil e dentro de diferentes classes. Por exemplo, como foi encontrado em Essed (1991), ao contrário do que era previsto, quanto mais os negros são educados, mais eles são discriminados em trabalhos predominantemente brancos.

Em 1995, o jornal de grande tiragem *Folha de S.Paulo* (Datafolha) publicou a sua conhecida reportagem sobre "racismo cordial" no Brasil, baseado em dados de entrevistas coletadas durante 6 meses por 700 profissionais. Entre muitos outros dados, o relatório concluiu que 87% dos brancos mostram "intolerância" em relação aos negros (sem explicar o que quer dizer "intolerância"). A conclusão foi de que os brasileiros são "racistas", mas que esse racismo é "cordial", e isso confirmou parcialmente o mito da democracia racial. Vemos, assim, que, pelo menos até meados da década de 1990, a grande imprensa ainda acreditava na atitude generalizada de que o racismo no Brasil é "cordial" (Turra e Venturi, 1995), e essa posição não parece ter mudado nos dias de hoje.

O antropólogo brasileiro-congolês Kabengele Munanga (1940), estabelecido no Brasil desde 1980, contribuiu com muitas publicações sobre negros e racismo no Brasil, além de ações afirmativas na educação e outros assuntos. Em 1996, ele publicou um dos primeiros livros que tratam explicitamente do combate ao racismo, *Estratégias e políticas de combate à discriminação racial*, composto com artigos do "Seminário internacional 'Estratégias e Políticas de Combate às Práticas Discriminatórias'" (São Paulo, 21-24 de novembro de 1995).

Também na década de 1990, a socióloga afro-americana feminista France Winddance Twine (1998) importante estudiosa norte-americana, em seu primeiro estudo estava focada especificamente na manutenção da "supremacia branca" no Brasil, ou seja, nos aspectos que aprimoravam a dominação em termos de cor, com a ênfase irônica na contradição interna de que o racismo brasileiro se dava muitas vezes como uma "democracia racial". Em seu extenso trabalho de campo etnográfico e estudo de histórias de vida sobre práticas discursivas e materiais, ela se pergunta se os afro-brasileiros (com mobilidade ascendente) ainda podem acreditar nessa "democracia racial". Especialmente interessante para a nossa discussão é o engajamento dela pelas dificuldades que os ativistas negros têm em gerar apoio popular entre os negros da classe trabalhadora – uma observação frequente durante as últimas décadas nas relações raciais no Brasil –, incluindo, como vimos, para o Movimento Negro.

No final da última década do milênio, o sociólogo paulista Antônio Sérgio Guimarães, já mencionado, publicou seu primeiro livro sobre preconceito e discriminação racial no Brasil (Guimarães, 1998). Esse estudo original se baseia em uma análise sistemática das queixas sobre discriminação publicadas na imprensa e registradas em delegacias de polícia após ser outorgada a nova Constituição brasileira, de 1988, que declarou a discriminação racista como crime e que, posteriormente, influenciou a sensibilidade e as denúncias antirracistas. Um ano depois, Guimarães (1999) publicou um livro que tratava não apenas do racismo no Brasil, mas também do antirracismo – estudos sociológicos que começaram a debater o tópico "discriminação positiva", sobre a qual abordaremos no próximo capítulo (ver Guimarães, 1996). O livro seguiu um artigo anterior de mesmo título, sendo (um dos) primeiro no Brasil com "antirracismo" no título, escrito quando o autor estava fazendo seu pós-doutorado no Programa de Estudos Afro-Americanos da Universidade Brown (Guimarães, 1995). Além disso, lidando com o mito da "democracia racial", escreve criticamente o seguinte sobre os sociólogos paulistas (ele ainda lecionava na Bahia na época) interessados na desigualdade racial:

(73) O marxismo, que influenciou enormemente o pensamento e as ações de uma fração emergente das classes médias brasileira nas décadas do pós-guerra, em nada alterou esse quadro. Ao contrário, a insistência marxista no caráter ideológico das "raças" - e sua caracterização do racismo como um epifenômeno - apenas emprestou uma tonalidade socialista ao ideal de "democracia racial". Para ser mais preciso, transformou a democracia racial num ideal a ser conquistado pelas lutas de classes. (Guimarães, 1995: 42)

Por outro lado, o autor conclui que foi o Movimento Negro que levou a sério o antirracismo:

(74) Para os afro-brasileiros, para aqueles que se chamam a si mesmos "negros", o antirracismo tem que significar, entretanto, antes de tudo, a admissão de sua "raça", isto é, a percepção racializada de si mesmo e dos outros. (Guimarães, 1995: 43)

No último ano do milênio, o cientista político dos EUA e especialista em estudos africanos, Michael Hanchard (1999), publicou um importante livro sobre política racial no Brasil, com contribuições dos especialistas brasileiros e norte-americanos, Edward Telles, Howard Winant, Michael Mitchell, Peggy Lovell, Carlos Hasenbalg, Benedita da Silva, Thereza Santos, Ivanir dos Santos e Nelson do Valle Silva. Além dos estudos quantitativos anteriores, esta coleção também oferece estudos mais qualitativos de várias disciplinas, sobre temas variados, como a história da escravidão e abolição, segregação residencial, violência relacionada à raça e o papel de ativistas afro-brasileiros, além de fazer uma comparação da discriminação com os EUA.

No mesmo ano, a educadora e, mais tarde, diretora de Programas da ONU no Brasil, Rebecca Reichmann (1999) publicou uma obra internacional sobre relações raciais no Brasil, apresentando estudos sobre as muitas formas de desigualdade racial, classificação por cor, acesso à educação, emprego, saúde e o *status* das mulheres negras. Nesse livro, Guimarães (1999) contribui com um pequeno capítulo sobre medidas para combater a discriminação e a desigualdade racial no Brasil e faz uma provocação por meio de uma pergunta retórica: "Por que a discriminação racial ainda fica impune?" (apesar das disposições da Constituição de 1988) e lista os argumentos usados a favor e contra as ações afirmativas, sobre as quais abordaremos no próximo capítulo.

Mesmo a partir dessa revisão incompleta, vemos que, na década de 1990, os estudos sobre racismo e antirracismo brasileiros se tornaram um tópico de destaque não apenas no próprio Brasil, mas também fora do país, com brasileiros nos EUA (que fizeram um extenso trabalho de campo no Brasil), com quase todos os seus estudos escritos em inglês (além das traduções de pesquisas de estudiosos brasileiros). Por isso, essas pesquisas logo se tornaram internacionalmente conhecidas, tomando parte do debate internacional sobre as formas contemporâneas de (anti)racismo e sobre as políticas contra preconceito e discriminação. No Brasil mesmo, esses trabalhos dos anos 1990 finalmente também significaram a deslegitimação acadêmica do mito da democracia racial, apesar de sua influência até hoje em parte das elites simbólicas, como na política e na imprensa.

Não apenas na academia, mas também na política e na administração, até então pouco interessada no racismo, as atividades (muitas vezes conjuntas) de movimentos sociais e de estudiosos negros finalmente começaram a ter as primeiras respostas. O ex-presidente (1995-2002) **Fernando Henrique Cardoso (1931)**, ex-membro do conservador Partido do Movimento Democrático Brasileiro (PMDB) e, depois, do Partido da Social Democracia Brasileira (PSDB), além de ser um sociólogo de destaque da Escola de São Paulo e assistente de Florestan Fernandes, é frequentemente reconhecido como um "pioneiro" nas relações raciais brasileiras, por causa de suas políticas. Ele é especialista em desenvolvimento na América Latina, por ter realizado um estudo original (de 1960) sobre cor e mobilidade em Florianópolis, e outro sobre escravidão e capitalismo em 1962, entre muitas outras publicações, tendo ainda proferido muitas palestras nos EUA, França e outros países. Embora tenha havido comentários críticos da esquerda sobre suas políticas neoliberais, bem como sobre suas credenciais antirracistas e incipiente trabalho sobre relações raciais, ele não foi apenas o primeiro presidente brasileiro intelectual e sociólogo, mas também conhecia a fundo relações raciais e os Movimentos Negros, tendo facilitado o acesso de intelectuais e administradores negros aos ministérios e agências de Brasília. Em seu primeiro ano no cargo, FHC formou um grupo de trabalho interministerial que deveria propor ações e políticas para o avanço dos afro-brasileiros, o que, em 2003, levaria à criação da Seppir, instituída pelo governo do seu sucessor, Lula. Em 1996, iniciou o Programa Nacional de Direitos Humanos

(PNDH), voltado especificamente para a população negra, bem como para as primeiras políticas de ações afirmativas – embora elas não tenham sido realmente prioridade para FHC e Lula (veja o próximo capítulo; para uma avaliação de seus primeiros trabalhos, ver, por exemplo, Ribeiro, 2011).

Na história do antirracismo contemporâneo no Brasil, a preparação e participação da grande Conferência Mundial contra Racismo, Discriminação Racial, Xenofobia e Intolerância, realizada em Durban, África do Sul (dias antes do 11 de Setembro) é vista como um importante estímulo intelectual e político de debates e políticas mais explícitas e sistemáticas contra o racismo. Enquanto a delegação oficial brasileira que se apresentou em encontros internacionais anteriores, como o da Nigéria durante a ditadura militar – analisado criticamente por Abdias do Nascimento (ver capítulo anterior) –, ainda defendia a ideologia da democracia racial, a nova delegação oficial, em Durban, reconheceu a prevalência do racismo no Brasil e políticas anunciadas de ação afirmativa. Um grande número de grupos e organizações no Brasil, incluindo o Movimento Negro, participou da preparação da conferência, em que o Brasil tinha a maior delegação (para discussões críticas, ver, por exemplo, o comentário do embaixador e membro do Comitê para a Eliminação de Racismo em Genebra, Lindgren Alves, 2002; para o papel da conferência na agenda da MNU, ver Petry Trapp, 2013).

É desde o início do novo milênio que as publicações de livros sobre racismo no Brasil se multiplicam, desta vez com foco no antirracismo e em políticas de combate à desigualdade, ao preconceito e à discriminação racial em todas as esferas da sociedade. Apenas alguns desses livros serão mencionados aqui, enquanto as ações afirmativas e citações raciais serão analisadas no próximo capítulo.

Ressaltamos que, desde 2000, testemunhamos também o surgimento de estudos sobre racismo no discurso público, na mídia e nas telenovelas (Araújo, 2000), além das pesquisas sobre os anúncios na imprensa sobre escravizados negros fugitivos ou sobre as comparações entre o Brasil e os Estados Unidos (Conceição, 2006).

Após o domínio da Sociologia nos estudos das relações raciais, em geral, e do racismo, em particular, agora também encontramos estudos em Psicologia Social, como os trabalhos de Carone, Bento e Piza (2002) – que lidam, entretanto, apenas marginalmente, com abordagens psicológicas

Discurso antirracista no Brasil

sociais típicas, por exemplo, acerca de atitudes raciais e preconceitos. Atualmente, muitas obras tratam do racismo na educação, nas escolas e nos livros didáticos (por exemplo, Castro e Abramovay, 2006; Cavalleiro, 2000; Crestani, 2003; Gomes, 2007). Enquanto a maioria dos estudos sobre racismo e antirracismo no Brasil trata de preconceito e discriminação de brancos contra negros, Jonathan Warren dedica-se a uma pesquisa detalhada sobre o racismo contra a população indígena e seu ressurgimento político (Warren, 2001). No capítulo "Contesting White Supremacy", Warren escreve:

(75)   Embora o nível de racismo seja surpreendente, o que é mais digno de nota nas relações raciais brasileiras não é o grau de supremacia, mas a escassez de críticas antirracistas e mobilização política. A raça geralmente não foi politizada, nem se tornou um mote de mobilização popular e debate nacional. (2001: 234)

Apesar dessa avaliação crítica, é precisamente no mesmo ano, em 2001, e desde a conferência de Durham, que o Estado brasileiro, primeiro sob o governo de FHC e depois sob Lula e Dilma, passou a assumir responsabilidades no combate à desigualdade racial, por meio, também, de estudos de instituições importantes, tal como o Instituto de Economia Aplicada (Ipea) (De Jaccoud, 2009; Reiter e Mitchell, 2010).

Antônio Guimarães, a partir de 2000, continua seus estudos sociológicos sobre o racismo. Atualmente, ele é professor da USP, publicou sua pesquisa sobre *Classes, raças e democracia* (Guimarães, 2002), uma coleção de estudos sobre classe social, raça e pobreza no Brasil, políticas de integração e identidade, o mito da democracia racial e um interessante estudo empírico de ofensas raciais. Publicou, com Lynn Walker Huntley, uma importante coleção de estudos dos mais importantes estudiosos do racismo no Brasil (Guimarães e Huntley, 2000), com seções especiais sobre desigualdade social, o Movimento Negro e o combate ao racismo.

Nos anos seguintes, tanto no Brasil quanto nos EUA, várias outras pesquisas acadêmicas e livros sobre o racismo e o antirracismo no Brasil foram editados. Por exemplo, Reiter e Mitchell (2010) examinam a nova política racial do Brasil, com estudos sobre o empoderamento dos negros, ações afirmativas e a reação contra elas. A escritora e ativista feminista negra Sueli Carneiro (1950), fundadora e diretora do Geledés (Instituto da Mulher

Negra), publicou uma coleção de seus artigos sobre racismo e sexismo no Brasil (Carneiro, 2011). Após 2010, muitos dos estudos tratam de políticas e debates sobre ações afirmativas, a serem revisados no próximo capítulo (para artigos sobre racismo, antirracismo e direitos civis, veja também os artigos de Da Silva Lima, 2019).

Vimos anteriormente que primeiro, sob mandatos de FHC e depois sob Lula, as políticas nacionais de combate à desigualdade racial finalmente tomaram forma, por exemplo, com a criação da Seppir, em 2003. No mesmo ano, Lula anunciou a Política Nacional de Promoção da Igualdade Racial e em 2005 foi realizado um congresso nacional sobre o mesmo tópico (para o qual Paixão (2006) escreveu um manifesto antirracista), organizado por Matilde Ribeiro, secretária especial de Políticas de Promoção da Igualdade Racial.

Finalmente, não podemos deixar de mencionar um debate importante, a ser discutido no próximo capítulo: a reunião parlamentar de 2007, realizada com representantes de ONGs e organizações negras para discutir o Estatuto da Igualdade Racial. O discurso desse debate fornece ideias interessantes sobre estratégias discursivas antirracistas que examinaremos em mais detalhes no próximo capítulo.

CONCLUSÕES

Como procuramos demonstrar neste capítulo, depois da Segunda Guerra, estimulados pela reação internacional contra o nazismo, a segregação do Holocausto, as leis de Jim Crow nos EUA e o interesse da Unesco nas relações raciais alternativas, sociólogos, especialmente em São Paulo, começaram a estudar as supostas relações raciais "cordiais" no Brasil. Eles se concentraram na mobilidade social e nas relações de casta e classe, como foi o caso de Florestan Fernandes – influenciado pelo funcionalismo da Escola de Chicago e de outros estudiosos estrangeiros. No entanto, o trabalho de campo anterior, de Luiz de Aguiar Costa Pinto, realizado para um projeto da Unesco, foi além de uma análise sociológica e focou-se nas questões raciais cotidianas e na interação, nas ideologias da supremacia branca, na negação do racismo e nos aspectos sociocognitivos da conduta negra na vida cotidiana.

Foi somente no final da década de 1970 que os dados estatísticos fornecidos por Carlos Hasenbalg e Nelson do Valle Silva começaram a convencer os sociólogos de que a igualdade racial era realmente uma questão de raça e não de classe. Ao mesmo tempo, a noção de "democracia racial" começou a ser contestada e declarada como um mito e uma forma de negação do racismo pela elite – uma opinião já amplamente compartilhada muito antes pelo Movimento Negro e outros intelectuais negros. De fato, até aqui os sociólogos (na maioria brancos) haviam explicado a discriminação, em parte, como preconceito racial, mas não ainda em termos de um sistema de racismo.

Apenas na década de 1990 e, especialmente, a partir dos anos 2000 começaram a aparecer artigos e livros que tratam explicitamente das muitas formas de racismo na sociedade brasileira, além dos primeiros estudos e políticas acadêmicas e de combate ao racismo – mesmo que modestamente, fora da sociologia, em especial na ciência política e na educação, surgiu, por exemplo, o debate sobre as ações afirmativas, a serem estudadas no próximo capítulo.

Como vimos no capítulo anterior, o antirracismo no século XX foi amplamente definido por debates acadêmicos sobre a pseudociência racista herdada do século XIX, eugenia e ideologias de branqueamento, bem como suas aplicações nas políticas de imigração. Após a guerra, a luta contra o racismo (especialmente encarnada pelo nazismo) tornou imprescindíveis estudos acadêmicos sobre relações raciais, iniciadas pela Unesco, e com foco em relações raciais alternativas no Brasil, supostamente mais cordiais do que nos EUA. Assim, foi devido ao trabalho de campo sistemático entre os negros no Brasil que a tese predominante de "democracia racial" pôde paulatinamente ser declarada como o que realmente era: um mito e uma estratégia de negação do racismo.

Essa predominância de estudos acadêmicos sobre o racismo no período pós-guerra no Brasil, que são a maioria de nossas citações, não deve levar à diminuição do papel de organizações antirracistas negras, como o TEN e a MNU. Elas foram fundamentais na organização dos congressos, incluindo o internacional, em Durban, bem como na conscientização antirracista entre os negros.

Fora da academia, e desde o regime militar, tanto os estudos acadêmicos quanto o Movimento Negro, no final dos anos 1990, tiveram finalmente certa influência na política. Os presidentes FHC e, especialmente, Lula contribuíram para a integração de representantes negros em seus ministérios e agências especiais e, assim, pela primeira vez, deram voz oficial a políticas e iniciativas antirracistas, como a participação maciça do Brasil na Conferência Mundial contra o Racismo, em Durban, e às atividades da Seppir.

Por outro lado, esses desenvolvimentos progressivos também tiveram uma reação, após 2016, com o *impeachment* de Dilma, a traição de seu vice Temer e, especialmente, a eleição de Bolsonaro em 2018. Essa resposta reacionária e racista também explica por que a investigação do assassinato da vereadora do Rio de Janeiro e da ativista negra Marielle Franco, em 14 de março de 2018, recebeu pouco apoio das autoridades; muitas delas associadas às organizações criminosas – uma investigação que foi arquivada pelo Supremo Tribunal Federal (STF) em 2019. Vemos, novamente, que a luta política contra o racismo não tem prioridade, nem entre os políticos, nem entre as elites brancas mais influentes e nem entre a maioria dos eleitores. O assassinato de Marielle e suas consequências, em muitas formas de discurso público nas mídias oficial e social, podem ser vistos como um evento elementar que define o racismo e a resistência antirracista no contexto sociopolítico contemporâneo, especialmente desde a eleição de Bolsonaro, facilitada pela histeria anti-PT da mídia oficial e das elites econômicas (Van Dijk, 2017). Marielle tornou-se, assim, símbolo dos múltiplos movimentos de resistência e discurso contemporâneos de pessoas pobres nas favelas, negros, mulheres, gays e jovens, e de demais setores progressistas, além da adesão da opinião pública internacional (ver Danin, Carvalho e Reis, 2018; Gentili, 2018).

Nesse contexto sociopolítico mais amplo, os estudos acadêmicos sobre racismo começaram a se concentrar no antirracismo, por exemplo, no trabalho de Antônio Sérgio Guimarães e muitos acadêmicos brasileiros e estrangeiros (principalmente dos EUA), enquanto estendem as análises para além da Sociologia funcional tradicional para o Direito, a política, a História, a Psicologia, a Linguística e os estudos do discurso. Infelizmente, estudos sistemáticos do discurso antirracista permanecem na agenda, e sua ausência é a principal motivação deste livro.

Discursos parlamentares sobre ação afirmativa

Em 29 de agosto de 2012, a presidenta Dilma Rousseff assinou a Lei de Cotas, a qual estipula que 50% das vagas para ingresso nas Universidades Federais devem ser reservadas para estudantes de escolas públicas.* Já que a maioria desses estudantes no Brasil é oriunda de famílias das classes populares e médias baixas compostas por majoritariamente pobres, negros e indígenas, a lei defende cotas para estudantes dessas classes sociais.

Como um número bastante reduzido de estudantes negros ingressavam na universidade na década de 1990, essa lei era defendida há décadas pelo Movimento Negro e debatida, desde 1999, em ambas as casas do Parlamento/Congresso Nacional.

Um dado relevante é que, antes de 2000, as universidades não registravam a cor dos estudantes e, portanto, não havia estatísticas precisas. Todavia, os deputados,** membros do Parlamento (MPs), costumam mencionar, no debate sobre as cotas, que apenas 2% de estudantes negros ingressaram universidades nos anos 1990. As estatísticas de 2000 mostraram que os

---

* Este capítulo é dedicado a Paulo Paim.

** Neste capítulo, na tradução brasileira, para evitar demasiadas vezes as formas com *os/as*, infelizmente foi preciso usar a forma gramatical masculina do plural para referir aos membros do Parlamento como coletivo, mas é óbvio que inclui as mulheres do Parlamento.

estudantes negros eram muito menos representados do que as porcentagens relativas de negros da população, em vários estados – por exemplo, havia cerca de 20% de estudantes negros na Universidade Federal do Rio de Janeiro (UFRJ), em um estado com 44% da população negra (Guimarães, 2003).

Apesar da dura oposição, tanto no Parlamento quanto na mídia e nas próprias universidades, é surpreendente o fato de que a lei tenha sido finalmente adotada com apenas um voto negativo. Na verdade, a lei chegou um pouco tarde, pois, desde o início dos anos 2000, várias universidades já haviam desenvolvido diferentes medidas de ação afirmativa para estudantes negros ou pobres.

O presente capítulo é fundamental para discussão proposta, já que analisa propriedades discursivas no debate sobre ações afirmativas, em geral, e sobre esta lei, em particular, na Câmara dos Deputados entre 1999 e 2008 (o debate sobre a lei no Senado entre 2008-2012 não será aqui analisado). Ele contribui para o estudo do vasto debate sobre ação afirmativa no Brasil, concentrando-se na maneira como o discurso político oficial pode expressar atitudes e ideologias antirracistas.

As ações afirmativas e as cotas universitárias para estudantes negros no Brasil têm sido estudadas em muitos artigos, livros e teses, principalmente a partir de 2000. Portanto, um único capítulo não pode revisar toda essa literatura, muito menos analisar todo o discurso público sobre esses temas controversos. Já que a maioria dos estudos anteriores sobre ações afirmativas no Brasil foi realizada nas ciências sociais, políticas e jurídicas, é necessária uma pesquisa mais detalhada e explícita dos discursos desse amplo debate. Estudos anteriores sobre o discurso concentraram-se sobretudo na mídia conservadora, especialmente por causa de seus esforços conjuntos para se opor às cotas. Poucos estudos foram dedicados a uma análise do discurso político oficial, embora tenha sido no Parlamento que ocorreu o debate oficial decisivo sobre cotas.

Cinco anos antes da aprovação Lei de Cotas, em 2007, o Parlamento foi palco de um debate oficial sobre um tema que estava relacionado a essa lei, o Estatuto da Igualdade Racial, do qual participaram não apenas parlamentares, mas também representantes de muitas comunidades, grupos e organizações. Antes de analisarmos os discursos parlamentares sobre a Lei de Cotas, também prestamos uma breve atenção aos discursos do debate sobre o Estatuto, pois ele oferece uma visão de vários tipos de discursos de representantes não políticos sobre ações afirmativas e tópicos relacionados. Outro motivo para prestar atenção ao Estatuto é o fato de ele ser um dos principais tópicos dos debates sobre cotas. Também no debate sobre a Lei de Cotas, vários grupos sociais participaram, por exemplo, das audiências no Senado, em 2008, 2009 e 2011.

O DEBATE SOBRE O ESTATUTO DA IGUALDADE RACIAL

Na memorável data de 9 de setembro de 2009 (09/09/09), o Comitê Especial para o Estatuto da Igualdade Racial da Câmara dos Deputados votou, por unanimidade, uma lei que finalmente garantiria amplos direitos aos negros brasileiros. MPs de todos os principais partidos, assim como representantes convidados de muitas organizações afro-brasileiras, lamentaram, repetidamente, em suas declarações durante as sessões do Comitê, que haviam debatido por mais de uma década antes de finalmente aprovar a lei. Especialmente os participantes negros enfatizaram que a comunidade afro-brasileira não havia esperado 10 anos, mas na verdade por 121 anos – ou seja, desde que a escravidão fora abolida no Brasil, em 1888, o último país a fazê-lo. Esse evento foi celebrado 100 anos depois na nova Constituição de 1988, que definia o racismo como um crime que não poderia prescrever e pelo qual nenhuma fiança poderia ser estabelecida.

O foco oficial dos debates em plenário e comitê foi o Projeto de Lei (PL) nº 6.264, de 2005, do Senado Federal, instituindo o Estatuto da Igualdade Racial. O PL foi apresentado ao Senado, em 11 de novembro de 2005, pelo combativo senador afro-brasileiro (do Rio Grande do Sul) Paulo Paim (1950), autor de muitas iniciativas políticas em favor da comunidade afro-brasileira, membro do PT, e também pelo então presidente Luiz Inácio Lula da Silva, originalmente líder sindical e trabalhador da indústria metalúrgica. Devido ao seu protagonismo, combatividade e relevância nos debates sobre o Estatuto e ações afirmativas, em reconhecimento e agradecimento, este capítulo é dedicado a ele.

Embora os debates do Comitê não sejam *corpus* principal deste capítulo, citamos algumas das intervenções realizadas no momento da sessão extraordinária, em 26 de novembro de 2007, durante a qual todo o Parlamento foi declarado como "Comitê Geral". Além dos deputados, duas dúzias de outros especialistas tomaram a palavra, cada um por cinco minutos, argumentando sobre o Estatuto.

Como o próprio PL também pode ser visto como uma forma de discurso antirracista, apesar de as emendas finais atenuarem algumas de suas intenções e formulações originais, vamos resumir brevemente seu conteúdo, porque é isso que muitos dos oradores na plenária e os debates do comitê se referem ou pressupõem. A versão final do Estatuto foi formulada na Lei n. 12.288, de 20 de julho de 2010, substituindo várias outras leis, e assinada pelo presidente Lula. O artigo 1º (do título I) tem a seguinte redação:

(76)   Esta lei institui o Estatuto da Igualdade Racial, destinado a garantir à população negra a efetivação da igualdade de oportunidades, a defesa dos direitos étnicos individuais, coletivos e difusos e o combate à discriminação e às demais formas de intolerância étnica.

Nesse primeiro artigo é importante a referência à população *negra*, e não à população afro-brasileira ou à população de ascendência africana, fato fundamental em muitos dos debates – porque a questão então é determinar quem deve ser considerado negro. O próximo parágrafo define "população negra" como:

(77)   O conjunto de pessoas que se autodeclaram pretas e pardas, conforme o quesito cor ou raça usado pela Fundação Instituto Brasileiro de Geografia e Estatística (IBGE), ou que adotam autodefinição análoga (§ IV).

Essa definição gerou sérias controvérsias, especialmente sua última parte, já que muitos consideravam a autodefinição arbitrária demais – e dificilmente confiável como critério, porque todos os estudantes que se declarasse "negros" poderiam se beneficiar (do sistema) de cotas. É também interessante que o primeiro artigo não se refere explicitamente ao racismo, mas usa a frase mais eufemística "discriminação e intolerância étnica", especificada no próximo artigo como "discriminação racial ou étnico-racial" e definida em termos de qualquer forma de "distinção, exclusão, restrição ou preferência baseada em raça, cor, descendência ou origem nacional ou étnica [...]". O restante do Estatuto refere-se apenas ao racismo marginalmente, em dois pontos menores, mas não como principal objetivo de seus propósitos antirracistas. Embora o Estatuto preveja direitos e proteção muito mais explícitos para minorias ou imigrantes do que qualquer lei na Europa, ou mesmo em muitos outros países da América Latina, ele mostra a relutância geral dos estados em nomear o racismo de fato. Tanto por razões teóricas quanto políticas, isso pode ocorrer porque, para muitos, o uso do termo *racismo* (aliás, equivocadamente) implica a existência de raças – daí o uso de "discriminação étnica" – também nesse Estatuto, ponto que retomaremos adiante, já que aparece nos debates sobre o sistema de cotas.

O Estatuto declara, em seguida, no artigo 2º do título I, que é obrigação do Estado garantir igualdade de oportunidades e plenos direitos de participação a todos os cidadãos brasileiros, incluindo o uso de políticas de ação afirmativa – outro ponto de debate posterior. Os capítulos do título II do Estatuto tratam de direitos fundamentais, como saúde, educação e cultura, liberdade de crença e religião, acesso à terra e moradia adequada, trabalho e comunicação de massa. O título III trata finalmente do Sistema Nacional de Promoção da Igualdade Racial (Sinapir). Como veremos, as partes do Estatuto que causaram mais controvérsia, pelo menos entre as elites brancas, tiveram a intenção de adotar ações afirmativas – embora as cotas para estudantes universitários não sejam explicitamente mencionadas (elas já são fornecidas em outra lei), por um lado, e os direitos à terra dos quilombos, por outro. O artigo sobre educação menciona que o ensino deve incluir a História geral da África e da população negra do Brasil (que já era uma obrigação em uma lei de educação de 2003, a Lei n. 10.639, assinada por Lula).

Os discursos no debate público, durante a sessão de 2007, normalmente abrem com movimentos (*moves*, em inglês, definido como unidade estrutural de uma estratégia discursiva) de *autoapresentação* controlados pelo contexto (Van Dijk, 2008b, 2009). Nestes movimentos, os oradores não apenas expressam formas de polidez, dirigidas ao presidente do comitê (MP Arlindo Chinaglia), e mencionam aspectos relevantes de sua identidade social e "racial", mas também legitimam seu papel como especialistas e, portanto, como oradores "autorizados" no debate:

(78)   Estou muito satisfeito por estar aqui representando o governo federal na condição de ministra da Secretaria Especial de Políticas de Promoção de Igualdade Racial. (Matilde Ribeiro)

Discurso antirracista no Brasil

(79) Eu sou negro, ferroviário há 27 anos, militante do movimento trabalhista, e poderia começar minha apresentação dizendo que estou extremamente feliz hoje porque estou vindo de Curitiba [...]. (Roque José Ferreira)

(80) Como relatora geral da 3ª Conferência Mundial contra Racismo, Discriminação Racial, Xenofobia e Formas Correlatas de Intolerância, gostaria de reiterar [...]. (Edna Maria Santos Roland)

Matilde Ribeiro, em (78), apresenta-se como ministra da Seppir, a Secretaria Especial criada pelo governo progressista de Lula em 2003, com foco especial em direitos humanos para os negros, que, no entanto, foi depois ignorada pelo governo de direita de Bolsonaro. Edna Maria Santos Roland, em (80), como relatora da Conferência Mundial contra o Racismo, em Durban, em 2001, também é uma representante muito importante da comunidade negra – e mostra que o debate sobre o Estatuto em 2009 foi um encontro crucial.

Ao mesmo tempo, os oradores negros nessa sessão (na sua maioria, homens brancos) enfatizam sua identidade negra e, portanto, seus postos de representantes de uma comunidade e, muitas vezes, como sobreviventes do racismo:

(81) Meu bisavô era escravo, meu avô quase nasceu escravo, minha mãe, que também é negra, tinha pouco conhecimento de sua história, e eu temo que meus filhos e netos terminem seus dias sem conhecer a história do povo africano que veio para cá contra a sua vontade. (Evandro Milhomen, PT)

Histórias pessoais e familiares de experiências de racismo, como em (81), são importantes estratégias discursivas do discurso antirracista. Como é de se esperar, um dos principais temas dos oradores negros é a descrição da história do racismo no Brasil, um dos *topoi* principais de todo discurso antirracista, como vimos nos capítulos anteriores, e que veremos a seguir nos debates do Parlamento sobre ação afirmativa:

(82) O racismo não foi criado por nós, mas pelos brancos. Quando eles disseram que tínhamos que ser escravos, eles criaram o racismo. (Luiz Oscar Mendes)

(83) Sim, somos cidadãos incompletos porque ainda estamos sofrendo os efeitos de uma abolição não resolvida. Pois, durante o período pós-abolição, o Estado não se preocupou em discutir e adotar uma agenda de reparação para os milhões de ex-escravos. Em vez disso, foram abandonados: sem-terra, sem-teto, sem educação ou assistência médica, efeitos que ainda hoje sentimos distintamente entre a atual geração de negros. (Antônio Leandro da Silva)

166

O orador em (83) concentra-se em um aspecto importante da história do racismo no Brasil, discutido nos capítulos anteriores: a abolição, em 1888, libertou escravizados negros oficialmente, mas não fez nada para auxiliá-los posteriormente – uma das razões pelas quais a Lei Áurea nem sempre foi comemorada pelos negros no Brasil e é amplamente considerada uma pseudolibertação. Os participantes brancos, também convidados do debate, tal como o reitor da Universidade de Brasília (UnB) (Timothy Mulholland), fazem referência à história do racismo:

(84)   Os dados apontam claramente que os brasileiros negros, descendentes de escravos africanos, têm sido historicamente os mais marcados pela exclusão, sendo isso ainda mais acentuado para as mulheres negras. Há quase 120 anos, a Lei Áurea foi adotada, mas ainda temos muito o que fazer para garantir o efetivo desfrute da igualdade garantida pela Constituição Federal.

Mulholland, professor norte-americano de Psicologia, refere-se explicitamente à Lei Áurea e enfatiza que, mais de um século depois, ainda há muito a ser feito pelos direitos dos negros. É também interessante em seu discurso o foco específico nas mulheres negras, uma referência menos comum em tais resumos históricos. Como veremos adiante, a UnB se tornou um tópico importante no debate sobre cotas, porque o STF decidiu que seu sistema de cotas era legal, abrindo caminho para a (futura) Lei de Cotas assinada pela presidente Dilma Rousseff em 2012.

Muito produtiva para a nossa discussão sobre os debates parlamentares está a seguinte intervenção, pressupondo e respondendo ao argumento de que a ação afirmativa para estudantes negros introduz a "raça" na sociedade brasileira e, portanto, pode levar à divisão racial no país. O contra-argumento dos oradores negros lembra a plateia dos horrores da escravidão:

(85)   Fomos arrancados da África, mulheres foram estupradas, roubadas, mutiladas e hoje dizem que não devemos falar de raça, ou então dividiremos o Brasil. Que falácia! Que falácia! O Brasil estava dividido há muito tempo, desde que nos arrancaram da África e trouxeram para cá. Essa é a divisão, e agora eles não querem reparar a dívida de séculos que têm conosco. (Luís Osmar Mendes)

Os horrores do comércio de pessoas escravizadas e do sistema de escravidão são enfatizados por uma lista de escolhas linguísticas em (85),

Discurso antirracista no Brasil

começando com a conhecida metáfora de que os negros foram *arrancados* da África (que implica a violência do comércio), assim como o uso de certos verbos (*roubados*, *mutilados*) e especialmente o estupro de mulheres negras. O orador refere-se a um dos argumentos conservadores (exposto por alguns professores) no debate público sobre cotas, a saber: que as cotas para estudantes negros introduzem a "raça" nas políticas oficiais e que isso dividiria o país (ver Maggie e Frei, 2004). Daí sua referência a uma falácia, porque tal argumento pressupõe que não há divisão racial no Brasil atualmente. Outro tópico relevante nessa intervenção é a questão do "reparo" – como um dos argumentos a favor das cotas para estudantes negros (veja a seguir) –, um tópico que também foi relevante nos EUA (veja, por exemplo, Salzberger e Turck, 2004). Outro orador também pressupõe a falácia da suposta "divisão" na sociedade, enfatizando que o Estado é responsável por isso (como vimos nos capítulos anteriores) e, ao mesmo tempo, introduzindo um argumento epistêmico ("Como sabemos?"): a divisão entre branco e preto no Brasil é para todo mundo ver.

(86) De forma alguma fomos nós que criamos o racismo; não fomos nós que dividimos nada - a sociedade brasileira está dividida. Qualquer pessoa séria que percorra qualquer cidade do país vai constatar a separação, vai constatar onde estão os negros e onde estão os brancos. E isso foi promovido pelo Estado. (Paulo César Pereira de Oliveira)

Como é o caso dos debates parlamentares, muitos dos especialistas identificam a mídia conservadora como a principal força de elite contra o Estatuto e a ação afirmativa:

(87) Nossa elite conservadora, cheia de ódio, foi muito esperta. Não estou me referindo a todos, mas a certos setores que sempre nos usam. Se formos contra o movimento, apareceremos na revista *Veja* e na *Rede Globo*, no dia seguinte. Se somos a favor, é considerado uma forma de radicalismo. (Vicentinho)

A referência ao ódio nesse fragmento não é hiperbólica, porque, em 2009, a elite (branca) brasileira já estava acumulando forte resistência emocional contra o presidente Lula e o PT, manipulada em grande parte pela Globo e pela revista *Veja*, e, portanto, também contra o Estatuto e a Lei de Cotas, amplamente defendida pelo PT. Manifestações maciças contra o PT, o *impeachment* da presidenta Dilma Rousseff, em 2016, e a conspiração jurídica (comprovada em publicações do *The Intercept*), que em 2018 levaram à prisão de Lula, foram as consequências desse ódio. Veremos também a seguir que no debate sobre cotas no Parlamento é feita referência frequente à mídia, e especialmente à Globo e à *Veja* – sobre as quais também houve vários estudos (veja a seguir).

Muitos dos argumentos no debate são *topoi* bem conhecidos do discurso antirracista, em geral, e no Parlamento brasileiro, em particular, como citar estatísticas de desigualdade racial, comparações com outros países (como a Índia) que implementaram a cota racial, ou a alegada ameaça de "terríveis consequências" do sistema de cotas (polarização racial do país). Examinaremos essas estratégias discursivas em mais detalhes adiante.

OS PRIMEIROS DEFENSORES DA AÇÃO AFIRMATIVA NO BRASIL

Vimos no capítulo anterior que ainda antes de 2000 o tópico sobre ação afirmativa era debatido no Brasil, às vezes influenciado pelo seu debate nos EUA (ver, por exemplo, Hamilton et al., 2001). Embora não seja o objetivo deste capítulo resumir a história do debate sobre ações afirmativas no Brasil, mencionaremos pelo menos algumas das defesas.

Lei Dois Terços

Vários autores que escrevem sobre ação afirmativa para estudantes negros no Brasil enfatizam que algum tipo de ação afirmativa já havia ocorrido décadas antes, durante o regime de Vargas, por meio da Lei Dois Terços de 1943, que estipulava, em seu artigo 352, que dois terços do pessoal das empresas que prestam serviços públicos deveriam ser brasileiros. De fato, essa lei seguiu antigas exigências de limitar a imigração e o emprego de estrangeiros (ver, por exemplo, Geraldo, 2007; Teles dos Santos, 2012). Durante a ditadura militar, em resposta a denúncias de discriminação, funcionários do Ministério do Trabalho propuseram, em 1968, percentuais variados de trabalhadores "de cor" em diferentes empresas (Teles dos Santos, 2012).

Abdias do Nascimento

Não é de surpreender que os primeiros defensores da ação afirmativa no Brasil tenham sido membros da comunidade afro-brasileira, em geral, e do Movimento Negro, em particular; discriminação também acontece nas admissões nas universidades, principalmente com estudantes negros e impedem a formação de uma elite social negra. Abdias do Nascimento, quando se tornou membro do Parlamento pelo Partido Democrático Trabalhista (PDT) do Rio de Janeiro, em 1983, ainda durante a ditadura militar, foi um dos primeiros a defender ação afirmativa para os negros. Em seu PL n. 1332, de 1983, ele propôs (ver Santana, 2015):

(88)   Ação compensatória destinada a implementar o princípio da igualdade social dos negros em relação aos demais segmentos étnicos da população brasileira, em conformidade com os direitos garantidos pelo artigo 153, da Constituição da República.

No PL n. 3196 de 1984, ele propõe que o Instituto Rio Branco do Ministério de Relações Exteriores reserve 20% das vagas a homens negros e 20%, a mulheres negras, com as seguintes justificativas históricas, políticas e morais que serão muito frequentes neste capítulo e, portanto, apresentaremos de forma/maneira mais detalhada:

(89)   Os africanos que vieram para o Brasil, forçados ao trabalho escravo, assim como seus descendentes, trabalharam por quase cinco séculos construindo este país ao qual se entregaram completamente, sem ódio, sem ressentimento, buscando apenas a grandeza nacional. A Constituição da República, no art. 153 § 1 (1967), garante a igualdade de cidadania e oportunidade a todos os brasileiros, nos seguintes termos: "§ 1º Todos são iguais perante a lei, sem distinção de sexo, raça, trabalho, credo religioso e convicções políticas. Será punido por lei o preconceito de raça. Este princípio não vem sendo observado, notadamente na formação de nossos diplomatas, onde, pelo que se observa, os afrodescendentes foram discriminados; isto é, eles não têm acesso a esses direitos. Tal anomalia requer as necessárias medidas concretas para implementar o mencionado direito constitucional de igualdade racial, garantido aos cidadãos/ãs negros e às negras para o trabalho na carreira diplomática, na sede do Ministério das Relações Exteriores. Por outro lado, é inadmissível que, nos dias de hoje, o Brasil mantenha relações diplomáticas

com cerca de cinquenta países no Contingente Negro, mas ainda não tenha um único diplomata negro em sua sede; isso não pode ser explicado por nenhuma outra razão, a não ser, pela vigência do racismo institucionalizado há séculos nesse setor das nossas atividades institucionais. Portanto, essa matéria tem como objetivo corrigir essa discriminação apontada, reservando quarenta por cento das vagas disponíveis nos processos seletivos (vestibulares) do Instituto Rio Branco para candidatos aprovados de etnia negra.

Obviamente, o argumento de Abdias, de que do Brasil não havia um único diplomata negro na África, era uma acusação muito contundente, em especial devido às críticas que ele fez à ditadura militar, desde que esteve exilado na Nigéria. O fato de a referida falta ser explicada em termos de racismo, em um período em que a política oficial ainda era dominada pelo mito da democracia racial, constituía um desafio à reputação internacional do Brasil. No mesmo ano de 1983, Abdias editou um livro com seus discursos e projetos de ação afirmativa, quando ele era deputado ao Parlamento (Do Nascimento, 1983; ver também Johnson, 2000).

Muitos anos depois, em 2006, Abdias também foi um dos signatários do Manifesto a favor da Lei de Cotas e do Estatuto da Igualdade Racial. As propostas de ações afirmativas nem sempre foram apoiadas por todos os líderes do Movimento Negro, por exemplo, porque foram interpretadas como relevantes apenas para as elites negras (Confins e Sant'Anna, 1996).

BREVE REVISÃO DA LITERATURA
SOBRE COTAS RACIAIS NO BRASIL

Já mencionamos anteriormente que a literatura sobre ação afirmativa ou "cotas raciais" no Brasil é vasta. Poucos temas sociais no Brasil foram tão discutidos em livros, artigos e teses de mestrado e doutorado. A bibliografia de Gaspar e Barbosa (2013) sobre o tema enumera 464 títulos entre 1999-2012. Em março de 2020, o Google Acadêmico listou quase 1.410 artigos e teses com as palavras-chave em português "ações afirmativas" ou "cotas raciais" em seus títulos. Existem ainda mais estudos (15.400) sem essas palavras no título, mas que constam no resumo de artigos ou teses. Mesmo em inglês, existem mais de 100 artigos com "ação afirmativa" (no Brasil) em seus títulos. Ao mesmo tempo (março de 2020), o acervo de pesquisas de mestrado e doutorado da Capes listava 989 dissertações de mestrado e 276 teses de doutorado. Muitas dessas teses fornecem extensas revisões de literatura sobre o tema (ver, por exemplo, Alves da Silva, 2012; Cruz Anhaia, 2019; De Matos Oliveira, 2010; ver ainda os artigos de revisão de Pae Kim e Carneiro Tommasiello, 2018; Vieira Guarnieri e Leal Melo-Silva, 2017. Para revisões em inglês, consulte, por exemplo, Bailey e Peria, 2010; Bailey, Fialho e Peria, 2015; Childs e Stromquist, 2015; Davis, 2014; Lloyd, 2015, Telles e Paixão, 2013).

Além de artigos e teses, desde 2015, existem muitos livros sobre ações afirmativas no Brasil (por exemplo: Amaro, 2015; Artes, Unbehaum e Silvério, 2016; Dos Santos Vieira, 2016; Martins, 2018; Monteiro de Brito Filho, 2013; e em inglês: Cicalo, 2012; Johnson, 2015).

Esses muitos estudos podem ser sobre ação afirmativa, em geral, ou, mais especificamente, sobre políticas públicas, ensino superior, racismo ou aspectos legais e aplicados à ação afirmativa, em universidades ou estados específicos. Interessantes para nossa análise são especialmente os estudos que se concentram em aspectos discursivos das políticas de ação afirmativa. Por exemplo, Batista de Lemos (2017), Camino et al. (2014) e Dall'Igna Ecker e Torres (2015) examinam histórias de estudantes negros, relatando sobre sua experiência com cotas raciais na universidade. Chaves Batista (2014) examina os argumentos nos debates da universidade sobre ação afirmativa. A tese de Da Silva Muniz (2009) estuda aspectos linguísticos da identificação de beneficiários de cotas raciais nos debates de quatro universidades. De Matos Oliveira (2008), De França Neto e Fernandes de Souza (2012) analisam o discurso jurídico sobre ação afirmativa, no STF.

Estudos sobre mídia

Os muitos estudos acerca de debates da mídia sobre o tema são relevantes para nossa análise dos debates parlamentares sobre cotas raciais porque a maioria dos membros do Parlamento conhece ação afirmativa especialmente por meio do intenso debate na mídia, e não por meio de estudos acadêmicos. Como é o caso dos debates gerais e teóricos sobre ação afirmativa, foi o Grupo de Estudos Multidisciplinar da Ação Afirmativa

(Gemaa), liderado por João Feres Júnior, no Instituto de Estudos Sociais e Políticos (Iesp), da Universidade Estadual do Rio de Janeiro (Uerj), que analisou a cobertura da imprensa. Entre outros, estão o artigo metodológico sobre enquadramento na mídia, escrito por Campos (2014), a cobertura de *O Globo* feita por Campos, Feres Júnior e Toste Daflon (2013) e Feres Júnior, Campos e Toste Daflon (2011) e a análise da revista *Veja* feita por Toste Daflon e Feres Júnior (2012). Grande parte deste trabalho é resumida e elaborada no livro de Feres Júnior et al. (2018).

Outros importantes estudos da mídia foram publicados por Apdo Felipe (2014) e Nésio Suttana e Pereira Lutz (2017), sobre a *Veja*; Lima Viane e De Vasconcelos Bentes (2011), sobre *Veja* e *Época*; Guimarães (2016), sobre o jornal *Folha de S.Paulo*; Medina Pereira (2008), sobre *Folha* e sobre *O Globo* on-line; e Silva Santos (2016), sobre um jornal universitário da Universidade Federal de Minas Gerais (UFMG).

Um trabalho bastante específico, que apresenta uma análise do discurso, é o estudo da mídia de Nunes de Araújo Nascimento e Leal Rodrigues (2011) sobre enunciados da *Veja*. Nunes Martins (2012) resume sua tese de doutorado, defendia em 2004, em um artigo baseado em um extenso *corpus* de 1.533 textos midiáticos, dos quais 352 são analisados por meio de categorias do discurso, tais como variação lexical, negação, modalidade, argumentação, metáfora e ironia. Por fim, também dentro de um quadro analítico do discurso, Santos Moya e Silvério (2010) analisam as revistas *Veja, Época* e *IstoÉ*, além dos jornais paulistas *Folha de S.Paulo* e *O Estado de S. Paulo*. As conclusões gerais desses estudos são que, embora, inicialmente, a cobertura tenha sido mais equilibrada, por exemplo, em *O Globo*, a mídia pública relata cada vez mais negativamente sobre a ação afirmativa, especialmente na revista *Veja,* de grande popularidade e divulgação, em especial entre as camadas médias.

O discurso sobre ação afirmativa no Brasil

Vários estudos sobre a mídia no debate referente à ação afirmativa são formulados em termos analíticos do discurso. No Brasil, isso geralmente significa uma análise influenciada pelas abordagens de Análise do discurso de vertente francesa, pois muitos estudiosos obtiveram seu doutorado na

França (ver, por exemplo, Nunes Martins, 2012). Outros estudos acerca do discurso sobre ação afirmativa no Brasil adotam uma abordagem crítica mais internacional, como aquela influenciada pelo trabalho de Fairclough e outros estudiosos dos Estudos Críticos do Discurso (ECD). Embora a maioria dos estudos orientados pelo discurso seja da mídia, vimos anteriormente que outros gêneros foram também examinados, tais como: os relatos de experiências dos alunos (Batista de Lemos, 2017; Camino et al. 2014; Dall'Igna Ecker e Torres, 2015); os debates nas universidades (Chaves Batista, 2014; Da Silva Muniz, 2009; Ferreira Pinheiro, 2010; Morais de Cuadros e Da Silva Jovino, 2016) e o discurso jurídico (De França Neto e Fernandes de Souza, 2012; Riella Benites e Arruda de Moura, 2012).

No âmbito do presente capítulo, são importantes não apenas esses estudos sobre mídia e outros discursos no debate público acerca da ação afirmativa, mas especialmente os poucos estudos sobre discurso político e parlamentar, como o de Alves dos Santos (2014) sobre o *ethos* do deputado Luiz Alberto no Parlamento, estudado no âmbito da tradição francesa de análise do discurso. As poucas outras pesquisas sobre ação afirmativa no Parlamento adotam uma abordagem mais geral, política e ideológica, como as análises dos projetos de lei votados entre 1988 e 2010, realizadas por Fernandes do Nascimento (2012). Este capítulo se concentrará nesse gênero crucial do discurso parlamentar, mas pressupõe uma ampla pesquisa sobre o debate acerca de ação afirmativa no Brasil, sobretudo na mídia. São especialmente relevantes os estudos sobre os argumentos pró e contra a ação afirmativa, utilizados na mídia e nas universidades (ver, por exemplo, Campos, 2014; Chaves Batista, 2014; Feres Júnior, 2004; Fry, 2007; Fry e Maggie, 2004; Maggie e Fry, 2002; Silva, 2017).

O PROCEDIMENTO PARLAMENTAR NA APROVAÇÃO DE UMA LEI DE COTAS

A Lei de Cotas de 2012 levou muito tempo para ser aprovada. Ainda em 1999, a então deputada Nice Libão (1936-), do estado do Maranhão, do Partido da Frente Liberal (PFL, posteriormente chamado Partido Social Democrático, PSD) apresentou o PL n. 73/99, estipulando que 50% das vagas nas universidades deveriam ser reservadas para estudantes oriundos do ensino médio, dependendo do desempenho. Alguns meses depois, o Senado, em seu projeto PL n. 1643/1999, formulou sua proposta da seguinte forma, acrescentando o importante complemento de que as cotas seriam para estudantes de escolas públicas (pobres):

(90) As universidades públicas devem reservar anualmente cinquenta por cento de suas vagas para estudantes, cujo ensino fundamental e médio foi totalmente cursado em uma escola pública.

Após cinco anos de processamento lento do PL n. 73/99, Nice Libão, por intermédio da Comissão Parlamentar de Educação e Cultura (CEC), de um lado, e pela Câmara, de outro, propôs conectar a proposta do Senado ao PL n. 3627/2004. Esse PL estipula que 50% das vagas nas universidades devem ser reservadas para estudantes de escolas públicas, mas que esses 50% sejam distribuídos sobre as porcentagens de estudantes autodeclarados pretos, pardos e indígenas (PPI), dos respectivos estados das universidades, segundo os dados do IBGE. Como veremos, a formulação "autodeclarado", nesse PL, já havia se tornado bastante controversa, quando as primeiras universidades começaram aceitar, de alguma forma, as ações afirmativas no início dos anos 2000. Nesse sentido, as propostas parlamentares oficiais estão em sintonia com o debate mais amplo na sociedade, em geral, e nas universidades, em particular.

Então, muito lentamente seguem-se anos de debates, revisões e emendas nas comissões: Comissão de Educação e Cultura (CEC), Comissão de Direitos Humanos e Minorias (CDHM) e Comissão de Constituição, Justiça e Cidadania (CCJC). Acontecem também vinculações com projetos de lei semelhantes e vários debates em plenário entre 2006-2007, além de um longo debate especial em 20 de novembro (Dia da Consciência Negra) de 2008, no qual o projeto de cotas é finalmente aprovado e enviado ao Senado. Para obter detalhes sobre o procedimento e os muitos projetos de lei relacionados apresentados (e integrados) durante esse período, consulte Cruz Anhaia (2019).

O SENADO

O próprio Senado, que não terá seus debates analisados aqui, foi palco de várias propostas de direitos e igualdade de cotas para os negros, como a da conhecida senadora negra Benedita Souza da Silva Sampaio, do PT, mais conhecida como Benedita da Silva (1942-), do Rio de Janeiro, que mais tarde se tornaria ministra do governo Lula. Em 1998, ela reivindicava cotas para negros (20% homens e 20% mulheres) no setor público, como já havia proposto anos antes Abdias do Nascimento. Foi pela consulta dela como deputada que, em agosto 2020, o Tribunal Superior Eleitoral (TSE) decidiu que os recursos do Fundo Especial de Financiamento de Campanha (FEFC) deveriam ser distribuídos a partir de 2022 pelos partidos de forma proporcional entre as candidaturas de brancos e negros.

Desde 2001, o Senado costuma debater cotas para estudantes negros, começando com um PL do senador e ex-presidente José Sarney (1930-) (PMDB) que reserva pelo menos 20% de vagas para estudantes negros, tanto em universidades públicas quanto em universidades privadas, uma proposta que foi frequentemente defendida por ele.

Sebastião Rocha (1958-) (PDT) e, especialmente, Paulo Paim (1950-) (PT), representam, sem dúvida, a principal voz do Parlamento brasileiro em favor de cotas e políticas antirracistas. Merece destaque a iniciativa de Paulo Paim para a criação do Estatuto da Igualdade Racial, discutido anteriormente.

Em 2008, após vários apelos de Paim, as comissões do Senado iniciam os debates sobre o PL n. 180/2008, que versa acerca das cotas nas universidades federais. Em 16 de junho de 2010, o plenário do Senado finalmente aprovou o Estatuto da Igualdade Racial de Paim. Após a decisão positiva do STF sobre a legalidade das cotas, em 7 de agosto de 2012, foi finalmente adotado o PL n. 180/2008, que garante 50% das vagas disponíveis nas universidades federais para estudantes de escolas públicas.

Duas semanas depois, em 29 de agosto de 2012, a presidenta Dilma Rousseff assinou a Lei de Cotas (Lei n. 12.711/12). Enquanto isso, há mais de dez anos a maioria das universidades já havia implementado as disposições da lei. O consentimento político formal seguiu anos de discussões e práticas na sociedade em geral, após um vigoroso debate tanto na Câmara quanto no Senado.

O DEBATE NA CÂMARA DOS DEPUTADOS: O *CORPUS*

Embora o debate sobre a Lei de Cotas tenha começado quando Nice Lobão apresentou seu PL n. 73/99, nossa análise começa no Dia da

Consciência Negra, em 20 de novembro de 2000, data de um memorável discurso do deputado Paulo Paim, anunciando a III Conferência Mundial contra o Racismo, em Durban, para o ano seguinte. Nessa ocasião, o parlamentar sintetizou a vasta desigualdade histórica presente em todos os níveis da população negra, além de apresentar seu Estatuto da Igualdade Racial. Ao mesmo tempo, Paim defendeu cotas para estudantes negros. Embora a partir de 2012 a Câmara também discuta sobre vários aspectos das cotas, nosso *corpus* termina em 8 de agosto de 2012, um dia após a aprovação do projeto no Senado, com um discurso de Jeanette Rocha Pietá, do PT, em comemoração à nova lei. Mesmo que a lei tenha sido aprovada na Câmara em 2008, quando foi enviada ao Senado, incluímos em nosso *corpus* os debates entre 2008 e 2012, porque nesse período existem intervenções sobre cotas na Câmara que podem ter influenciado o debate no Senado.

Está incluída no *corpus* qualquer intervenção na qual as palavras "cota(s)" e/ou "ação/ações afirmativa(s)" são mencionadas. Obviamente, isso não significa que todo o discurso ou toda a sessão seja dedicada ao tópico sobre cotas.

Números de discursos

Entre 2000 e 2012, totalizam-se 1.279 discursos nas sessões plenárias da Câmara (Câmara dos Deputados do Congresso Nacional) categorizados sobre racismo e ações afirmativas pela presidência da Casa. Desses discursos, 1.248 realmente mencionam a palavra "racismo" ou "racista(s)", enquanto 323 discursos mencionam especificamente "cota(s)" e/ou "ação(ões) afirmativa(s)". Este é o último *subcorpus*, de 323 discursos, que será analisado aqui. Desse *subcorpus*, um pouco menos da metade (146) faz referência uma única vez a cotas e, portanto, faz menção apenas marginalmente sobre o tópico – como veremos em mais detalhes adiante. Por outro lado, 74 discursos mencionam cotas cinco ou mais vezes e, portanto, provavelmente são referências mais intensas do que apenas uma passagem – e, portanto, merecem atenção especial a seguir.

Sessões

Os 323 discursos gravados sobre cotas ocorreram em 320 sessões, em 311 datas diferentes. Em outras palavras, a discussão acerca da ação afirmativa, durante esses 12 anos, foi bastante frequente.

Oradores e partidos

Nestes 323 debates, 142 diferentes oradores masculinos tomaram a palavra. Os seguintes deputados tomaram a palavra cinco ou mais vezes: Luiz Alberto (PT-BA) (19), Reginaldo Germano (PFL/PP-BA) (16), Daniel Almeida (Bloco/PCdoB-BA) (13), Carlos Santana (PT-RJ) (12), João Grandão (PT-MS) (12), Paulo Paim (PT-RS) (9), Gilmar Machado (PT-MG) (9), Pedro Wilson (PT-GO) (8), Amauri Teixeira (PT-BA) (8), Alceu Collares (PDT-RS) (5), Amauri Teixeira (8), Ivan Valente (PSOL-SP) (7), Dr. Rosinha (PT-PR) (7), Eduardo Valverde (PT-RO) (6), Eudes Xavier (PT-CE) (5), João Mendes de Jesus (PRB-RJ) (5), Márcio Marinho (PRB-BA) (5). São 30 as oradoras que tomam a palavra (não é de surpreender que as mulheres sejam uma minoria parlamentar no Congresso brasileiro), das quais cinco ou mais vezes: Benedita da Silva (PT-RJ) (5), Janete Rocha Pietá (PT-SP) (5), Manuela d'Avila (Bloco/PCdoB) (5), Zelinda Novaes (PFL-BA) (5). Os frequentes oradores sobre cotas são quase todos do campo, progressistas de esquerda e, especialmente, do partido do governo, o PT.

Palavras

Embora este estudo não seja de análise de conteúdo nem uma aplicação detalhada da linguística de *corpus* (quantitativa), vamos resumir brevemente alguns dos aspectos quantitativos dos debates. Os 323 discursos são expressos com 479.930 palavras (das quais 25.344 são palavras diferentes) e, portanto, cada discurso teve uma média de 1.485 palavras, incluindo breves intervenções de outros deputados. Por exemplo, o discurso crucial de Paulo Paim, no Dia da Consciência Negra (22 de novembro de 2000), focado extensivamente em ação afirmativa, apresentou 2.825 palavras e, provavelmente, teve duração de 20 minutos. Dois anos depois, em 26 de março de 2002, Paim faz outro discurso ainda mais longo, de 3.334 palavras.

Em outros tópicos, discursos muito mais longos foram realizados nesses 12 anos, como foi o caso de Eudes Xavier (PT-CE), em 10 de abril de 2008, cujo discurso sobre políticas públicas para a juventude – aliás, apenas mencionando cotas – foi de 13.689 palavras.

Um debate de 10.000 palavras, iniciado pela deputada negra Janete Roche Pietá (PT-SP), em 5 de maio de 2011, sobre gênero, é bastante importante para este capítulo. A deputada mostra extensivamente a sub-representação imoral por uma década de mulheres no Parlamento brasileiro (8,7%) – um percentual que apenas atinge 15% no Parlamento recém-eleito, em 2019. Ainda mais relevante, de forma direta, foi seu discurso de 6.836 palavras, em 5 de agosto de 2008, sobre a história da escravidão no Brasil e sobre o atual *Estatuto da Igualdade Racial,* bem como sobre as cotas para estudantes negros. Mais uma vez, a esquerda e, especialmente, as poucas mulheres e homens negros na Câmara, mantiveram vivo o tópico sobre os direitos dos negros. Para os 323 discursos, as seguintes palavras (não gramaticais) do conteúdo aparecem com mais frequência (Tabela 1).

Tabela 1 – Frequência de palavras nos debates sobre cotas (N> 400).

brasileiro(s)	2.677	ano(s)	906	movimento	598
negro(s)	2.671	governo	888	público	578
presidente	1.908	sociedade	878	povo/nação	536
política(s)	1.697	discriminar/-ação	821	ações	519
deputado(s)	1.644	Estado	807	estatuto	508
Brasil	1.598	Casa (Câmara)	787	combate	477
país	1.360	trabalho	783	Lula	458
racial	1.349	população	854	pessoa(s)	444
mulher(es)	1.162	lei	705	branco(s)	438
igualdade	1.117	educação	699	afro	430
social	1.138	cota(s)	785	vida	427
nacional	992	federal	673	cultura	426
luta(s)	948	projeto	636	escolaridade	424
universidade(s)	918	discriminação	630	história	418
racismo	915	direito(s)	608		

Algumas das altas frequências de palavras na Tabela 1 são amplamente contextuais, por exemplo, quando os deputados se referem a si mesmos como deputado(s), ao presidente da Câmara, ao governo ou à própria Câmara (Casa). Outras são típicas de qualquer debate no Congresso, como é o caso de palavras como *Brasil, país, nacional, população, Estado, direito, público, pessoas, federais, brasileiros*. Muitas outras palavras frequentes denotam, como esperado, aspectos elementares do próprio tema das cotas, tais como *negro(s), raça, igualdade, universidade(s), cota(s), educação, discriminação, direito(s), luta, ações, estatuto, brancos, afro e educação*. Da mesma forma, algumas combinações de palavras podem ser esperadas, por exemplo, em cotas, como é o caso de *políticas públicas* (307) ou *ações afirmativas* (218).

Além dessas frequências de palavras isoladas, é claro que é mais interessante investigar as colocações que mais aparecem, como já fizemos para pares como *políticas públicas* ou *ações afirmativas*. Assim, se os parlamentares falam sobre cotas, em que cotexto imediato o fazem? Em vez do cotexto prático, mas arbitrário, de (digamos) dez palavras que vêm antes e depois de cada uma, como usado em muitos estudos de *corpus*, é mais relevante considerar orações inteiras ou até parágrafos como cotexto, por razões semânticas óbvias de ter um significado completo. Novamente, existem poucas surpresas aqui, porque a palavra *cotas* aparece 129 vezes, como parte da expressão de *sistema de cotas*. Geralmente, coloca-se um verbo ou nominalização, que se refere à instituição ou ao uso de cotas, como por exemplo, em:

não implementação do sistema de cotas
estabelecimento de cotas
o sistema de cotas estabelecido
política de cotas
proposta de cotas

A palavra *cotas* geralmente é seguida por frases que indicam onde (por exemplo, qual universidade) e para quem as cotas foram ou devem ser estabelecidas:

cotas nas universidades e no local de trabalho
cotas para negros em universidades públicas
cotas para acesso dos negros às universidades
cotas para a população negra
cotas designadas para afrodescendentes

Mais interessantes são aquelas colocações que afirmam o sucesso ou os problemas das cotas, como contribuições significativas para o debate:

Cotas não resolverão os problemas de nosso povo negro.
O plano para o sistema de cotas é amplo e possui aspectos positivos, mas também pontos inaceitáveis.
O sistema de cotas não é realmente a única solução para estudantes negros.
O que os defensores das cotas fazem é adicionar o número de pessoas pardas ao número de pessoas negras.

É nesse ponto que uma análise quantitativa não produz dados mais interessantes, também porque significados muito semelhantes podem ser formulados em expressões ligeiramente diferentes – que não fornecem muita relevância quantitativa, além de triviais, como a frequência de expressões como *sistema(s) de cotas*. Para a análise das opiniões ou argumentos positivos e críticos sobre a cota, precisamos de uma abordagem de características prioritariamente qualitativas.

RUMO A UMA ANÁLISE QUALITATIVA

Uma análise detalhada, sistemática e explícita dos 323 discursos parlamentares, como uma contribuição para este livro sobre o discurso antirracista, só faz sentido se focarmos em estratégias relevantes do discurso, que funcionam e podem ser interpretadas como antirracistas. Apesar dos capítulos sobre história do discurso antirracista no Brasil anteriores, não existe uma lista estabelecida de estratégias antirracistas. Além disso, elas dependem do *contexto sociopolítico* e *histórico*, do *contexto comunicativo* (pragmático) e do *cotexto local e global* (ou seja, depende das relações dentro do texto mesmo).

O contexto comunicativo de um discurso parlamentar – parte de um debate parlamentar – é obviamente diferente daquele de um artigo na imprensa – elemento de um debate na mídia –, ou de uma discussão sobre ação afirmativa em uma reunião acadêmica, ou de uma conversa informal entre estudantes sobre o tópico.

Um discurso parlamentar não é apenas mais estritamente controlado pelos temas oficiais em questão, mas também pelo então presidente da Câmara. Contextualmente, as estratégias do discurso antirracista, no

Parlamento, podem estar intertextualmente relacionadas ao texto e discursar sobre ação afirmativa, fora do Parlamento, especialmente na mídia de massa. E, de modo cotextual e interacional, uma estratégia do discurso antirracista pode ter uma função como reação a fragmentos anteriores (racistas ou antirracistas) do mesmo debate, ou intertextualmente aos debates parlamentares em andamento sobre ação afirmativa em geral (para discurso parlamentar, veja Ilie, 2010; para debates parlamentares sobre imigração, racismo etc., veja Wodak e Van Dijk, 2000; para o papel do contexto pragmático nos debates parlamentares, veja Van Dijk, 2008a).

Isso significa que não apenas o antirracismo em geral é bastante sociocontextual e historicamente variável, como vimos nos capítulos anteriores, mas também que funciona contextualmente e cotextualmente: isso depende (também) de quem está falando, quando, onde, para quem, com que propósitos e a quem responde – entre outras condições contextuais, tais como conhecimentos, atitudes e ideologias do locutor. Assim, vimos que a maioria das intervenções no debate sobre ações afirmativas foi feita por MPs de esquerda, por exemplo, do PT, com uma voz especial das (poucas) mulheres e homens negros no Parlamento – cuja postura antirracista seria geralmente esperada e pressuposta por outros MPs.

Como não existe uma lista estabelecida de estratégias preferenciais do discurso antirracista, nossa análise, embora parcialmente apresentada nos capítulos anteriores, será amplamente exploratória. Algumas primeiras sugestões foram formuladas em nossa breve análise de algumas das propriedades do debate sobre o Estatuto da Igualdade Racial. Assim, normalmente, os oradores lembrarão os horrores do sistema de escravidão ou as muitas formas subsequentes de discriminação e opressão racistas, utilizando como um dos argumentos da ação afirmativa a reparação histórica. Ao mesmo tempo, podem enfatizar as muitas formas contemporâneas remanescentes de discriminação racista na sociedade brasileira. Como expressão típica da ideologia antirracista polarizada, os oradores podem enfatizar não apenas os aspectos "bons" dos negros, mas principalmente os aspectos "ruins" de seus oponentes no debate sobre ação afirmativa, tanto no Congresso quanto na imprensa (para tais estruturas de discurso ideológico polarizado, veja Van Dijk, 1998).

Entre os muitos outros movimentos (*moves*) que observamos, podemos encontrar argumentos a favor da ação afirmativa em comparações com outros países, como EUA, Índia e África do Sul. De fato, são mais relevantes, e de maneira mais geral, os muitos argumentos a favor da ação afirmativa, bem como os contra-argumentos que contestam os argumentos em oposição à ação afirmativa – muitos dos quais já foram discutidos na literatura sobre o debate da mídia sobre ação afirmativa.

Nossa análise qualitativa se organiza da seguinte forma: como sempre, começamos com uma análise global dos principais tópicos, definidos em termos de macroestruturas semânticas (Van Dijk, 1980). Essa análise nos dá uma primeira ideia sobre o que globalmente os parlamentares falam, seja sobre cotas ou tópicos relacionados, tais como racismo e antirracismo. Alguns desses tópicos são tão fundamentais e frequentes que precisam de análises mais detalhadas, como é o caso da história da escravidão e do racismo no Brasil.

Em segundo lugar, também no nível mais global, atendemos a estruturas mais esquemáticas, nomeadas como argumentação, especialmente aquelas a favor de cotas, ou contra-argumentos discordantes daqueles argumentos contra cotas, seja no próprio Congresso, na mídia ou nas universidades.

Em terceiro lugar, várias análises mais locais se concentrarão na representação do grupo negro, por um lado, principalmente pelos parlamentares negros, e por outro lado, em seus oponentes sociais, como a mídia. Como os debates no Congresso são quase sempre ideológicos e apresentam uma polarização entre NÓS e ELES, uma análise mais detalhada da representação discursiva de grupos de ingresso e subgrupo e seus atores visa contribuir para uma análise ideológica dos debates.

Em quarto lugar, outras formas de análise semântica local são o estudo dessas implicações, pressuposições, metáforas e outras estruturas ou estratégias semânticas.

TÓPICOS PRINCIPAIS

A Linguística tradicionalmente se concentra nas estruturas gramaticais como cláusulas e orações e tende a ignorar estruturas específicas de texto ou a falar além da oração, como coerência, estruturas de parágrafos, turnos e estratégias de conversação, estruturas de narrativa e argumentação, entre muitos outros aspectos (para mais detalhes, ver, por exemplo, Tannen, Hamilton e Schiffrin, 2015; Van Dijk, 2011).

Macroestruturas

Uma dessas estruturas típicas de discursos completos são as *macroestruturas semânticas*, conhecidas informalmente como tópicos, assuntos ou temas: do que se trata o discurso globalmente falando. Nós as definiremos brevemente aqui porque nem todas as abordagens do discurso explicitam estruturas tão importantes. As macroestruturas são dimensões discursivas cruciais por vários motivos. Primeiro, elas permitem que os usuários da linguagem planejem, executem, controlem e compreendam sequências complexas de orações ou turnos. De um modo geral, as macroestruturas são mais lembradas e, portanto, exercem grande influência nos interlocutores. Uma macroproposição permite que os usuários da língua garantam que uma sequência de sentenças não seja apenas local ou sequencialmente coerente, mas que seja também globalmente coerente. Embora as macroestruturas definam o(s) significado(s) global(ais) de um discurso e, portanto, não possam ser observadas diretamente, elas às vezes estão expressas no discurso, por exemplo, em títulos, manchetes e resumos, em geral no início ou no final de um discurso, um parágrafo, uma seção ou um capítulo.

Essa teoria geral das macroestruturas semânticas (Van Dijk, 1980) obviamente também se aplica à análise dos debates parlamentares. De fato, a maioria dos discursos no Parlamento brasileiro é precedida por um breve resumo, expressando os principais tópicos de um discurso. E ao planejar e executar seus discursos, às vezes longos, os parlamentares só conseguem fazê-lo quando planejam globalmente o que falarão: os principais tópicos de seu discurso – quaisquer que sejam os detalhes locais do discurso real. Eles mostram principalmente esse planejamento global no próprio discurso, em geral no início de sua intervenção e após os movimentos polidos de cumprimentar o presidente do Parlamento, os outros deputados ou convidados variáveis: eles geralmente se expressam de maneira metadiscursiva sobre o que falarão globalmente, ou seja, expressando no próprio texto a macroestrutura semântica ou o significado global do discurso em andamento. Essa macroestrutura – que pode consistir em uma ou mais macroproposições – é também a mais lembrada pelos outros deputados e, portanto, serve de base para suas próprias intervenções, interrupções ou discursos subsequentes. Um tópico o macroproposição é expresso normalmente como uma cláusula inteira, como, por exemplo: "Cotas ajudam estudantes negros". Usamos a palavra *tema* para nos referir a um assunto geral e definir uma classe de discursos expressa em apenas uma palavra, como *cotas, universidade, estudantes* etc.

Análise global

Além do que já mencionamos, para nossa própria análise qualitativa de 323 discursos, de cerca de mil páginas impressas, é necessário um primeiro passo de análise global a fim de controlar a vasta quantidade de informações contidas em um debate de mais de 10 anos. Portanto, como também ocorre no próprio Parlamento, podemos resumir os debates com orações que expressam suas macroestruturas semânticas, assim como um *lead* pode resumir uma reportagem ou notícia, ou um resumo de um artigo acadêmico. Tanto no discurso escrito quanto no oral, a unidade típica que expressa as orações sumarizadas por uma macroproposição, ou um tópico, é o parágrafo. Uma mudança de tópico, por exemplo, sinalizada por uma mudança de horário, local, participantes ou ação, geralmente coincide com uma mudança de parágrafo – como acontece na transcrição dos debates (para detalhes de tais "episódios" no discurso, ver Van Dijk, 1982). Os 323 debates apresentam cerca de 10 mil parágrafos. Cada um deles ou, algumas vezes, vários desses parágrafos, pode ser resumido por uma macroproposição ou tópico, como, por exemplo: "A escravidão ainda tem influência hoje" ou "Os negros são discriminados em todas as áreas da sociedade" ou "A maioria dos estudantes negros não pode ir para universidade". Embora as macroproposições, estritamente falando, sejam únicas para cada discurso, algumas são tão semelhantes que podemos considerar como pertencentes aos "mesmos tópicos", em diferentes discursos. Por exemplo, muitos parlamentares (especialmente negros) falam sobre como os negros foram brutalmente arrancados da África, maltratados violentamente pelos senhores de escravizas e continuam a sofrer preconceito e discriminação ainda hoje, conforme visto anteriormente. Nessa base teórica e metodológica, podemos resumir de modo global os discursos em termos de tópicos e subtópicos principais (além de saudações iniciais e finais, agradecimentos e outras partes dos discursos que dependem do contexto).

Observe que esses resumos globais em termos de tópicos não são um procedimento formal – que poderia ser feito por um computador –, mas relativamente subjetivo: é crucial que o significado de (sequências de) sentenças ou parágrafos possa ser semanticamente subsumido pela macroproposição. Também deve ser enfatizado que as macroproposições listadas abaixo representam significados globais reconstruídos por nós, e não cláusulas ou sentenças reais dos debates. Em outras palavras, são como resumos (fragmentos) do debate. Nós os ordenamos por temas principais relacionados hierarquicamente (Racismo, Racismo no Brasil etc.).

RACISMO

T0.   Existe um racismo generalizado contra os negros no mundo.

T0.1. Existe racismo nos EUA, África do Sul etc.

T0.2. Existe ação internacional contra o racismo.

T0.3. Aconteceu/Acontece, em Durban, uma conferência mundial contra o racismo.

T0.4. Negros no Brasil são solidários com resistência internacional contra o racismo.

RACISMO NO BRASIL

T1.   Existe racismo no Brasil.

    T1.1. O racismo no Brasil costuma ser velado.

    T1.2. Existe preconceito contra negros no Brasil.

    T1.3. Negros são discriminados em todos os domínios sociais no Brasil.

        T1.3.1. Os negros são discriminados em empregos, educação, mídia etc.

    T.1.4. Todas as estatísticas mostram que os negros são discriminados no Brasil.

HISTÓRIA DO RACISMO NO BRASIL

T2.   O racismo contemporâneo contra os negros tem suas raízes na escravidão.

    T.2.1. Escravizados negros foram trazidos à força da África.

    T.2.2. Escravizados negros foram terrivelmente maltratados por proprietários de escravizados.

    T.2.3. Os negros resistiram heroicamente à opressão.

        T.2.3.1. O grande herói negro é Zumbi dos Palmares.

T3.   Após a abolição, os negros são discriminados até hoje.

T4.   Democracia racial é um mito.

    T4.1. Algumas pessoas e grupos ainda acreditam nesse mito.

        T4.1.1. Alguns meios de comunicação ainda acreditam nesse mito (e negam o racismo).

RESISTÊNCIA CONTRA O RACISMO NO BRASIL

T5. Nós (devemos) resistir contra todas as formas de racismo e desigualdade racial.

 T5.1. Os negros resistem a todas as formas de racismo e desigualdade racial.

  T5.1.1. Negros e outros MPs comemoram dias especiais para negros.

   T5.1.1.1. Negros e outros MPs comemoram o Dia da Consciência Negra (20 de novembro).

   T5.1.1.2. Negros e outros MPs comemoram o Dia Nacional de Combate ao Racismo (10 de maio).

   T5.1.1.3. Negros e outros MPs comemoram o Dia Internacional para a Eliminação da Discriminação Racial (21 de março).

 T5.2. O Parlamento deve tomar medidas contra o racismo e a desigualdade racial.

  T5.2.1. Parlamento está debatendo várias leis antirracistas.

   T5.2.1.1. O Parlamento está debatendo *o Estatuto da Igualdade Racial.*

 T5.3. O(s) Governo(s) deve(m) tomar medidas contra o racismo e a desigualdade racial.

  T5.3.1. Presidente Lula favoreceu a luta contra o racismo.

  T5.3.2. Muitas das iniciativas antirracistas são devidas ao Movimento Negro.

AÇÕES AFIRMATIVAS

T5.4. Ação afirmativa é uma forma importante de combater a desigualdade racial.

 T5.4.1. As cotas para estudantes negros são uma forma importante de ação afirmativa.

 T5.4.2. Mais estudantes negros nas universidades possibilita a eles um futuro melhor.

 T5.4.3. Mais estudantes negros nas universidades é bom para o país.

 T5.4.4. A maioria da mídia é contra cotas.

 T5.4.5. Alguns professores também são contra cotas.

 T5.4.6. As cotas em outros países são um sucesso.

 T5.4.7. Cotas já implementadas no Brasil são um sucesso.

 T5.4.8. O STF declarou cotas constitucionais.

 T5.4.9. Há um grande debate social sobre cotas.

 T5.4.10. As cotas são uma das maneiras pelas quais o Brasil pode reparar seu passado racista de escravidão.

 T5.4.11. Antes das cotas havia muito poucos estudantes negros nas universidades.

T5.5. Nós precisamos (Parlamento precisa) legislar / ação afirmativa.

T5.6. O governo (Lula) inicialmente se opôs às cotas raciais.

Esta lista de tópicos dá uma primeira impressão do que os deputados falam nos seus discursos. Embora não necessariamente nessa ordem, existe alguma lógica semântica e conceitual dos tópicos. Mesmo quando o foco está em um tópico mais específico, como cotas, os oradores o veem e apresentam como parte da resistência contra o racismo e a desigualdade racial, primeiro na educação, e, de forma geral, na sociedade, explicados em uma perspectiva histórica. Cada um desses tópicos pode ser desenvolvido em muitos detalhes, como a história do tráfico de pessoas escravizadas e o sistema de escravidão, a resistência das pessoas escravizadas, bem como os muitos fatos estatísticos da desigualdade racial em vários domínios da sociedade atual.

Dado o detalhe de alguns desses discursos, é improvável que sejam espontâneos, exceto quando são interrupções de outros discursos (preparados, bem documentados). Embora existam discursos que mencionem apenas cotas ou ação afirmativa, a maioria dos discursos que compõem o *corpus* trata de pelo menos alguns dos tópicos mencionados acima, especialmente nos vários dias da celebração antirracista.

Embora a lista de tópicos ofereça uma ideia geral do que os parlamentares falam em seus discursos, a macroanálise não oferece muita percepção de como exatamente o fazem localmente em cada sentença ou parágrafo. Portanto, vamos examinar alguns desses tópicos com mais detalhes locais antes de começarmos com uma análise sistemática das estratégias locais do discurso antirracista.

A história do racismo

Como é o caso de muitos tipos de discurso de resistência, por exemplo no feminismo, uma das primeiras estratégias discursivas antirracistas são referências à história do movimento antirracista e abolicionista e à luta contra o racismo e a escravidão no passado. Tais movimentos não apenas lembram outros parlamentares do passado e tornam o passado relevante para o debate de hoje, mas também têm várias outras funções, como a continuidade histórica da luta contra o racismo, bem como uma justificativa histórica "reparação" da ação afirmativa para estudantes negros, na contemporaneidade. Aqui estão algumas das muitas referências ao passado da escravidão, por exemplo, referindo-se criticamente a historiadores (brancos) – um dos argumentos padrão (*topoi*) no discurso antirracista:

Discursos parlamentares sobre ação afirmativa

(91) Segundo os historiadores, a independência brasileira aconteceu quando mais da metade de sua população era ainda escrava. Dos 500 anos do País, pelo menos 350 foram historicamente de escravidão. "O tráfico de escravos foi o maior negócio de importação brasileira até 1850. Comprar pessoas para estabelecer diferenças foi o principal empreendimento deste país". (Citado pelo historiador Manolo Florentino. Em *Veja*: *o passado que o Brasil esqueceu*. ano 29, n. 20, 1996, p. 65.) (Dr. Rosinha, PT-PR, 20/11/2002)

(92) Notamos que os historiadores brasileiros são brancos. Eles não têm uma defesa que os lembre da história dos negros no Brasil. A História do Brasil foi escrita por brancos. Não há registro, não há absolutamente nada neste País. E carregamos essa cruz com fé e muita esperança, mas sempre com revolta e inconformismo em nossa alma, como foi o caso do próprio Zumbi. (Alceu Collares, Bloco PDT-RS, 28/11/2002)

Normalmente, os MPs negros apresentam sua própria história de racismo e escravidão no Brasil. Então, à primeira vista, é estranho que Dr. Rosinha em (91) se refira a um historiador, particularmente citado na criticada *Veja*, que é contra as cotas. No entanto, o historiador Manolo Florentino é negro e professor de destaque na UFRJ, sendo especialista em História da escravidão – e o artigo da *Veja* argumenta que essa história é geralmente esquecida. Nesse caso, é especialmente o aspecto econômico da escravidão que está centrado num subtópico pouco debatido no Parlamento.

Não é de surpreender que a própria palavra *história* esteja entre as palavras-chave mais frequentes (N = 418) do debate. São relevantes, por exemplo, os fragmentos a seguir; o primeiro do próprio Paulo Paim, lembrando o tempo todo os parlamentares da história do racismo brasileiro, rememorada no dia 20 de novembro, o Dia da Consciência Negra. Nós os citamos longamente para obter uma melhor impressão da maneira como vários oradores lembram os outros parlamentares da história da escravidão e do racismo – uma estratégia crucial do discurso antirracista, bem como um argumento muito relevante a favor das cotas:

(93) Observo a maneira pela qual o mundo procura compensações para aqueles discriminados durante a guerra. Concordamos que essas indenizações devam acontecer. Mas a pergunta permanece: e os 500 anos de escravidão, sequestro, estupro, tortura e assassinato em massa do povo negro? Quais é

a reparação? A exploração criminosa não é apenas uma história do passado, é o passado e o presente. Se nada for feito, continuará no futuro. [...] Há livros que falam sobre as veias abertas da América Latina. Ah, como seria bom se a história e as músicas falassem das veias cortadas dos negros latino-americanos! [...] Dizem que a culpada é a nossa baixa autoestima, mas é claro, onde estão nossas referências em ciências, artes, política, economia ou até mesmo na história do povo brasileiro? Foi tudo apagado! Onde está a herança, fruto do trabalho de nossos antepassados? Foi tudo negado! [...] A história da participação afro-brasileira na formação do povo brasileiro foi distorcida e, portanto, deve ser reescrita. (Paulo Paim, PT-RS, 20/11/2000)

(94)   Durante os nossos quinhentos anos no Brasil, heróis surgiram de todas as partes do País. Os negros também foram excluídos desse processo. A nossa verdadeira história não é a que aprendemos na escola. Os mártires, salvadores, grandes escritores e artistas de renome que sempre nos foram impostos são brancos. Nossos heróis, que não foram poucos, ficaram jogados no silêncio da história, a história dos excluídos. Não porque eles não existiam, mas porque também nos foi negado o direito de gritar ao mundo que nossos heróis existiam sim e existem. É essencial elevar os nomes e momentos de nossa participação na História do Brasil para mostrar negros ativos, com personalidade, com história, com vida. Registrar essa história é contribuir para fornecer referências étnicas à população afro-brasileira. (Paulo Paim, PT-RS, 26/03/2002)

(95)   A história dos negros no Brasil começou, em 1530, aproximadamente. Caçando implacavelmente em suas terras nativas na África, embarcados em navios, em viagens épicas de horror das quais o grande poeta Castro Alves declamou sua indignação; metade desses pobres martirizados encontraram a morte no caminho, sepultados no mar, vítimas de doenças, asfixiados e sufocados pelos resíduos e pelas emanações pútridas do porão dos navios negreiros. Quando chegaram ao Brasil, foram colocados à venda como qualquer mercadoria. Os maridos eram frequentemente separados de suas esposas e de seus próprios filhos. O Brasil foi o país com o maior número de escravos importados: cerca de 4 milhões de africanos. (Aldo Arantes, Bloco/PCdoB-GO, 20/11/2002)

(96)   No Brasil, a história dos negros também está repleta de registros de massacres e discriminação. Na luta pela liberdade, milhares de negros foram dizimados pela Polícia do Governo Imperial até 1888, quando ocorreu a farsa da Abolição da Escravatura. A resistência do Quilombo dos Palmares,

até a morte de Zumbi, em 20 de novembro de 1695, é o principal marco da luta documentada no Dia Nacional da Consciência Negra. (Maria do Carmo Lara, PT-MG, 26/3/2003)

(97) Por mais de um século, a história nos foi contada como se houvesse uma elite redentora, personificada pela princesa Isabel, e que os brasileiros, e particularmente nós, os negros, haveríamos de ser eternamente gratos pela benevolência que recebemos. Não fomos informados das lutas populares, da insurreição dos negros à chibata, dos quilombos vitoriosos, do descontentamento expresso pelos muitos heróis negros, cujas personalidades foram apagadas da memória do povo. É por isso que, ao longo da história, enquanto corajosamente resistia, a população negra do Brasil foi saqueada de seus direitos elementares, lançada às margens de uma sociedade que, ironicamente, quanto mais se desenvolve, mais desumaniza, na medida em que não constrói seus pilares de uma maneira ética, cidadã e solidária. Como vemos, combater o racismo é uma tarefa urgente e inadiável, Sr. Presidente. É dever ético. (Daniel Almeida, PCdoB-BA, 13/5/2004, Dia Nacional de Combate ao Racismo)

Esses exemplos de fragmentos sobre a história da escravidão, do racismo ou da discriminação têm várias estratégias discursivas em comum. Em primeiro lugar, o transporte de pessoas escravizadas da África é descrito nos termos contundentes que correspondem aos horrores da "Passagem do meio" – nenhuma mitigação retórica a aplica (*épicas de horror,* no exemplo (95)). Isso se aplica à descrição dos abusos diários da própria escravização, como é o caso da sequência lexical em (93): *sequestro, estupro, tortura e assassinato em massa do povo negro.* Em nossos capítulos anteriores, encontramos muitos exemplos dessas sequências de descrições fortes dos abusos racistas contra os povos indígenas ou negros.

Em segundo lugar, a história da escravidão é referida como a causa do racismo contemporâneo, da desigualdade racial e da falta de uma elite negra proeminente em muitas áreas da sociedade, como é o caso do uso da metáfora *apagado,* no exemplo (93).

Em terceiro lugar, quase todas as referências ao passado são precedidas por números referentes a anos ou séculos, geralmente em termos de "500 anos", como em (94) e (95), um argumento numérico bem conhecido, enfatizando retoricamente que a escravidão não era apenas horrenda, mas também que durou séculos.

Em quarto lugar, como parte da polarização ideológica de NÓS *vs.* ELES, próximo aos horrores cometidos pelos brancos no passado, destaca-se a resistência heroica contra os abusos, geralmente com a referência ao herói negro Zumbi dos Palmares. Ou, como nos exemplos (94) e (97), os heróis nacionais brancos podem ser mencionados, mas os negros são excluídos dessa história – contribuindo, assim, para a história da exclusão cultural como parte do sistema de racismo. Esse é também um dos argumentos da luta dos negros contra o racismo, além do uso de cotas: a obrigação da História negra na educação e nos livros didáticos, uma das leis do período Lula.

Por fim, entre muitos outros subtópicos e estratégias do discurso local, há referências críticas ou irônicas à abolição como libertação falsa, com a Princesa Isabel representada como uma falsa heroína: a abolição não significava que os negros pudessem se tornar parte da sociedade, de forma integrada e igualitária. Pelo contrário, muitas formas de discriminação continuam até hoje, como descrito no exemplo (97) – e como discutido pelos sociólogos apresentados no capítulo anterior. Em outras palavras, como (97), é ironicamente lembrado que os negros ficaram bem pouco satisfeitos com esse tipo de abolição: *nós, os negros, devemos ser eternamente gratos pela benevolência que recebemos.*

De fato, as centenas de referências feitas ao passado da escravidão e da discriminação não servem apenas para recordar e enfatizar a história negra, mas também são utilizadas como argumento principal para a resistência contemporânea contra o racismo ainda prevalecente, como enfatizado por Daniel Almeida no exemplo (97). Vemos que, tanto nos debates parlamentares quanto nos textos acadêmicos, políticos e jornalísticos estudados nos capítulos anteriores, a lembrança do passado, com seu sofrimento e sua resistência heroica, é um dos principais tópicos do discurso antirracista.

Experiências de racismo

As frequentes e extensas referências à história do racismo no Brasil fornecem um pano de fundo mais amplo para o atual debate sobre ações afirmativas. Enfatizam o papel dos negros tanto como sobreviventes da opressão quanto como heróis de resistência. Portanto, é muito importante analisar os detalhes de suas experiências. Nenhuma dimensão é mais expressiva do que a experiência pessoal de dominação, como é bem conhecido no estudo dos movimentos sociais, em geral, e do racismo, em particular (Polletta, 2006). Embora, de um modo geral, falem impessoalmente como membros da comunidade negra, alguns parlamentares negros podem ilustrar o racismo contemporâneo com suas próprias histórias – como parte de uma história social mais longa:

(98)   Com dificuldades, formei-me em Medicina. Enquanto me especializava em cirurgia cardíaca, no Instituto do Coração do Hospital das Clínicas de São Paulo, pude observar que entre mais de 150 médicos, apenas eu e meu irmão gêmeo, Cosme, erámos negros. É aí que reside a dificuldade, principalmente com a questão da educação. (Damião Feliciano, PMDB-PR, 20/11/2000)

(99)   Mas não digam que não há racismo no Brasil, assim como aqueles que passaram por aqui e foram capazes dessa afirmação bárbara. Existe racismo. Existe discriminação. E eu os sofri ao longo da minha vida. Eu vim para ser Governador de um Estado eminentemente racista, mas eu era uma exceção e não quero ser uma exceção. Eu quero ser a regra. Eu quero que os negros tenham as mesmas oportunidades que os brancos. (Alceu Collares, PDT-RS, 25/03/2003)

(100) Senhoras e senhores, muito mais do que ser partidário, muito mais do que ser político, você tem que ser negro, você tem que ter sangue preto correndo em suas veias para saber o que os negros sofrem neste País. Eu próprio fui discriminado dentro do Ministério da Justiça deste governo. Mesmo sendo agora- vou falar publicamente - sofri discriminação no banco BRADESCO e cancelei minha conta. (Reginaldo Germano, PFL-BA, 20/11/2003; Dia da Consciência Negra)

Sem dúvida, os MPs negros da Câmara poderiam contar muito mais do que essas poucas histórias, mas geralmente se concentram em aspectos gerais e genéricos da discriminação no Brasil. As histórias pessoais, relativamente poucas, são, no entanto, emblemáticas para o modo como esses políticos alcançaram altos cargos, ou antes de se tornarem médicos ou advogados, muitas vezes sendo os únicos estudantes negros de sua turma, entre centenas de estudantes brancos, como Feliciano enfatiza em seu discurso (98). Numa forma de afirmação, caracterizada pela negação do contrário, Collares, no exemplo (99), refuta a negação do racismo, isto é, o pressuposto de que não há racismo no Brasil, e exemplifica o argumento com sua própria

Discurso antirracista no Brasil

experiência, enfatizando ainda mais que sua experiência com o racismo tem se dado ao longo de sua trajetória de vida. Essa hipérbole é retoricamente desenvolvida pelo interessante uso do oposto da expressão comum que diz ser exceção à regra, quando afirma que ele e todos os negros se tornam a regra, em vez da exceção. Finalmente, Germano, no exemplo (100), destaca que sua identidade como homem negro, e não como político, é crucial para o conhecimento do racismo cotidiano. Ele acrescenta enfaticamente que suas experiências se deram em instituições bancárias e até em esferas superiores, como os ministérios, lembrando assim que são precisamente as elites que fazem parte do sistema de racismo (Essed, 1991; Van Dijk, 1993).

Discriminação contemporânea

Para qualquer debate sobre o racismo, especialmente no Congresso, o argumento mais importante não é apenas a história coletiva ou pessoal de marginalização, mas o relato da discriminação contemporânea no país. Não é de surpreender que o verbo + a nominalização de *discriminar* (N = 821) sejam conceitos frequentes. De fato, a nominalização *discriminação* (N = 630) é mais frequente que o verbo – sugerindo que não precisa ser explicitado quem está discriminando quem. O frequente adjetivo (N = 272) *racial* usado em *discriminação racial* não deixa dúvidas sobre os participantes da ação – mesmo quando, muitas vezes, *mulheres* (N = 1162) e *povos indígenas* (N = 207) são mencionados como objetos de discriminação – ou como benefici-ários de ações afirmativas. Uma vez mais, Paulo Paim fornece a primeira referência, relacionando explicitamente a discriminação contemporânea a um passado de séculos, bem como no plano internacional:

(101) Senhor Presidente, embora alguns distorçam a verdade, a discriminação, especialmente contra os negros, é um fato antigo e real, não apenas na América Latina, mas na maioria dos países do mundo. [...] A discriminação racial é tão forte neste País, que cria, na maioria dos negros, um sentimento de rejeição de sua identidade. (Paulo Paim, PT-RS, 20/11/2000; Dia da Consciência Negra)

A frequência da referência à discriminação passada e presente tam-bém sugere uma variação considerável quanto aos (sub)tópicos associados.

Assim, enquanto a grande maioria das referências à discriminação remete à discriminação passada e atual de negros no Brasil, o exemplo do texto de Paim mostra que há consciência de uma luta internacional, especialmente na América Latina, contra o racismo (N = 40). Não é de surpreender que haja 45 referências à Conferência Mundial contra o Racismo, em Durban. O uso frequente da nominalização *discriminação* sugere que o ator responsável (branco) pela discriminação pode ser pressuposto e não precisa ser explicitado. Às vezes, porém, os agentes de discriminação são mencionados de modo explícito, novamente no mesmo discurso de Paulo Paim, referindo-se à discriminação por empresários, também como prova do fato de que a "democracia racial" no Brasil é um mito:

(102) Gostaria de ver artistas e a imprensa ajudando a desmistificar a farsa da democracia racial. Gostaria que os empresários - sabemos que muitos deles discriminam quando se trata de contratar e pagar salários à comunidade negra - mostrassem que essa prática não é legítima, que é repreensível e que vai acabar. (Paulo Paim, PT-RS, 20/11/2000)

Em geral, o principal objetivo do discurso antirracista, como também é o caso neste exemplo, é avaliar e condenar todas as formas de racismo, e em especial as práticas racistas de discriminação; nesse caso, contra as muitas formas de discriminação trabalhista, os intelectuais negros foram protestando em oposição desde a abolição, conforme discutimos nos capítulos anteriores. Esse fato básico deve ser lembrado aqui também porque no, debate sobre cotas, as formas contemporâneas de discriminação são rotineiramente mencionadas como uma das muitas formas de racismo no Brasil. Embora focados nos negros brasileiros, os indígenas são mencionados com frequência (N = 160), geralmente como beneficiários de cotas, mas também em relação à discriminação:

(103) O Estado deve implementar medidas, em relação às populações indígenas e discriminadas, para combater fortemente o racismo e a exclusão social. (Eduardo Valverde, PT-RO, 26/4/2006)

Diferentemente do discurso antiescravidão e antirracista examinado nos capítulos anteriores, o discurso antirracista contemporâneo enfoca: (i) a responsabilidade do Estado; (ii) políticas concretas para prevenir a discriminação

Discurso antirracista no Brasil

e opor-se a ela; (iii) a definição, de modo explícita, da discriminação como uma forma de racismo – noção que foi mal empregada antes da guerra. Especialmente relevante hoje é a conceituação de "exclusão social" – noção também pouco usada nas décadas anteriores. Da mesma forma, muitas referências à discriminação referem-se ao gênero – como vimos, a palavra-chave *mulher/ mulheres* é uma das mais frequentes (N = 1162) –, como em:

(104) Um estudo do perfil racial do emprego no ano de 2000, realizado pela Fundação SEADE, mostra que mulheres e negros são os mais discriminados no mercado de trabalho, em São Paulo. (Aldo Arantes, Bloco/PCdoB- GO, 20/11/2002; Dia da Consciência Negra)

Já vimos antes, e veremos com mais detalhes a seguir, que uma das propriedades básicas do discurso antirracista é a descrição do racismo contemporâneo. O jogo de números é marcante aqui: a descrição que hoje usa estatísticas. Como parte da estrutura de argumentação, esse discurso no Parlamento se refere aos resultados da pesquisa e à autoridade de instituições renomadas, como o IBGE no Brasil, ou a conhecida organização de estatística Fundação Sistema Estadual de Análise de Dados (Seade) em São Paulo, como neste exemplo. Alguns oradores enfatizam a dupla discriminação de mulheres negras:

(105) Se a discriminação contra as mulheres é ruim, imagine quando elas são pobres e negras. Não podemos desistir de analisar a questão da raça. (Zelinda Novaes, PFL-BA, 12/03/2003)

Na verdade, Zelinda poderia ter enfatizado que a discriminação é tripla – de raça, de gênero e de classe. Ela não elabora, mas apela ao bom senso, como *topos*, referindo-se à imaginação dos destinatários. No entanto, é relevante aqui, neste breve fragmento, a questão da raça, o principal tema do debate.

(106) Em comemoração ao Dia Nacional da Consciência Negra, o Departamento Intersindical de Estudos Sociais e Econômicos [DIEESE] publicou um boletim especial sobre a situação da população feminina negra, e os números também são assustadores. O título é emblemático: Mulher Negra: dupla discriminação. O quadro mostra que as mulheres negras são mais pobres, em situação de trabalho mais precárias, e têm renda mais baixa e taxas de desemprego mais altas. (Jackson Barreto, PTB-SE, 20/11/2003; Dia da Consciência Negra)

196

Aqui, o orador combina várias estratégias antirracistas: (i) o contexto atual relevante (Dia Nacional da Consciência Negra); (ii) evidência de uma organização bem conhecida; (iii) o uso de números; (iv), hipérboles (*assustador*); (v) categorização e conclusão (dupla discriminação); (vi) uma lista de consequências negativas para as mulheres negras (pobreza, pior trabalho, salários mais baixos e maior desemprego). Em outras palavras, ele formula um breve resumo da discriminação contemporânea das mulheres negras. No cotexto do debate sobre cotas universitárias para estudantes negros, é claro que é relevante se referir à discriminação nas universidades, uma das causas do próprio projeto de cotas:

(107) No caso da Universidade de Brasília, por exemplo, dos 1.400 professores da instituição, apenas 12 são negros e lecionam nos programas menos concorridos. Nos programas de medicina, odontologia, direito e relações internacionais, todos os professores são brancos. Mas, essa situação lamentável não se limita à UnB. Segundo o censo, outras instituições de ensino superior mantêm o comportamento discriminatório. De fato, a pesquisa revela claramente que, quanto mais competitivo é o programa de ensino superior, mais "branco" ele se apresenta. (Paulo Mourão, PSDB-TO, 14/05/2002)

Vimos anteriormente que a UnB não é uma universidade qualquer e, portanto, quaisquer dados sobre ela são especialmente relevantes. Além de ser uma universidade pública, considerada de excelência e mais próxima do Congresso Nacional, de onde o orador está falando, é a universidade cuja prática de cotas foi legitimada pelo STF, decisão que finalmente levou à adoção da Lei de Cotas. O uso estratégico de números é marcante aqui: se de 1.400 professores, em 2002, apenas 12 são negros, em um país onde mais de 50% das pessoas são negras, há provas concretas da falta de acesso dos negros à posição de prestígio de professor universitário e a confirmação da tese de que as elites no Brasil são, em grande parte, brancas. O argumento é reforçado ainda mais pela afirmação de que nos departamentos universitários de maior prestígio não há professores negros, tal como acontece em outras instituições (não se limitando à UnB) – uma figura retórica de amplificação.

Finalmente, para um possível contra-argumento de que a UnB pode ser uma exceção, a estratégia discursiva termina com uma generalização: que a forma observada de discriminação é real para todas as universidades. No debate de cotas no Congresso, aqueles a favor delas (N = 72) se referem à mídia como seu principal oponente, como fonte de preconceito e envolvida em muitas formas de discriminação (ver mais detalhes adiante):

(108) O racismo também é reproduzido e alimentado diariamente em nosso País, por meio da mídia comercial, o que reforça a imagem estereotipada e discriminatória dos negros. (Gilmar Machado, PT-MG, 20/11/2002; Dia da Consciência Negra)

Esse breve fragmento é relevante porque resume o papel da mídia na reprodução discursiva (aqui descrito como *reproduzido*) do racismo, tal como é também formulado em nossas teorias do racismo e do antirracismo: o discurso da mídia constrói estereótipos e preconceitos racistas (*imagem*) entre a população branca em geral, preconceitos que, por sua vez, controlam práticas discriminatórias (Van Dijk, 1991, 1993). Interessantes também são as referências à negação da discriminação – uma forma bem conhecida da negação mais comum ao racismo (Van Dijk, 1992):

(109) Digo aos companheiros que mantêm uma posição oposta à nossa, que nós, negros, já somos vitoriosos por ter conseguido trazer esse assunto para debate neste plenário. Em nosso País, estamos acostumados a dizer que aqui não há discriminação, mas as pessoas têm medo de dizer que são negras, de reconhecer sua raça e sua origem. Companheiros, isso não pode continuar! [...] Quão hipócrita é dizer que não há discriminação racial no Brasil. (Carlos Santana, PT-RJ, 25/03/2003)

Essa passagem resume adequadamente um dos aspectos mais conhecidos do racismo da elite, em geral, e no Brasil, em particular: a negação do racismo, normalmente praticada por meio da ideologia da "democracia racial". Nesse caso, o argumento é especialmente interessante porque formula um contra-argumento em oposição a um dos argumentos típicos da ideologia: se há negros no Congresso e se podemos falar sobre discriminação aqui, como podemos falar de racismo institucional? Também é interessante nesse fragmento o raro movimento pragmático de referir-se, explicitamente, aos oponentes do orador na Câmara e, em especial, chamá-los de "companheiros", termo geralmente usado entre membros de seu próprio partido

Discursos parlamentares sobre ação afirmativa

(o PT), evidenciando, com isso, uma certa ironia. Também é excepcional a descrição dos estados mentais assumidos (medo) pelos negros, ou melhor, a negação de sua identidade – uma das consequências negativas do racismo. Vemos novamente que, mesmo sendo breves fragmentos do discurso antirracista, eles acabam evidenciando muitos aspectos do racismo. Esse fragmento foi pronunciado em 25 de março, em um período em que o Congresso Nacional celebra extensivamente o Dia Internacional para a Eliminação da Discriminação Racial, em 21 de março, dando origem a extensos discursos sobre a luta contra a discriminação. Uma das colocações frequentes do conceito de "discriminação" são vários conceitos metafóricos de luta: _luta_ (N = 948), _combate_ (N = 477), _resistência_ (N = 111), como nas citações a seguir dos discursos do Dia da Consciência Negra de 2000 e 2002, notavelmente com a mesma formulação de diferentes oradores:

(110) Eu gostaria de aproveitar esta oportunidade para elogiar toda a comunidade negra, os movimentos organizados que lutam para acabar com o preconceito e a discriminação racial e todos aqueles que, de uma maneira ou de outra, contribuem para a luta. (Paulo Paim, PT-RS, 20/11/2000)

(111) Senhor Presidente, senhores e senhoras, chego a esta tribuna, nesta ocasião, em comemoração ao Dia Nacional da Consciência Negra, para prestar homenagem a toda a comunidade negra, aos movimentos sociais que lutam contra a discriminação racial e a todos aqueles que, de uma maneira ou de outra, contribuem para a luta. (Aldo Arantes, Bloco/PCdoB-GO, 20/11/2002)

O texto de Paim é uma indexicalidade múltipla, no sentido de que se refere ao seu próprio discurso (_eu gostaria de aproveitar a oportunidade_), pronunciado por um político negro, parabenizando a comunidade negra (da qual ele é membro) e no Dia da Consciência Negra, envolvendo-se, assim, em uma forma de discurso antirracista – que em si é parte da luta contra o racismo a que ele se refere. Sua referência não é específica à luta dos negros em geral, mas principalmente aos movimentos sociais negros. Observe também que aqui Paim não se refere ao racismo, mas sim, mais tradicionalmente e mais especificamente, ao preconceito e à discriminação – as duas principais dimensões do racismo. Dois anos depois, na mesma ocasião do Dia da Consciência Negra, um veterano (branco) comunista, Aldo Arantes, que era deputado por 20 anos, diz quase o mesmo, mostrando assim que a luta da comunidade negra também é a luta dos comunistas. Nesse caso, portanto, o fragmento do discurso antirracista está encenando a prática social e o valor da solidariedade.

No debate sobre cotas na mídia, um argumento frequente contra elas é que implicam uma forma de discriminação reversa, e, portanto, acusam de discriminação aqueles que são favoráveis às cotas – a conhecida falácia do *tu quoque* (você também!), ou seja, acusar as pessoas de hipocrisia, taxando-as justamente do mesmo que elas acusam. Alguns oradores se referem a essas acusações, no entanto, não de forma a negá-las, mas enfatizando que tal "discriminação reversa" é necessária:

(112) As políticas afirmativas são, deliberadamente, discriminação reversa. E devem ser assim, porque essa é a única maneira de permitir que negros que estudam em escolas públicas há décadas obtenham ingresso na universidade e, a partir daí, iniciem a busca pela igualdade entre os cidadãos brasileiros, negros e brancos. (João Mendes De Jesus, PSB-RJ, 15/08/2006)

Esse é um dos resumos do debate de cotas, que expõe a principal razão pela qual os estudantes negros devem ter uma chance extra: a maioria deles estuda em escolas públicas (o que implica que são de baixa qualidade, como todos sabem) e seria incapaz de ingressar nas universidades públicas, reconhecidas e bem valoradas. Observe que esse ponto de partida negativo é aprimorado por uma mudança temporal (*décadas*) e explicita o valor fundamental do objetivo principal das cotas e da prática antirracista (*igualdade*).

Como vimos, a noção de "discriminação" raramente aparece sozinha. Frequentemente faz parte de uma série de noções relacionadas às dimensões do sistema de racismo, tal como o *preconceito* (N = 347) e, é claro, o próprio *racismo* (N = 915); duas outras noções cruciais que aparecem muito no debate, como nos seguintes fragmentos:

(113) Senhor Presidente, as políticas de combate ao preconceito são as de brancos e negros. Não são apenas os negros que precisam se preocupar em combater o preconceito. Para nós, pessoas brancas e negras precisam ser integradas na luta contra a discriminação. Felizmente, isso está acontecendo. (Paulo Paim, PT-RS, 03/05/2002)

(114) Nas relações de trabalho, portanto, a igualdade de oportunidades não existe. O que é revelado é o preconceito racial imposto por meio de remuneração discriminatória e ocupação dos negros em cargos inferiores, em todo o Brasil. (Narcio Rodrigues, PSDB-MG, 09/12/2002)

A intervenção de Paim é muito importante porque enfatiza que a resistência antirracista (nesse caso contra o preconceito) não se limita àqueles que são discriminados, mas exige uma luta conjunta de brancos e negros. O valor essencial aqui é o da unidade da luta. Narcio, um dos líderes do PMDB em Minas Gerais (partido que pouco participou no debate de cotas), foca na discriminação no trabalho por preconceito e, especialmente, nas dimensões hierárquicas do racismo, afirmando que os negros têm os piores empregos.

Racismo

Além da discriminação e do preconceito como suas manifestações mais conhecidas, é o sistema subjacente mais amplo de racismo (N = 915) que é frequentemente discutido pelos deputados, muitas vezes em combinação com a noção de "luta" (a colocação *combate... o racismo* aparece 199 vezes nos debates e, assim, torna-se uma noção fundamental por si só). Pelas mesmas razões conceituais, a palavra *racismo* é frequentemente precedida por *contra* (N = 156) e por *luta* (N = 60). Além da referência frequente (N = 42) à Conferência Mundial contra o Racismo, em Durban, vimos que o termo é muitas vezes mencionado juntamente a discriminação e preconceito, xenofobia e intolerância, como vários aspectos do racismo. A referência frequente (N = 93) ao Brasil no cotexto do racismo testemunha não apenas a participação do Brasil na conferência de Durban, mas também para especificar o racismo dentro ou fora do Brasil. Isso vale também para a ocorrência frequente (N = 74) de *racial* em seu cotexto, por exemplo, para especificar discriminação. Interessante é a colocação com a noção de crime, especialmente quando é feita referência à Constituição de 1988, na qual o racismo é definido como um "crime inafiançável e imprescritível".

Enquanto os conceitos que acabamos de mencionar são partes normais do quadro semântico do conceito de "racismo", a noção de "racismo" também está associada de maneira mais interessante a outras noções, como as seguintes:

- negar o problema do racismo;
- o fenômeno do racismo estrutural e sistemático mascarado pelas práticas das agências estatais;
- a invisibilidade e negação das consequências do racismo;

Discurso antirracista no Brasil

- a desigualdade racial promovida pelo racismo;
- o racismo está incorporado no subconsciente;
- o racismo contra os índios não é negado;
- admite-se que ainda exista racismo mesmo contra as mulheres;
- o racismo e a discriminação oprimiram e marginalizaram nossa população por mais de 500 anos em nosso país;
- gostaria de lembrar que o racismo está historicamente enraizado no núcleo da sociedade e é uma consequência da escravidão.

Essas frases mostram que, além das referências obrigatórias ao combate ao racismo, alguns parlamentares fornecem uma análise sociológica ou psicológica mais sistemática das formas, causas e consequências do racismo. Os exemplos mostram que, no Brasil, o racismo tem sido frequentemente negado ou mitigado. Alguns MPs lidam extensivamente com o racismo em seus discursos, como é o caso do deputado negro da Bahia, Reginaldo Germano (PFL-BA), que em seu discurso de 13 de maio de 2003, no Dia Nacional de Denúncia Contra o Racismo, referiu-se 23 vezes à noção racismo, como é possível perceber nos seguintes cotextos:

(115) Hoje, 13 de maio, não viemos celebrar, porque para nós, negros, que sofremos a ação do racismo na carne, este dia não é um feriado festivo, mas uma ocasião para lamentar todas as políticas que foram deixadas sem proposta e não implementadas no país [...] Senhor Presidente, a TV Câmara, que transmite todas as sessões solenes da Câmara, independentemente da importância, transmite hoje o seminário *O Governo da Mudança e o Novo Modelo de Desenvolvimento Social*, entendendo que isso é mais importante do que a discussão sobre o racismo que desejamos propor à sociedade. [...] O que significa racismo no Brasil? É simplesmente gostar ou não de certos tipos de pele? É apenas uma questão de preferência de cor? Eu acho que não. Racismo no Brasil é sinônimo de exploração, submissão, degradação e humilhação – de exclusão. [...] O racismo, como dissemos, é uma política discriminatória, uma forma de opressão econômica e social. É um certo grupo dominante, que se aproveitou de circunstâncias históricas favoráveis, criou uma série de estereótipos para justificar o uso do trabalho escravo ou semiescravo de outros povos [...]. Portanto, não há justificativa para o racismo. Pelo contrário, é o racismo que tenta ser uma justificativa. E você sabe por que, Sr. Presidente? Porque o racismo começa na escola, exatamente onde não deveria existir.

Reginaldo, assim como outros oradores no debate, também se concentra em alguns aspectos gerais e específicos do racismo; nesse caso, em seus aspectos sociais e econômicos. Ele não comemora o dia 13 de maio, data em que a Lei Áurea foi adotada em 1888, porque para os negros essa é a data em que as pessoas escravizadas foram libertadas, mas deixadas à própria sorte, sem recursos, além da discriminação sistemática das pessoas negras e das políticas racistas (branqueamento etc.) terem se tornado dominantes. Portanto, como é fundamental para o discurso antirracista, ele critica implicitamente o governo (devido ao que não foi feito para os negros), referindo-se a um seminário sobre desenvolvimento social. Ele também lembra aos parlamentares (e ao público em geral) que o racismo não é fanatismo pessoal ou preferência (cor) – uma atitude popular generalizada –, mas uma forma de dominação estrutural, aqui definida por noções como exploração, submissão, degradação, humilhação – exclusão.

Nesse sentido, o discurso antirracista precisa, muitas vezes, dedicar atenção ao (à falta de) conhecimento das pessoas sobre o racismo – daí as frequentes definições. No fragmento, o falante explica outro aspecto do racismo, a reprodução sociocognitiva de estereótipos que legitimam a escravidão e a pseudoescravidão, após a abolição. Finalmente, é elementar o debate de cotas com foco no racismo – que começa na escola – não apenas porque os negros frequentam escolas públicas (consideradas ruins), mas porque os preconceitos são parcialmente aprendidos na escola.

Da mesma forma, Paulo Paim, em seu discurso seminal de 2000, também explica o racismo contemporâneo, em termos da história da escravidão:

(116) As causas, formas e manifestações contemporâneas de racismo, discriminação racial, xenofobia e disposições relacionadas a afrodescendentes têm seus antecedentes nos processos de tráfico negreiro implementado por alguns países europeus contra populações afro-saarianas, durante os tempos da conquista, colonização e o surgimento das repúblicas, em nosso continente. Os colonizadores desenvolveram um conjunto de ideias pseudocientíficas, com o objetivo de sustentar a supremacia da população da Europa Central, em detrimento a dos povos afro-saariano e afro-latino-americano, sustentados em aspectos religiosos, culturais, econômicos e biológicos, criando assim a base pelo desenvolvimento do racismo, práticas discriminatórias e violações dos direitos humanos. (Paulo Paim, PT-RS, 22/11/2000)

O estilo acadêmico e o argumento de Paim mostram conhecimento detalhado e analítico da história da escravidão e das causas do racismo – uma explicação histórica do racismo contemporâneo também oferecida por outros parlamentares negros. A série *racismo, discriminação racial, xenofobia e formas relacionadas...* ecoa o nome da Conferência Mundial contra o Racismo em Durban, que estava sendo preparado em 2000. Relevante aqui é, em especial, o foco nas ideologias europeias que legitimam a supremacia branca – também definidas por uma lista (*religiosos* etc.).

Luiz Alberto, deputado negro da Bahia pelo PT e orador frequente no debate, usa a conhecida metáfora da doença para explicar o racismo:

(117) Não é, como alguns insistem em reivindicar, uma mera figura de linguagem. Essa doença, que é o racismo, persiste nas entranhas da sociedade, apesar de ter sido encurralada pela denúncia implacável dos movimentos sociais negros, mais recentemente pela mídia, pesquisadores, acadêmicos, pela ação de alguns políticos e, atualmente, para nosso espanto, por figuras proeminentes do atual governo [...] As formas abertas e veladas de racismo que permeiam nossa sociedade há séculos sob complacência geral e a indiferença de quase todos fazem parte desse trabalho inconcluso e inacabado, cujos efeitos somos responsáveis ("A questão étnica no Brasil") [...].
O racismo é, portanto, o resultado da construção estrutural e só pode ser eliminado quando os fatores subjacentes à desigualdade social e racial também são eliminados. (Luiz Alberto, PT-BA, 19/02/2001)

Com o uso metáfora representando o racismo como uma *doença*, Luiz Alberto oferece uma perspectiva diferente sobre o racismo, que talvez explique a natureza epidêmica dos preconceitos ou ideologias racistas, mas que dificilmente explica os aspectos estruturais em que ele se concentra mais tarde: doenças acometem pessoas involuntariamente, o que não é o caso de ideias e práticas racistas. A polarização ideológica desencadeia, então, movimentos sociais negros, mencionados muitas vezes pelos MPs negros, por um lado, e por todas as elites (brancas) que reproduzem o racismo na sociedade, por outro. Outro *topos* e metáfora bem conhecidos do discurso antirracista no Brasil é o argumento de que o racismo é frequentemente "velado" – uma das referências implícitas à democracia racial e à negação do racismo.

204

O DEBATE SOBRE COTAS

Dentro dessa estrutura mais ampla de extensos comentários críticos sobre a história da escravidão e sobre o preconceito, a discriminação e o racismo contemporâneos, a Câmara dos Deputados brasileira se empenha no crucial debate sobre ação afirmativa, em geral, e cotas para estudantes negros, em particular. Já vimos que quantitativamente o MP fala sobre cotas em 323 discursos, mencionando a própria palavra *cota(s)* 785 vezes e *ação(ões) afirmativa(s)* 364 vezes. As palavras que concorrem com essas noções geralmente são nomes (substantivos) precedentes, como *sistema*, *projeto* e *políticas*, ou verbos como *estabelecer*, *instituir* ou *implementar*, seguidos de substantivos, como *universidades*, *negros* etc.

ARGUMENTOS SOBRE COTAS

Uma análise qualitativa mais interessante, em primeiro lugar, precisa enfocar os argumentos frequentes formulados a favor e os argumentos menos frequentes contra o estabelecimento de cotas, como já foi feito em vários estudos da mídia brasileira, que é geralmente contrária às cotas.

Contextos

Revendo as muitas declarações e argumentos sobre ação afirmativa, precisamos de imediato enfatizar seus vários contextos sociopolíticos e discursivos. Eles estão frequentemente sendo discutidos, como é de se esperar, e como foi o caso do primeiro discurso de Paim, em nosso *corpus*, no Dia da Consciência Negra (20 de novembro). Isso vale para o Dia Internacional de Luta pela Eliminação da Discriminação Racial (21 de março), o Dia Nacional da Consciência Negra, também chamado Dia Nacional de Denúncia contra o Racismo ou o aniversário da abolição da escravidão (13 de maio de 1888). Atualmente, estão sendo discutidos diversos temas relacionados ao racismo, discriminação, preconceito ou exclusão, entre os quais a ação afirmativa é um tema frequente.

Em segundo lugar, o tópico também aparece na referência frequente (N = 458) ao Estatuto da Igualdade Racial, já discutido anteriormente, que trata de tipos de ação afirmativa.

Em terceiro lugar, como é de se esperar, o tema do racismo, embora não exclusivamente, é bastante discutido por parlamentares negros de vários partidos, bem como por outros membros do PT, o partido no poder, durante a maior parte do debate: Lula como presidente entre 2003 e 2010, e Dilma, a partir de 2010 – que assinou a Lei de Cotas em 2012.

Em quarto lugar, argumentos a favor de cotas podem consistir em contra-argumentos em oposição a argumentos explicitamente formulados ou pressupostos críticos às cotas, tanto no próprio Parlamento, caracterizando um debate, quanto contra outros oponentes, especialmente em jornais (mencionados 30 vezes) ou na mídia em geral (mencionada 70 vezes).

Em quinto lugar, de maneira mais geral, os argumentos dos MPs a favor de cotas devem ser entendidos intertextualmente, em relação aos muitos argumentos no amplo debate social sobre cotas, não apenas na mídia. A maioria dos estudos sobre cotas menciona esses argumentos, como ocorre nas teses de Silva Santos (2016) e Alves da Silva (2012), e sobretudo nos estudos de João Feres Júnior e seus/suas colaboradores/as, Feres Júnior e Toste Daflon (2015) e Campos (2014), por exemplo.

Finalmente, o debate e, portanto, os argumentos estão espalhados pelos 13 anos, mas diminuindo nos últimos anos, apresentando menos discursos sobre o tema, como podemos ver na Tabela 2. Mais discursos por definição significam mais referências às ações afirmativas (os 323 discursos foram selecionados no *corpus* maior pela presença de referências às ações afirmativas ou cotas), mas em muitos discursos, como vimos, essa referência pode ser breve e não tópica. Às vezes, as referências às ações afirmativas não têm mais argumentos. Como veremos adiante, ocasionalmente um argumento é mínimo, mencionando, por exemplo, apenas que está a serviço da luta contra o racismo ou a discriminação ou que se é a favor da comunidade negra. Em alguns casos, o argumento pode valer para grande parte de um discurso, ou mesmo para todo o discurso ou ainda para vários discursos no mesmo dia e no mesmo tema. Vimos também que, apesar de a lei ter sido aprovada em 2008 na Câmara, ainda existiam, entre 2008 e 2012, referências a ações afirmativas.

Tabela 2 – Frequências de discursos que mencionam ações afirmativas por ano.

Ano	Número de discursos
2000	73
2001	81
2002	88
2003	182
2004	88
2005	110
2006	99
2007	109
2008	116
2009	81
2010	67
2011	50
2012	22

Vamos agora resumir e dar alguns exemplos de argumentos comuns formulados em relação a cotas e ações afirmativas.

Argumento 1:
Cotas contribuem positivamente para a comunidade negra

Sem mais argumentos, uma ação afirmativa pode ser mencionada como positiva para a comunidade negra. Como esse é um argumento muito geral, existem variantes semânticas com a mesma implicação, por exemplo, a de que as cotas contribuem para acabar com o racismo, a discriminação e o preconceito, como é possível observar em:

(118) [...] ações afirmativas (que) contribuam para superar a realidade racial brasileira e acabar com muitos preconceitos. (Machado, PT-MG, 2102/2001)

(119) [...] luta por ações afirmativas para superar as desigualdades sociais decorrentes da discriminação racial no Brasil. [...] ação afirmativa para corrigir as injustiças sociais que têm vitimado populações afrodescendentes. (Grandão, PT-MS, 05/03/2002)

Discurso antirracista no Brasil

(120) Ações afirmativas são estratégicas. As cotas reduzem as injustiças. (Arruda, PT-PB, 20/11/2002)

(121) O sistema de cotas foi incluído como um recurso importante para corrigir as desigualdades sociais. (Paim, PT-RS, 4/12/2002)

Esses e outros argumentos semelhantes pressupõem as muitas facetas da desigualdade social e do racismo contra os negros no Brasil, comentadas extensivamente, em especial pelos parlamentares negros. Essenciais como contexto para essas referências à ação afirmativa são noções vagas, como "superar a realidade racial do Brasil" ou mais específicas, como preconceitos (118) – ambos com verbos do quadro conceitual de mudança (*superar, corrigir*) usados em (119). O exemplo (119) resume os objetivos positivos das ações afirmativas nos termos gerais de desigualdade social (também em 121), causados por discriminação e injustiça social da comunidade negra (também em 120). Como exatamente as ações afirmativas e cotas resolverão essas formas muito gerais de preconceito, discriminação e desigualdade social não é detalhado nessas passagens.

Argumento 2:
Cotas são uma reparação de injustiça e racismo passados

Como vimos, no debate sobre cotas, especialmente em ocasiões especiais como o Dia da Consciência Negra, os MPs podem se referir extensivamente ao passado racista da sociedade brasileira, em geral, e à escravidão, em particular. Nesse contexto, as cotas tendem a ser vistas como uma das maneiras pelas quais o Brasil pode reparar as injustiças passadas e como pagamento de dívidas à população negra, que é uma metáfora frequente dos debates:

(122) [...] medidas de ação afirmativa para reparar e corrigir, nos níveis regional e nacional, a estrutura racial e colonial sobre a qual nossos Estados foram fundados. (Paulo Paim, 22-11-2000)

(123) [...] uma realidade inversa da naturalização da desigualdade social, com a implementação de políticas de ação afirmativa e de caráter reparatório. (Grandão, PT-MS, 20/11/2002)

208

Argumento 3:
Os estudantes negros
são sub-representados nas universidades

Dentro do tópico geral de racismo e discriminação, a sub-representação de estudantes negros nas universidades brasileiras é, sem dúvida, a principal razão pela qual muitas formas de ações afirmativas foram consideradas e debatidas também no Congresso. Essa noção de sub-representação implica um argumento quantitativo, frequentemente elaborado em termos de estatísticas evidentes que comprovam essa desigualdade, repetidas em muitos discursos com a estratégia retórica persuasiva do uso de números:

(124) [...] a livre promoção, tão vangloriada, não funciona em um país que está longe de ter igualdade de oportunidade para todos. A prova disso é que representamos mais de 48% da população e apenas 2% de nós frequentamos a universidade. (Paim, PT-RS, 2603/2002)

(125) [...] a representação de negros nas universidades, nos poderes Executivo e Judiciário, e, mesmo aqui no Legislativo é inferior a 2%. (Paim, PT-RS, 20/11/2000)

Argumento 4:
Cotas criam oportunidades para estudantes negros

De maneira trivial, mas não menos importante, as cotas devem, por definição, criar oportunidades para estudantes negros; isso é, sem dúvida, o argumento central da própria política desse tipo de ação afirmativa. Esse argumento foi formulado de várias formas, como em:

(126) [...] ação afirmativa, gerando oportunidades reais de integração social para os filhos negros da nação. (Portela, Bloco / PSLMG, 07/05/2001)

Argumento 5:
As cotas são um instrumento político não essencial e temporal

O argumento sobre as cotas não se limita às muitas maneiras pelas quais elas contribuem para a igualdade social e para dar oportunidades aos estudantes negros. Os MPs também se envolvem em um debate mais amplo, no qual as ações afirmativas são desafiadas com muitos argumentos (veja adiante). Nesse debate, às vezes, são feitas concessões, por exemplo, enfatizando que as ações afirmativas são apenas uma medida política temporária, e não suficiente, para corrigir a desigualdade atual na educação de estudantes negros:

(127) Esta ação [AA] é, por natureza, temporária e deve ser acompanhada de outras políticas públicas, adicionalmente, voltadas à distribuição de renda, mitigação de preconceitos, melhoria da educação pública em todos os níveis, combate ao desemprego etc. (Marinho, PR-BA, 3103/2010)

Argumento 6:
Cotas são legítimas

Na estrutura do mesmo debate com os opositores de ações afirmativas, um argumento poderoso a favor das cotas é sua legitimidade, como mostra, por exemplo, a pesquisa e, depois, a importante decisão do STF, em 16 de maio de 2012:

(128) Senhor Presidente e Senhores Deputados da Câmara, o Brasil comemora a decisão do Supremo Tribunal Federal, que rejeitou por unanimidade a Arguição de Descumprimento de Preceito Fundamental -ADPF/186- contra o programa de cotas da Universidade de Brasília (UnB). (Marinho, PR-BA, 1605/2012)

(129) A Convenção Internacional das Nações Unidas para a Eliminação de Todas as Formas de Discriminação Racial, da qual o Brasil é signatário desde 1967, estabelece a necessidade de ação afirmativa como forma de promover a igualdade para a inclusão de grupos étnicos historicamente excluídos no processo de desenvolvimento social. (D'Avila, Bloco/PCdoB-RS, 2005/2008)

O último exemplo mostra que a legitimação não é apenas de instituições nacionais, mas também de instituições internacionais – um movimento argumentativo com uma longa história no Brasil, por exemplo, na luta contra a escravidão no século XIX (veja os capítulos anteriores).

Argumento 7:
Cotas são insuficientes, mas...

Vários interlocutores, no debate sobre cotas, lembram que, como essas podem não ser eficazes se os estudantes negros não puderem permanecer na universidade, tal como muitos estudos empíricos e entrevistas com estudantes negros mostraram (veja as referências anteriores):

(130) Certamente, as cotas, por si só, não produzirão resultados positivos para os estudantes negros. Não basta fornecer acesso por meio de cotas, sem garantir medidas que assegurem a permanência dos estudantes negros na universidade, além da criação de medidas que ampliem o número de negros que possam competir por vagas na universidade. (Francisca Trindade, PT-PI, 19/03/2003)

Esse pode ser visto como um argumento contra as cotas, mas também como uma estratégia de concessão no debate, enfatizando que as cotas são necessárias, mas não suficientes, e que será preciso mais apoio financeiro ou bolsas de estudos para estudantes cotistas, como a deputada negra Francisca Trindade elabora em seu discurso dedicado ao tema das cotas.

Um argumento semelhante é utilizado quando parlamentares a favor de ações afirmativas enfatizam ao mesmo tempo que apenas as cotas não resolverão os problemas da comunidade negra. Luiz Alberto, em vários de seus trinta discursos, repete a metáfora de que as cotas são apenas uma maneira, ou um passo adiante em um longo caminho:

(131) O deputado Alceu Collares está certo, as cotas não resolverão os problemas do nosso povo negro, mas é um caminho para isso. (Alberto, PT-BA, 25/03/2003)

(132) [...] pressionar o Congresso a aprovar a lei federal de cotas das universidades. Esse será mais um passo para impedir que as universidades públicas brasileiras sejam santuários de e para uma elite. No entanto, isso não basta, pois deve haver uma ampla gama de políticas públicas, promovendo a igualdade racial no Brasil. Mas é, sem dúvida, um passo importante. (Aberto, PT-BA, 22/03/2006)

Veremos mais detalhadamente a seguir que as metáforas *passo* e *caminho* são uma frequente estratégia discursiva nesses debates sobre as

Discurso antirracista no Brasil

ações afirmativas. Relacionado a esse tipo de "concessões" – de que ações afirmativas não são suficientes ou "não são o único caminho" – está o argumento de que, se as escolas de ensino médio não melhorarem, as cotas não ajudarão muito:

(133) Quero dizer também que não adianta adotar o sistema de cotas universitárias se as escolas de ensino fundamental e médio continuarem no estado de indigência em que se encontram atualmente. A qualidade declinante da educação nesses níveis escolares também é uma das principais engrenagens da injustiça social no Brasil. (Mendes de Jesus, PDT-RJ, 11/06/2003)

Embora o argumento seja, sem dúvida, válido, ele também tem seus problemas, porque muitos dos oponentes às ações afirmativas sustentam precisamente que a principal causa da baixa participação de negros na universidade é a má qualidade do ensino médio público. É claro que os defensores das ações afirmativas concordam com a explicação, mas não com a solução, porque uma reforma fundamental do ensino médio público exigiria décadas – e, portanto, um atraso de décadas para os negros (pobres) ingressarem na universidade. De fato, é como vemos no final do discurso de Mendes de Jesus, pois seu argumento termina com uma oposição à ação afirmativa:

(134) Acredito que a mudança na estrutura educacional é o que nos trará o resultado mais positivo para a integração dos negros no ensino superior. Aí sim, não precisaremos mais da adoção de cotas que permitam aos negros ter acesso às universidades. (Mendes de Jesus, PDT-RJ, 11/06/2003)

Fora do cotexto, os argumentos podem parecer a favor dos negros, mas, na verdade, devem ser vistos como concessões em um argumento contra as ações afirmativas. De fato, um ano depois, o mesmo orador afirma ser a favor, acrescentando outro contra-argumento de que elas não são uma forma de privilégio dos negros (como sustentam os argumentos contra a ação afirmativa), mas uma condição de integração dos negros na sociedade:

(135) Portanto, Senhor Presidente, nobres convidados, defendo, neste plenário, da mais importante Assembleia Legislativa do país, a adoção de cotas para o ingresso de cidadãos negros de baixa renda em instituições públicas de ensino, não como meios de privilegiá-los, mas de integrá-los à sociedade,

212

permitindo que esses cidadãos acessem o ensino superior, uma vez que são desfavorecidos, devido ao seu *status* socioeconômico desprivilegiado, tornando impossível competir com pessoas que receberam uma formação estudantil mais completa e, portanto, têm facilidade em serem aprovadas nos processos de seleção, tal como o vestibular. (Mendes de Jesus, PDT-RJ, 13/05/2004)

Argumento 8:
Experiências pessoais

Vimos que, em um debate, poucos argumentos são tão persuasivos quanto histórias de experiências pessoais, pois sabemos, de uma maneira mais geral, sobre o papel da narrativa no discurso do movimento social (Polletta, 2006; ver o debate sobre o Estatuto da Igualdade Racial). O deputado negro Carlos Santana, do Rio de Janeiro, diz a seus colegas, no Parlamento, que seu filho não precisa de cotas:

(136) Senhor Presidente, Senhores e Senhoras deputados (as) da Câmara, tenho um filho de 13 anos. Ele não precisará de cotas, porque estuda em uma boa escola, o que lhe dará as condições necessárias para concorrer a uma na universidade, seja na UERJ ou em qualquer outra universidade do Rio de Janeiro. Mas esse não é o caso do meu sobrinho, que mora na favela de Bangu. Ele não terá condições de concorrer à vaga, em nenhum lugar. (Santana, PT-RJ, 26/03/2003)

Essa passagem é ambígua em relação ao debate sobre ações afirmativas. Se Santana admite que seu filho não precisa de cotas porque ele teve uma excelente educação (privada), isso pode ser interpretado como contra a lei que favorece os estudantes negros, e que realmente é necessária uma lei que favoreça os alunos pobres para ingressarem na universidade. Portanto, ele precisou acrescentar na história um sobrinho pobre – cuja pobreza deve ser inferida a partir do local onde ele mora, um bairro pobre do Rio de Janeiro. Essa e muitas outras intervenções mostram que os argumentos podem se tornar bastante complexos e apontar (além de admitir) vantagens ou desvantagens das cotas, vistas de ambos os lados do debate.

Argumento 9:
Comparações internacionais

Um argumento frequente no discurso do movimento social, em geral, e no discurso antirracista, em particular, são as comparações internacionais. Durante os debates sobre cotas, as comparações com sistemas de cotas nos EUA ou na Índia têm sido bastante comuns, mesmo com resultados mistos, porque os oponentes das cotas não hesitam em mencionar que elas foram por fim proibidas pela Suprema Corte dos EUA. No entanto, é preciso lembrar que, antes da proibição, eles tiveram sucesso no avanço da população negra, um argumento forte, além de que a situação no Brasil e nos EUA é muito diferente. Dos muitos exemplos de comparação internacional, mencionamos apenas os seguintes:

(137) A política de cotas foi aplicada doutrinariamente pela primeira vez por um país que ainda hoje possui uma das piores distribuições de renda do mundo, a Índia, com 1 bilhão de habitantes, a fim de tentar integrar uma parte dessa sociedade, os dalits, ou intocáveis ou párias, que, sob o sistema de castas indiano não tinham as condições necessárias para a mobilidade social. (José Carlos Miranda, 26-11-2007)

(138) Um país como o Brasil, que sabe discriminar, também deve saber reconhecer seu povo discriminado. Nos Estados Unidos, o sistema de cotas existe desde 1960. Ao longo de mais de 40 anos, uma melhoria nas oportunidades foi percebida. O sistema de cotas americano favoreceu o estreitamento de diferenças existentes entre negros e brancos e aumentou o acesso dos afrodescendentes ao ensino superior. A interferência do Estado, por meio da criação de políticas públicas, é importante para incentivar o acesso às universidades. Estados Unidos, Canadá, Austrália, Nova Zelândia, Inglaterra e, recentemente, França adotaram políticas de cotas em universidades. (Santana, PT-RJ, 6/05/2008)

Argumento 10:
O uso estratégico de números

Tanto dentro como fora do Parlamento, argumentos quantitativos geralmente têm mais peso do que meras opiniões e, durante o debate de cotas, os argumentos estatísticos são frequentes. De fato, muitas estatísticas diferentes são mencionadas também nesses debates; 983 vezes, especialmente para documentar a situação socioeconômica da população negra. Antes de tudo, quaisquer que sejam os outros números, muitos oradores enfatizam que no Brasil a população negra constitui (quase) metade da população. E, especificamente, para o debate de cotas, é enfatizado que esse não é o caso nas universidades, onde os estudantes, até o ano 2000, mal constituíam 2% dos matriculados, como Paim lembrou no início dos debates (ver anteriormente):

(139) Seria inútil trazer as estatísticas novamente. Seria "chover no molhado", mostrar dados que apontam que, em média, os negros ganham, em média, 50% do que é pago aos brancos, que os negros representam menos de 2% nas universidades, judiciário, executivo e até aqui no legislativo [...]. Segundo a Pesquisa Nacional por Amostra de Domicílios de 1999, o Brasil negro, composto de pretos e pardos de acordo com a classificação utilizada, representa 45,2% da população. Os próprios negros representam 5,7% da população, mas representam apenas 2,2% dos graduados do ensino superior, avaliados pelo MEC no ano passado, enquanto os brancos atingiram 80%. (Paim, PT-RS, 20/11/2000)

Precisamente pela mesma razão, foi essencial destacar também, por meio dos dados quantitativos, o sucesso das cotas, assim que elas foram implementadas por um número crescente de universidades, na primeira década dos anos 2000 – como demonstrou a ampla literatura sobre cotas, é claro, com a autoridade adicional do IBGE:

(140) Uma pesquisa recente do IBGE, de 1995 a 2005, revela que o percentual de negros e pardos no ensino superior aumentou de 18% para 30%, com o maior crescimento desde 2001. Nos últimos 5 anos, mais negros do que brancos ingressaram no sistema público; a equidade será alcançada em 2015. E o crescimento ocorreu nos sistemas público e privado, embora tenha sido mais alto nesse último. Foram verificados dados significativos: de 2001 a 2005, houve mais negros e pardos (125 mil novos estudantes) do que brancos (72 mil) que ingressaram no sistema público. (Santana, PT-RJ, 23/11/2006)

É claro que, em geral, os deputados estão bem informados e usam dados oficiais como os do IBGE em seus argumentos. Isso não significa, porém, que em ambos os lados do debate os números não possam ser

Discurso antirracista no Brasil

manipulados, incompletos ou apresentados de forma tendenciosa. O objetivo de nossa análise aqui não é examinar se os números estão corretos ou tendenciosos, mas ressaltar que essa parte importante do debate sobre cotas ocorre de acordo com várias formas de estratégias de usar números – geralmente estatísticas de fontes autorizadas, como o IBGE.

Argumento 11:
Cotas não são discriminação reversa, mas discriminação positiva

Notamos que a argumentação feita na Câmara obviamente está intertextualmente relacionada ao debate mais amplo sobre ações afirmativas na sociedade, em geral, e na mídia, em particular. Por exemplo, um dos muitos argumentos levantados contra as cotas, na mídia, sustenta que elas são uma forma de discriminação (reversa) e, portanto, são inconstitucionais, um argumento frequentemente contestado no Parlamento:

(141) A mídia tem apresentado o impacto, em termos de reações da população quanto às reservas de vagas para negros nas universidades, pois muitas vezes é contrária à medida, sob o pretexto de que se trata, aí sim, de discriminação. Quase não há consciência da necessidade de perceber o que é, de fato, discriminação, tal como uma discriminação positiva, dando àqueles que nunca tiveram um lugar ao sol uma primeira chance de igualdade. (Reis, PMDB-RJ, 10/04/2004)

Percebemos que o contra-argumento está em oposição ao argumento de que a ação afirmativa viola o princípio fundamental de igualdade (isonomia) de todos os cidadãos, segundo a lei. Essa (contra)argumentação é parte de um debate complexo, também realizado nos EUA, no qual se diz que essa igualdade se mantém apenas na situação inicial de igualdade – situação na qual os negros têm uma posição de partida desigual. O deputado De Roure elabora isso da forma seguinte e conclui que o argumento da igualdade de fato perpetua a desigualdade, como é o caso de muitos dos argumentos jurídicos formais contra as ações afirmativas:

(142) A polêmica que o sistema de cotas traz à superfície retrata a triste realidade que continua a existir. Lamentavelmente, partes da sociedade que ainda pensam nos tempos do Brasil colônia justificam tais argumentos discriminatórios, em

nome do princípio da igualdade, ou seja, em nome da pseudoigualdade pela qual a desigualdade perpetua [...]. No entanto, a igualdade de direitos não é suficiente para tornar acessíveis as oportunidades de indivíduos socialmente privilegiados àqueles socialmente desfavorecidos. Há uma necessidade de distribuições desiguais para colocá-las no mesmo nível inicial; privilégios legais e benefícios materiais são necessários para aqueles que não são economicamente privilegiados. Somente programas de ação afirmativa levam a um nivelamento de oportunidades educacionais. (De Roure, PT-DF, 24/05/2004)

Como é o caso de outros argumentos examinados aqui, também esse desafio da falácia de *tu quoque* ("Aqueles que nos acusam de discriminação se discriminam") apresenta vários argumentos (que estão/que se encontram) subentendidos e implícitos. Nesse caso, por exemplo, a acusação de que as ideias daqueles que são contra as cotas ainda pensam como no Brasil colonial, ou seja, com preconceitos sobre os negros e opondo-se à igualdade. Vimos no capítulo anterior que os sociólogos da Escola de São Paulo também explicam a situação socioeconômica dos negros em termos de ideologias remanescentes da supremacia branca da era da escravidão. Ao mesmo tempo, De Roure, nesse fragmento, se engaja em um complexo argumento socioeconômico de que, somente por meio da aparente "desigualdade" de cotas, as desigualdades existentes de negros podem ser superadas – uma estratégia discursiva bem conhecida de paradoxo. Observe também que esse argumento usa a metáfora espacial de *níveis* desiguais. Em um longo discurso sobre a situação da comunidade negra, João Grandão (PT-MS) também lida com cotas e discute o argumento contrário à ação afirmativa de igualdade:

(143) A produção de políticas públicas voltadas à população negra não pode ser vista como um tratamento para os movimentos sociais negros, um presente que recebemos pelo martírio da escravidão. A necessidade de desenvolver políticas públicas voltadas preferencialmente aos negros significa que a noção de igualdade jurídica deve ser aquela que trata desigualmente os desiguais. Esses não são privilégios, mas uma recuperação histórica que coloca o ideal de justiça e equidade em seu lugar. (João Grandão, PT-MS, 13-09-2005)

A função do contra-argumento paradoxal (a necessidade de tratar desigualmente os que são desiguais) nesse e em outros discursos na Câmara é marcada por negações repetidas (*não pode ser vista*; *não são privilégios*), pressupondo que os oponentes usem esses argumentos. Nesse fragmento, há outra negação interessante, a saber: o modo como as cotas *não* devem ser vistas (nos termos metafóricos de um *presente*, ou seja, não como algum tipo de compensação pelo sofrimento da escravidão). No entanto, o argumento socioeconômico de que cotas não são privilégios, mas políticas necessárias para produzir justiça e equidade, pressupõe uma história em que esses valores não eram reconhecidos para a população negra brasileira.

Argumento 12:
Existem muitas formas de cotas na sociedade

Geralmente, as comparações são uma estratégia discursiva eficiente de (contra)argumentação. Dessa forma, contra aqueles que sustentam que as cotas são inconstitucionais, os parlamentares a favor se referem a muitas formas de cotas, contra as quais não há oposição ou mesmo consenso, como é o caso das muitas disposições a favor de mulheres ou deficientes físicos. O deputado Gilmar Machado desafia os oponentes das cotas da seguinte maneira:

(144) Quando foram estabelecidas cotas para mulheres em partidos políticos e para pessoas com necessidades especiais, ninguém questionou a constitucionalidade desse ato. Agora, no entanto, ao discutir o estabelecimento de cotas para afro-brasileiros nas universidades, surge esse debate; a questão do racismo e da escravidão reaparece na sociedade, problemas que o Brasil não conseguiu resolver corretamente. (Machado, PT-MG, 16/06/2004)

O deputado Paulo Delgado, em discurso de 22/09/2005, cita sua intervenção em um seminário sobre ações afirmativas, no qual ele realiza uma longa discussão sobre todas as suas formas na história do Brasil, como a Lei de Dois Terços (veja anteriormente) e medidas especiais para mulheres e pessoas com deficiência, seguidas de várias definições de ação afirmativa.

Argumento 13:
A ação afirmativa não causou problemas previstos, ao contrário

Vimos no discurso anterior que o debate na Câmara frequentemente pressupõe ou se refere explicitamente ao debate mais amplo sobre ação afirmativa na sociedade brasileira. Por ocasião de um manifesto contra ações afirmativas, representado por 300 personalidades (entre as quais professores universitários) e apresentado ao STF, o deputado Luiz Alberto resume vários dos argumentos em oposição aos argumentos contra elas. Ele se concentra especialmente em todos os problemas alegados que as cotas causariam, como diminuir o nível da universidade ou causar conflitos nos *campi*. Tal contra-argumento assume a forma de repetidas negações que pressupõem tais prejudiciais previsões. Na verdade, ele não apenas nega a existência de problemas, mas acrescenta um forte argumento positivo: as cotas parecem ser algo bom:

(145) Atualmente, existem mais de 30 universidades que adotam alguma forma de mecanismo de inclusão em seus processos de seleção. Nenhuma das previsões sobre possíveis consequências negativas após a adoção de cotas foi confirmada. Não há conflitos nos campi universitários no Brasil devido às cotas, os cotistas não se sentem inferiores em relação aos seus pares e, principalmente, não houve a tão temida deterioração da qualidade acadêmica. Há uma razão muito concreta para isso: o desempenho dos estudantes de cotas é, em geral, semelhante ao de outros estudantes. (Alberto, PT-BA, 04/07/2006)

O deputado Eduardo Valverde, alguns meses depois, oferece uma conclusão crítica da resistência entre os professores, enfatizando que sua resistência não é acadêmica ou científica, mas política, e, de fato, uma forma de preconceito velado:

(146) Não devemos temer a polêmica. Sabemos que haverá resistência, como tem ocorrido no mundo acadêmico, social, tal como na discussão nesta Câmara sobre a Lei das cotas raciais. Houve resistência até inconcebível no setor acadêmico. A visão ideológica contra cotas não é científica, mas política. Essa resistência não se substanciaria por meio da pesquisa científica da nação, a menos que houvesse preconceito velado. (Valverde, PT-RO, 23/11/2006)

O orador se refere a uma carta contra a ação afirmativa endereçada ao Parlamento, "Carta Pública ao Congresso Nacional – Todos têm Direitos Iguais na República Democrática", em 30 de maio de 2006, seguido de uma resposta a favor da ação afirmativa: "Manifesto em Favor da Lei de Cotas e do Estatuto da Igualdade Racial", em 3 de julho de 2006 (ambas publicadas na *Folha de S.Paulo*, em 4 de julho de 2006). Em 21 de abril de 2008, outra carta contra a ação afirmativa foi apresentada ao presidente do STF: "Cento e Treze Cidadãos Antirracistas Contra as Leis Raciais".

Argumento 14:
Resumindo os contra-argumentos de um artigo da imprensa

O debate no Congresso apresenta contra-argumentos em oposição aos argumentos favoráveis à ação afirmativa. O caso mais explícito é quando um deputado Carlos Santana, em 05/06/2007, examina detalhadamente um artigo anticotas, publicado na *Veja*, que também foi estudado em várias publicações acadêmicas (ver, por exemplo, Daflon e Feres Júnior, 2012; Nésio Suttana & Pereira Lutz, 2017). Santana inicia seu discurso com um argumento político crítico, a saber: que a elite contrária à ação afirmativa deseja apenas proteger os privilégios de seus filhos. Ele também critica a comparação, feita no artigo, com a Alemanha nazista e o Apartheid. Quando as elites atacam a ação afirmativa, por exemplo, alegando que tratam in-constitucionalmente de maneira diferente negros e brancos, mostra que essa oposição é apenas uma forma de resistência de classe contra a igualdade racial. Santana vê dois argumentos básicos contra as cotas, o primeiro é que a melhoria da educação pública torna supérfluas as cotas para estudantes negros, como vimos. Ele apresenta, de modo irônico, o seguinte argumento:

(147) O primeiro argumento de que "é necessária uma melhoria da educação no Brasil" é um discurso de décadas. Ou seja, a melhoria é aguardada há décadas, enquanto a exclusão permanece. Defendemos esse argumento. O que é apresentado como uma proposta para que essa melhoria aconteça? Praticamente nada! Não peça aos movimentos que a inclusão negra abandone sua política ativa em troca da espera; não espere acomodação na esperança de combinar o histórico educacional dos alunos das escolas públicas com os das escolas particulares, (Santana, PT-BA, 05/07/2006)

Contra o segundo argumento, de que o problema do acesso restrito à universidade é mais uma questão de poder econômico e classe, ele lembra que, entre os pobres, os negros estão super-representados e ganham menos – implicando que a discriminação não pode ser explicada em termos de classe social. Então, Santana usa todos os argumentos conhecidos, que são contrários à ação afirmativa, individualmente, e resume alguns dos contra-argumentos:

- Todos somos iguais para a lei
  - Não é verdade, os ricos pagam mais impostos, por exemplo
- Cotas aumentam o ódio racial
  - Não é verdade, não há conflito nas universidades
- As cotas implicam uma categorização racial dos cidadãos
  - Essa categorização já existe nas muitas formas de discriminação
- Cotas criam racismo
  - Esse racismo já existe e a cota oferece precisamente oportunidades
- É melhor investir no ensino médio
  - Melhorar o ensino médio também é necessário, assim como as cotas
- As cotas prejudicam a democracia, diminuindo a qualidade acadêmica
  - A pesquisa mostrou que os cotistas estão indo tão bem ou até melhor
- As cotas prejudicam a autonomia da universidade
  - Defendemos a autonomia das universidades, exceto quando elas excluem os negros.

Argumento 15:
Muitas universidades já introduziram cotas

Muitas vezes, os desenvolvimentos sociais "em campo" são mais rápidos que a tomada de decisões políticas e a legislação, como foi o caso da abolição da escravidão no Brasil, em 1888. Quando a Câmara e o Senado discutiam as cotas, a UERJ já as havia implementado em 2002 (ver também Ferreira Barcellos, 2012), e logo muitas outras universidades introduziram cotas ou outras formas de ação afirmativa (Guimarães, 2016; Toste Daflon, Feres Júnior e Campos, 2013).

Como argumento contra os oponentes da ação afirmativa, a realidade dos fatos – que ela realmente funciona – pode ser mais convincente do que muitos outros argumentos, mesmo quando a Lei de Cotas, após muitos anos de debate no Parlamento, foi assinada pela presidenta Dilma Rousseff, em 2012. Na verdade, como muitas universidades já empregavam cotas, para alguns dos participantes do debate parlamentar, nem seria preciso tantos debates:

(148) Senhor Presidente, o PSDB e o PFL sabem que 23 universidades públicas brasileiras já adotaram a política de reservas de vagas, juntamente com outras ações afirmativas. O assunto não requer mais amplo debate, porque isso já foi feito. Inclusive a proposta do *Estatuto da Igualdade Racial*, que está em vigor há mais de 10 anos, trata do assunto. Vários deputados da Frente Parlamentar em Defesa da Igualdade Racial e do Núcleo de Parlamentares Negros do PT acompanham essas discussões. Muitos companheiros deputados, principalmente do PT, PCdoB, PSB e PDT, já se posicionaram a favor do projeto. Se ainda há algo a debater, que seja debatido no Senado. (Alberto, PT-BA, 22/03/2006)

Argumento 16:
O racismo das práticas e do discurso contra a ação afirmativa

O debate entre pró e contra a ação afirmativa no Brasil não é apenas entre brancos e negros, mas é também entre esquerda e direita, entre forças progressistas, conservadoras e reacionárias. Embora muitos oradores a favor de ação afirmativa sejam membros do PT e de outros partidos progressistas, o partido do PMDB (centro) propôs quatro projetos de cotas (sociais, e não raciais), continuando assim as políticas iniciadas pelo presidente Fernando Henrique Cardoso do PSDB, governo no qual o tópico ação afirmativa entrou no discurso de políticas oficiais, em 1996, bem como participação na Conferência Mundial contra o Racismo, em Durban em 2001.

A diferença entre as partes envolvidas no debate também é óbvia nas frequências das intervenções: 195 por membros do PT e 28 por membros do PMDB (o governo do PT de Lula, que esteve no poder entre 2003 e

2010, e de Dilma, entre 2010 e 2012, quando a Lei de Cotas foi assinada pela presidenta).

Nos debates parlamentares, a mídia contrária à ação afirmativa é representada como porta-voz das elites conservadoras, senão como reacionárias e racistas. Não é de surpreender que os parlamentares possam citar exemplos de racismo explícito perpetrado por grupos anticotas, nas próprias universidades, por exemplo. Aqui está como (pelo menos alguns) estudantes do (branco e rico) Sul do Brasil se expressam nas paredes da universidade:

(149) Mas eu os apresento também, porque, hoje, a Universidade Federal do Rio Grande do Sul, em virtude de promover o debate sobre ser a favor ou contra a nova política de cotas - que não é o que não vim a este plenário para discutir - embora defenda a política de cotas-, a universidade amanheceu com as seguintes frases pichadas em suas paredes: "Negros na URGS só se for trabalhando no restaurante universitário"; "Negros, voltem para as senzalas". (D'Avila, Bloco/PCdoB-RS, 26/06/2007)

Não é de surpreender que esse caso tenha sido debatido por vários deputados. No mesmo ano, no Dia da Consciência Negra, em 20 de novembro, Luciana Genro, do Partido Socialismo e Liberdade (PSOL; progressista), relembra o incidente e tira a conclusão política:

(150) Na UFRGS, por exemplo, estamos vendo a disputa pelo DCE [Departamento Central de Estudantes] entremeada pelo racismo daqueles que rejeitam as cotas. São momentos em que são tiradas as máscaras. O próprio fato de as cotas serem necessárias para que possamos ver negros nas universidades é prova desse racismo, discriminação, herança da escravidão que ainda assombra os negros. (Genro, PSOL-RS, 20/11/2007)

Além da acusação de racismo contra (alguns) estudantes da Universidade Federal do Rio Grande do Sul (UFRGS), em Porto Alegre, é interessante ressaltar o uso da metáfora *são tiradas as máscaras*, também usada no título de um conhecido livro sobre racismo, *Tirando a máscara: ensaios sobre o racismo no Brasil* (Guimarães e Huntley, 2000). A metáfora faz parte de uma série mais geral de críticas conceituais ao racismo no Brasil que diz que ele não é aberto e explícito, mas velado e negado.

Embora essas negações e sua natureza oculta caracterizem, por um lado, o racismo no Brasil, o atual contexto ideológico da eleição e do governo de Bolsonaro, por outro lado, parece também favorecer a queda de máscaras na forma de outra metáfora (de *sair do armário*) em conversas racistas cada vez mais explícitas e textos e discursos de ódio (das muitas publicações recentes, ver, por exemplo, Angyalossi Alonso, 2019; Ansell, 2017; Bacelar da Silva & Larkins, 2019; Hunter e Power, 2019; Klein, 2018; Müller, 2019; Van Dijk, 2017).

No início do mesmo ano, Carlos Santana, representando o Rio de Janeiro pelo PT, iniciou um longo debate com outros parlamentares, nos quais analisa com detalhes o debate social sobre cotas e, principalmente, o fato de a resistência reacionária contra a ação afirmativa ser ideológica e uma questão de interesse próprio:

(151) Surge a política de cotas. Devido à forma como a sociedade brasileira foi montada, os negros dificilmente conseguem alcançar os espaços que os brancos – os herdeiros de nosso trabalho – possuem. Assim, a luta é pela existência de políticas de Ação Afirmativa, com cotas em determinados setores, principalmente no que se refere ao acesso ao trabalho e à educação. [...] surgiu uma grande polêmica, o que tem sido muito bom para nós, porque tirou pessoas do armário, escondidas com seus preconceitos, seus racismos, que sempre pensaram alguma coisa dos negros, mas não tinham coragem para dizer qualquer coisa. Quando as pessoas ficaram ofendidas, porque pensavam que os negros tirariam seus direitos ou os de seus filhos, expuseram todo o racismo; como sempre dizemos: os negros não incomodam porque sabem o seu lugar. Mas quando decidem lutar por espaço e, pior ainda, ganhar espaço, aí começam a querer privilégios – coisas que não deveriam querer. (Santana, PT-RJ, 27/08/2007)

A metáfora do *armário* para descrever o racismo oculto ou não reconhecido no Brasil, que se torna explícito quando os interesses são ameaçados, é uma estratégia poderosa do discurso antirracista. Em sua análise, Santana continua com um resumo do que ele vê como racismo brasileiro:

(152) No Brasil, o racismo é uma coisa naturalizada. É natural ir a shopping centers e não ver negros trabalhando; é natural entrar no avião e não encontrar negros na tripulação. É comum; ou seja, é natural. O que rompe essa normalidade é quando os negros decidem fazer algo, e é quando começam a dizer: "Vem

você com racismo reverso". Então, se não há negros na televisão, se há poucos negros, as pessoas pensam que é normal. Mas se você tem uma família só de negros, as pessoas reclamam: "Racismo".

Em suas críticas irônicas ao argumento anticotas, o deputado refere-se ao chamado *racismo reverso*; essas críticas são dirigidas especificamente à elite que é contrária à ação afirmativa, tanto na mídia quanto nas universidades. Na intervenção de Santana, também vemos o discurso antirracista e a resistência em ação, nomeadamente por meio de uma análise irônica de algumas propriedades fundamentais do racismo "*natural*" no Brasil, o racismo da vida cotidiana (*shopping centers, aviões*), ou seja, a ausência de negros em posições de destaque nos locais ocupados majoritariamente pelas elites. É especialmente relevante a análise de Santana acerca da prática discursiva racista que se dá quando essas elites gritam "Racismo" no momento em que, ocasionalmente, (mais) negros ganham prioridade.

Argumento 17:
Sobre a categorização e a identificação de negros

Um dos muitos argumentos contrários às cotas e à prática de categorizar estudantes negros é o de que no Brasil, mestiço racialmente, é possível distinguir entre preto e branco, conforme ilustrado por um famoso caso que ocorreu na UnB, em que entre dois irmãos, um foi identificado como negro e o outro como branco. No debate cotidiano, esse argumento é ridicularizado ao se dizer: se você quiser saber quem é negro ou quem é branco, pergunte a um policial ou ao porteiro de um edifício nobre. No Parlamento, isso é ironicamente contestado, por exemplo, na seguinte análise de Carlos Alberto Medeiros:

(153) Apresentei em alguns outros debates, inclusive no ano passado no Senado Federal, o fato de nossos oponentes frequentemente apresentarem uma série de incongruências e inconsistências em seus argumentos, para os quais é interessante chamar atenção. Dizem, por exemplo, que reconhecem a existência de um problema racial no Brasil, reconhecem a existência do racismo e discriminação contra a população negra, o que implica que é possível identificar negros e discriminar negativamente contra eles, mas quando apresentamos

Discurso antirracista no Brasil

propostas de ação afirmativa, dizem que é impossível identificar os negros. Ou seja: é possível e impossível identificar os negros. É possível prejudicá-los e é impossível favorecê-los ou compensá-los. Eles precisam chegar a uma conclusão sobre isso. (Medeiros, PT-MG, 26/11/2007)

Seu comentário irônico até admite uma atitude positiva e aparentemente antirracista de seus oponentes (que eles admitem haver racismo e discriminação), mas apenas para ridicularizar o fato de que eles são contra ações afirmativas, com base em uma praticidade que não parece ser um problema na discriminação diária. Em outras palavras, ele os desafia explicitamente, mostrando sua contradição e incoerência.

Argumento 18:
A existência de "raça"

Outro argumento contrário às cotas é o de que, de acordo com a ciência, não existem raças, que a introdução do conceito de "raça", como critério para a seleção de estudantes de cotas, não é científica ou é contraditoriamente racista – ou seja, argumento usado comumente por seus oponentes. Na mídia e no debate social mais amplo, esse argumento tem sido muitas vezes contestado de várias maneiras. Assim, embora não existam raças biológicas, é óbvio que o racismo existe, justamente porque na vida cotidiana do Brasil as pessoas rotineiramente fazem distinções e classificações de cor relacionadas à "raça" e outros aspectos da aparência. Assim, se as pessoas são discriminadas por causa de sua cor, pela mesma razão devem ser favorecidas com base no mesmo critério. Medeiros também comenta criticamente esse argumento anticotas, típico da elite acadêmica que faz uso argumentos "científicos" contra elas:

(154) Da mesma forma, eles se declaram oponentes radicais da ideia de raça. Para eles, a ideia de raça deve ser oposta, porque é a causa do racismo. No entanto, eles defendem e elogiam – mesmo como um aspecto fundamental na sociedade brasileira – a miscigenação, que é exatamente a mistura de raças. Ou seja, a raça não existe, mas a mistura de raças existe. Eles também precisam chegar a uma conclusão sobre isso. (Medeiros, PT-MG, 26/11/2007)

Medeiros continua sua avaliação crítica dos argumentos da elite contra as cotas citando muitos países que têm algum tipo de ação afirmativa bem-sucedida para minorias sociais ou étnicas, como vimos anteriormente. Não é de surpreender que, após seu longo discurso, tenha recebido aplausos de seus "companheiros".

Argumento 19:
Exemplos proeminentes

Parte da legitimação de cotas é referir-se a exemplos proeminentes dessa ação afirmativa em outros países, a exemplo de Obama nos EUA, como se deu em um longo debate na ocasião do discurso de Luís Alberto:

(155) Aproveito também esse momento para observar a importância da vitória de Barack Obama, nas eleições presidenciais dos Estados Unidos da América. Para aqueles que ainda têm alguma dúvida sobre a contribuição efetiva que a AA pode trazer para esse país, sem dúvida enfatizo o fato de que a eleição do presidente Obama é o resultado direto da luta pelos direitos civis e da implementação de ações afirmativas em várias áreas daquele país. (Alberto, PT-BA, 13/11/2008)

Para o Brasil, em relação a esse tipo de reconhecimento, muitas vezes é feita referência à nomeação, pelo presidente Lula, do primeiro membro negro do STF, Joaquim Barbosa Gomes, e da ministra Benedita da Silva:

(156) Também fico feliz em ver um simples presidente chegar ao poder, que trouxe respeito e dignidade à raça negra, convidando a Ministra Benedita da Silva, da Secretaria de Assistência e Promoção Social, e o Dr. Joaquim, Ministro do Supremo Federal Tribunal, para ocupar essas importantes posições na República. (Bispo Wanderval, PLSP, 13-05-2003)

Comentários finais sobre argumentação

Muitos dos argumentos contrários às ações afirmativas usados na mídia e nas universidades são recebidos com poderosos contra-argumentos no Parlamento, mostrando intertextualmente, de forma clara, que seus membros leem a imprensa e assistem à televisão. Porém, além desses contra-argumentos, eles também formulam seus próprios argumentos positivos, por exemplo, concentrando-se na História da escravidão e da discriminação. Assim pagam uma dívida histórica com discursos extensos sobre as diversas formas contemporâneas de preconceito e discriminação, muitas vezes apoiados por estatísticas detalhadas. Vimos também que o testemunho pessoal de parlamentares negros desempenha papel importante nesses argumentos.

Nossa análise dos argumentos Congresso a favor de cotas se concentrou em seu conteúdo. No entanto, eles também exigem uma análise mais aprofundada em termos de sua "forma", isto é, pela retórica muito poderosa e outras estratégias discursivas dos parlamentares, às quais, no restante deste capítulo, dedicamo-nos.

METÁFORAS

Nos exemplos mencionados anteriormente, já encontramos várias metáforas, como as atividades contra o racismo, conceituadas como uma *luta*. Tradicionalmente consideradas na retórica como tropos semânticos do discurso político ou jurídico, as teorias contemporâneas da metáfora exploraram seu papel mais fundamental como formas de pensar e como sistema básico de conceituação (da vasta literatura em Linguística Cognitiva sobre metáfora, ver Charteris-Black, 2014; Chilton, 1995; Lakoff e Johnson, 1980; Lakoff, 1996). Uma das funções da metáfora é reconceituar noções abstratas como mais concretas ou "corporificadas" (*embodied*), como é o caso de expressões como "pagar uma dívida", que costumamos encontrar nos debates quando as cotas são justificadas como forma de "pagamento" por séculos de opressão e desigualdade passadas:

(157) Sabemos que não há como compensar a escravidão, a dor, a humilhação, a miséria a qual milhões de nossos companheiros foram condicionados. (Paim, PT-RS, 26/03/2002)

(158) Politicamente, estou convencido de que, ao votar no Estatuto da Igualdade Racial, esta Casa dará um passo decisivo no sentido de consolidar ações que permitirão o resgate e o pagamento da dívida social em relação à raça negra. (Rodrigues, PSDB-MG, 09/12/2002)

Já mencionamos que a metáfora onipresente da resistência é conceituada em várias metáforas da guerra, como *força* e *combate*, que também são padrão nos debates, quando os parlamentares falam sobre a resistência ao racismo e seus diversos aspectos. De fato, o próprio termo *luta* é também uma palavra-chave no debate, usada 948 vezes, começando com o primeiro discurso de Paulo Paim, em 2000, e no fragmento a seguir, que igualmente recorre às conhecidas metáforas de obstáculos, *luta* e *batalha* relacionadas à *guerra*:

(159) Tenho certeza, no entanto, de que sua excelência estará sempre nos obstáculos da luta para vencer a batalha contra o preconceito e o racismo e, assim, construir uma sociedade igualitária e solidária, onde os direitos dos cidadãos sejam respeitados e ninguém seja discriminado. com base na cor da pele. (Paim, PT-RS, 28/11/2002)

Da mesma forma, a palavra *combate* também é usada com muita frequência (N = 477) e, como na representação de luta, normalmente ocorre acompanhada de outras como *racismo* e *preconceito*, como também no discurso de Paim:

(160) Estou certo de que não será apenas esse projeto combater o racismo e o preconceito na mídia que resolverá o problema. Alguém já disse que temos que combater o racismo nos bancos da escola. Claro que nós o faremos! (Paim, PT-RS, 20/11/2000)

Igualmente convencional é o uso das metáforas *estrada* ou *caminho*, para conceituar um processo longo e difícil, como é o caso de ação afirmativa, na metáfora *passo*, para conceituar a gradualidade do progresso em uma estrada ou caminho. Não é de surpreender que a metáfora *caminho* apareça centenas de vezes, como em:

(161) Estou ciente de que ainda estamos longe da tão esperada pátria fraterna e humanitária que todos nós neste Parlamento certamente defendemos, lutamos e queremos. E o caminho para isso, colegas nobres, é a educação. (Grandão, 05/03/2002)

Da mesma forma, a metáfora conceitual *construção* é frequentemente usada para enfatizar as ações complexas, como é o caso de uma sociedade não racista, juntamente a outras metáforas usadas desde o discurso inicial de Paulo Paim:

(162) [...] luta pelos direitos humanos, pela justiça, pela liberdade e pela construção de uma sociedade com a qual todos sonhamos [...]. Apresentamos agora uma série de reflexões que consideramos importantes para a construção da igualdade racial [...]. Fora desse debate, outros momentos surgirão e caminharemos juntos até que um dia possamos dizer que construímos a igualdade racial.

Há também relação com o uso da personalização do movimento de olhar para frente, de uma cidade ou país, por meio do verbo andar:

(163) Mas o Brasil está andando [dando passos]. (Germano, PFL-BA, 13/05/2003)

(164) Hoje, a política de cotas já é adotada pelos Ministérios da Justiça, Cultura, Desenvolvimento Agrário e pelo Supremo Tribunal Federal. O Rio de Janeiro e outros estados estão andando [se movendo] pelas mesmas linhas. (Paim, PT-RS, 03/05/2002)

A frequente (N = 500) metáfora da *construção* é especialmente usada também para conceituar as ações políticas e sociais que definem o desenvolvimento de um país ou sociedade:

(165) [...] desenvolver nossas atividades, priorizando a atividade política como fundamental para a construção de um país diferente, com maior justiça social e, acima de tudo, que garanta inclusão e não exclusão. (Machado, PT-MG, 07/03/2001)

O mesmo orador usa metáforas ontológicas espaciais, como *inclusão* e *exclusão*, para conceituar quem pertence a este país, como é o caso de muitos discursos antirracistas e do discurso acadêmico (existem centenas de títulos de livros com a palavra *exclusão*). A metáfora da *construção* também é relevante para a nossa teoria do antirracismo. Isso mostra que o antirracismo não é apenas criticamente negativo em relação ao racismo, mas também tem um aspecto positivo e construtivo, a saber: a construção de uma nova sociedade democrática, não racista, de igualdade de direitos.

As metáforas que acabamos de discutir são conceituações convencionais do discurso político, e algumas, tal como *luta* e *combate*, aparecem centenas de vezes. Outras são convencionais, mas usadas apenas uma ou duas vezes, em 12 anos de debate. Assim, enquanto a metáfora *onda*, que conceitua negativamente um grande número de pessoas (na qual alguém pode se afogar), é própria para descrever negativamente o fenômeno da imigração massiva na mídia e no discurso político na Europa contemporânea (Van Dijk, 1991), aqui ela é usada apenas uma vez para recordar a imigração (europeia) para o Brasil no século XIX, vista como uma ameaça à população negra:

(166) As elites do novo regime, estabelecido em 1889, se engajaram no processo de "branquear" a população brasileira por meio da onda de imigração. (Valente, PT-SP, 12/05/2009)

Essa metáfora também é usada uma vez no sentido positivo, para enfatizar muitas atividades antirracistas:

(167) [...] nesta onda verdadeiramente positiva de antirracismo. (Mendes de Jesus, PDT-RJ, 13/05/2003)

Para caracterizar o racismo no Brasil, muitos oradores enfatizam que, por exemplo, em comparação com o racismo violento e flagrante nos EUA, ele é escondido, mascarado ou velado de várias maneiras, como nos exemplos a seguir:

(168) Não podemos aceitar que a segunda nação negra do mundo sofra de um dos piores tipos de racismo do planeta; um racismo multifacetado e camuflado. (Dr. Rosinha, 20/11/2002)

(169) Sabemos que, apesar de tudo o que é dito, há, infelizmente, muita discriminação racial, que infelizmente é mascarada e oculta. (Faria de Sá, PTB-SP, 20/11/2003)

Como em todo discurso, seja político ou antirracista, existem outras metáforas comuns usadas naqueles aqui analisados, tais como *fechar os olhos, chamar, arquivar, ajoelhar-se* e outras. O Dr. Rosinha comenta ironicamente sobre a ação racista de um jovem, descrevendo-a como uma verdadeira *pérola* do pensamento racista (30/10/2003), e Reginaldo Germano refere-se à fala do presidente Lula como palavras que *brotaram* na boca (10/11/2003).

ATORES

No discurso parlamentar sobre ação afirmativa, os oradores falam sobre muitos atores sociais diferentes, de mulheres e homens negros, além de cotistas e outros. As teorias da representação discursiva dos atores propuseram várias maneiras pelas quais esses atores podem ser descritos ou referidos – inclusão e exclusão (van Leeuwen, 1996). Assim, podemos nos referir a atores usando nome e/ou sobrenome, como indivíduos, membros de grupo ou categoria e muito mais. Relevante para este livro e este capítulo, é se essas representações são características do discurso antirracista.

Frequências

Anteriormente, na Tabela 1, resumimos, em termos quantitativos, o uso de algumas palavras, como, por exemplo, *negro(s)* (2671), *presidente* (1908), *política/políticas* (1697), *deputados/deputadas* (1644), *mulheres* (1162), *população* (854), *brasileiros* (585), *povos* (536), *Lula* (458), *pessoas* (444), *brancos* (438). Essas frequências não são surpreendentes. É claro que há uma referência de rotina de cortesia ao presidente da sessão parlamentar, bem como aos outros deputados. E nos debates sobre racismo e ação afirmativa, obviamente *negro(s)* é a categoria mais frequente, tanto como substantivo quanto como adjetivo. O fato de os debates ocorrerem durante a presidência de Lula implica contextualmente referência a ele, também porque muitos oradores são membros do PT. Referências coletivas à população ou às pessoas em conversas sobre racismo e sua história também são, comuns, como é de se esperar. Um aspecto particularmente interessante é que, enquanto as mulheres são mencionadas 1.162 vezes, os homens são mencionados apenas 323 vezes. Da mesma forma, enquanto os negros são os atores mais citados, os brancos são citados apenas 438 vezes. Dado o tópico das cotas, também podemos esperar que os alunos sejam mencionados centenas de vezes (N = 313), enquanto discursos sobre a História do racismo geralmente apresentam o herói negro Zumbi (N = 350) ou Mandela na África do Sul (N = 23).

Negros

Os negros nos discursos podem ser descritos de várias maneiras, seja individual, genericamente ou em grupo, *o negro* ou *os negros*, e coletivamente como *povo* (N = 655) ou *comunidade* (N = 411) ou algumas vezes como *Brasil negro* ou como *não brancos*. Algumas referências são mais metafóricas, por exemplo, *camadas negras da população*. Os termos tradicionais das estatísticas oficiais, *pretos* (N = 54) e *pardos* (N = 131) são muito menos usados nesse contexto político, exceto quando se reportam a dados estatísticos, principalmente porque os parlamentares negros preferem o termo coletivo e político *negros* – muito menos usado na conversa cotidiana, em que há uma grande variedade de termos descritivos além dos negros, como *morenos* e muitos outros. É também mais oficial, no discurso acadêmico, o uso de *afrodescendentes* (N = 148) ou *afro-brasileiros* (N = 54), em geral na forma plural e, portanto, para denotar um grupo, e nunca como descrição de indivíduos.

Movimento Negro

Um dos grupos de atores influentes, que é frequentemente referido de maneira positiva, é o *Movimento Negro* (N = 150), atribuindo suas ações e seus discursos em favor do Estatuto da Igualdade Racial e da ação afirmativa. Seus atributos típicos são militância, mobilização e sua luta histórica pelos direitos civis dos negros. O movimento foi homenageado em uma sessão do Parlamento, em 13 de maio de 2008, no 120º aniversário da abolição da escravidão:

(170) Por mais de 100 anos, a sociedade brasileira evoluiu de várias maneiras na luta contra a desigualdade racial, principalmente graças ao esforço e à luta do movimento negro. (Maia, PT-RS, 13/5/2008)

Companheiros

Parlamentares de esquerda, por exemplo, do PT, PSOL ou PDT, muitos dos quais defendem as cotas, podem se dirigir aos outros MPs ou falar sobre aqueles que resistem ao racismo por meio do uso do termo socialista e comunista clássico, *companheiros/as (companheiros*, N = 169). Esses podem ser membros do Movimento Negro, outros, membros do partido ou deputados politicamente próximos, como é o caso da referência a Paulo Paim, por Luiz Alberto, e depois a toda a Câmara:

(171) Este projeto, denominado Estatuto da Igualdade Racial, foi apresentado pela primeira vez pelo nobre senador e ex-deputado federal Paulo Paim. (Alberto, PT-BA, 23/03/2003)

(172) Vi essas discussões brilharem na Assembleia Nacional Constituinte. Mas chamo a atenção dos companheiros desta Câmara de todas as cores – tanto físicas quanto ideológicas – para prestar muita atenção no que eles estão votando. (Nonô, PFL-AL, 2503/2003)

Brancos

Os brancos também são descritos individualmente, genericamente ou coletivamente, como *o branco* ou *os brancos*, e, com menos frequência, como *população branca*; nunca como *comunidade branca*, e apenas duas vezes, como *Brasil branco*, *pessoas brancas* ou *euro-brasileiro*, como adjetivo, que é às vezes usado para se referir a imigrantes, povos ou nações.

É interessante mencionar que um orador, Gilmar Machado, sempre usa *White Power* (em inglês) para se referir às elites brancas, convertendo assim a referência comum ao *Black Power*. Aqui estão algumas de suas caracterizações do poder branco:

(173) A opulência dos meliantes do grupo *White Power* é fruto do roubo, exploração e escravidão praticados por seus ancestrais, que inclusive tiveram o apoio total do Estado Democrático de Direito. No passado recente, todas as formas institucionais e legais de manter os privilégios do regime de escravidão da Força Branca foram promovidas. A escravidão promovida pelos ancestrais do grupo *White Power* era totalmente financiada pelo Estado, o que proporcionou todo tipo de proteção legal, moral e ética para que os senhores do engenho desfrutassem de total impunidade por seus atos delinquentes. A lei protegeu o roubo dos senhores bandeirantes [caçadores de fortunas que também capturaram povos indígenas] e deu cobertura aos "etnocidas". [...] É interessante notar que, quando se trata de cotas para negros e pobres, há protestos de todos os segmentos. O grupo White Power

e parte da mídia costumam atacar ferozmente essa política compensatória. (Machado, PT-MG, 25/10/2006)

A passagem é explícita na atribuição de várias formas de crime ao grupo branco dominante, cujas riquezas são historicamente baseadas em roubo, escravidão e exploração de pessoas negras. Importante é a análise política adicional de que tais crimes foram legitimados pelo Estado e pelas leis, e não apenas cometidos pelos proprietários de escravizados brancos. Vemos o discurso antirracista como a resistência mais explícita, a saber, quando analisa criticamente a estrutura de poder, as muitas formas de abuso de poder, a cumplicidade do Estado e, portanto, a natureza sistêmica do racismo, tanto no passado como na atualidade. É interessante que, entre as elites contemporâneas de poder que se opõem às ações afirmativas, também este orador se refere à mídia. O discurso de Gilmar Machado usa a estratégia discursiva que podemos chamar de "conversão"; ele reverte as caracterizações desse poderoso grupo branco. Enquanto o Poder Negro é autodescrito em termos positivos, a descrição do Poder Branco é sistemática e retoricamente negativa, acusando seus membros de roubo, escravidão, delinquência, privilégio e proteção do Estado. Essa caracterização negativa é o primeiro passo de uma descrição das elites contemporâneas que se opõem às cotas. Assim, ele também enfatiza que a oposição branca às cotas é principalmente uma questão de interesse próprio, e não, como pretendido, uma preocupação com conflitos raciais ou uma qualidade diminuída das universidades.

Vemos que a oposição contra as cotas está associada às elites brancas (N = 61), sobretudo na mídia e entre professores. Isso acontece num contexto histórico da oligarquia contra a abolição, aqueles que, de acordo com MP Valverde (12-7-2006), detêm 90% da riqueza do país.

Racistas

O discurso antirracista obviamente fala sobre pessoas racistas e o faz de muitas maneiras diferentes. Ideologicamente, elas são os oponentes, senão o inimigo. No entanto, também em outros contextos (por exemplo, europeus), o termo costuma ser forte demais para ser aplicado a quem se opõe às cotas. De fato, existem oponentes negros das cotas.

Em meu trabalho anterior sobre discurso racista, argumentei com frequência que é mais apropriado falar em discurso racista ou práticas racistas, como discriminação, em vez de falar em pessoas racistas, como uma característica fixa – com o argumento de que as pessoas podem mudar, já que elas nem sempre vão engajar-se em práticas racistas e que práticas racistas podem acabar sendo operadas por pessoas não racistas. No entanto, informalmente, as pessoas podem ser chamadas de racistas, se forem sistematicamente racistas, em muitas ou na maioria das situações raciais (ver, por exemplo, Van Dijk, 1993).

No Parlamento brasileiro, o termo *racista* é frequentemente usado (N = 165), mas não tanto quanto se pode esperar no discurso antirracista. Manoel Vitório (PT-MS) enfatiza que ninguém nasce racista (17/05/2001). Em outros discursos, esse termo é usado para se referir a países racistas, a mecanismos racistas no passado, a práticas racistas atuais, a lógicas racistas, a um Estado racista, a piadas racistas, a teorias racistas etc. Expressões explícitas como *um racista* (N = 25) ou *os racistas* (N = 11) são menos frequentes, como em:

(174) Fico triste ao descobrir que realmente existem inúmeros racistas que não querem ver a ascensão dos negros. (Germano, PFL-BA, 25/03/2003)

(175) Nesse sentido, o Estatuto realmente tem a vantagem de fazer racistas saírem do armário e expor publicamente seus argumentos ruins. (Hédio Silva Júnior, 26/11/2007)

Curiosamente, o termo *antirracista* é usado ainda menos (N = 10), e apenas como adjetivo para caracterizar lutas, políticas públicas, movimentos sociais e cidadãos.

A mídia

Vimos que especialmente a mídia conservadora é criticada por muitos MPs, devido a sua crescente oposição às cotas. Foi o caso do jornal de grande circulação *Folha de S.Paulo*, que publicou vários artigos de opinião de professores e outras pessoas de destaque, do jornal carioca *O Globo* e, especialmente, da revista semanal *Veja* (para estudos sobre campanha midiática contra as cotas, ver, por exemplo, Lima Viana e Vasconcelos Bentes,

2011; Daflon e Feres Júnior, 2012; Campos (2014), Santos Moia e Silvério (2010); Feres Júnior e Toste Daflon, 2015).

Os negros e outros parlamentares antirracistas veem e descrevem a mídia como porta-voz das elites econômicas e profissionais, cujos interesses são supostamente ameaçados pelo aumento do influxo de estudantes negros nas universidades e, portanto, comparativamente, com menos lugar para seus próprios filhos e filhas (em geral brancos). Ao mesmo tempo, essas elites são muitas vezes, raivosamente, anti-PT, anti-Lula, e, portanto, contra suas políticas de ação afirmativa.

Essas elites e a mídia hegemônica que lhes dá sustentação envolveram-se, de maneira crucial, na manipulação da opinião pública e política que levou ao *impeachment* da presidenta do PT Dilma Rousseff, em 2016 (Van Dijk, 2017), à conspiração jurídica que levou à prisão de Lula (para que ele não pudesse competir nas próximas eleições) e à vitória do presidente de extrema direita, Bolsonaro, em 2018 (entre outras publicações, veja também Bähre e Gomes (2018); Proner et al. (2018); Souza, 2016, 2017). Como lembrado por vários MPs, por sua oposição aos direitos dos negros, a mídia de hoje às vezes se assemelha a um representante moderno dos senhores escravistas.

Referidos pelos parlamentares como *mídia* (N = 72) ou *imprensa* (N = 72), ou diretamente por seus nomes (*Folha de S.Paulo*, 32, *Veja*, 12 ou jornal *O Globo* ou *Jornal Nacional*, 18), a grande mídia desempenha um papel importante como ator dos ELES no discurso ideológico polarizado entre NÓS e ELES. A versão impressa desse ator institucional coletivo está disponível diariamente nas bancas de jornais ou digitalmente em computadores, tablets e telefones e, ao mesmo tempo, serve como representante de todos os atores que atacam criticamente as políticas de cotas, bem como o PT e de outros MPs que são a favor de tais políticas.

Além disso, já em 1997, Paulo Paim havia proposto cotas para a mídia, tanto para o emprego de jornalistas negros quanto para atores negros nas telenovelas difundidas, um projeto que foi agressivamente atacado pela mesma mídia. De fato, a mídia brasileira também deve ser vista como uma das principais fontes de estereótipos generalizados sobre negros (ver, por exemplo, Adesky, 2001; Araújo, 2000; Joyce, 2012). Os MPs comentam o seguinte:

Discurso antirracista no Brasil

(176) Os estereótipos atribuídos, em aliança com a cultura propagada pela mídia, que não poupa os negros de todas as imagens negativas, instilam nos brancos esse olhar desvalorizado. Hostilizado, agredido em sua autoestima, os negros, situados nos porões da sociedade, além de serem vítimas de marginalização, tornam-se vítimas de automarginalização. (Bittencourt, PMDB-GO, 12/06/2002)

(177) O racismo também é recriado e alimentado diariamente em nosso país por meio da mídia comercial, o que reforça a imagem estereotipada e discriminatória dos negros. (Machado, PT-MG, 20/11/2002)

(178) A mídia tem apresentado o impacto em termos de reações da população quanto às reservas de cotas para negros nas universidades, muitas vezes contra a medida, alegando que é, de fato, uma discriminação. (Vieira Reis, PMDB-RJ, 10/05/2004)

(179) É interessante notar que, quando se trata de cotas para negros e pobres, há gritaria de todos os setores. O grupo White Power e parte da mídia costumam atacar de modo feroz essa política compensatória. (Machado, PT-MG, 25/10/2006)

Luiz Bittencourt, em (176), resume adequadamente a teoria da influência da mídia na formação de estereótipos racistas entre o público branco, bem como na autoestima dos negros (ver, por exemplo, Crook e Johnson, 1999; Hutchinson, 1997). Entre muitos outros, Vieira Reis enfatiza o papel negativo da mídia no debate público e, portanto, na opinião geral, sobre cotas. Como vimos anteriormente, para a referência ao White Power, Gilmar Machado, em (179), identifica a mídia como o porta-voz da White Power, enfatizando essa influência em termos de *feroz* e a cobertura da mídia como *gritaria* (protestos).

Dado esse papel proeminente da mídia e o acesso diário dos parlamentares a essa mídia, também se pode esperar que haja referência frequente a um debate mais amplo (N = 459), não apenas no Congresso, mas também na sociedade em geral – um debate que (no início dos anos 2000) só podia ser conhecido por meio da mídia oficial – em outras palavras, como *discussão* (N = 168) e principalmente *polêmica* (N = 46):

(180) Quando o conselho da Universidade do Estado do Rio de Janeiro estabeleceu uma cota de 40% de suas vagas para estudantes negros, houve muitas críticas e sua ação foi objeto de grande debate. A polêmica chegou a gerar

238

Discursos parlamentares sobre ação afirmativa

alguns processos, pois alguns candidatos consideraram o percentual usado pela UERJ muito alto. (Mendes de Jesus, PDT-RJ, 6/11/2003)

(181) O racismo ainda é um assunto que causa polêmica e disputas em nossa sociedade. (Biffi, PT-MS, 17/03/2004)

(182) A polêmica que o sistema de cotas traz à superfície retrata a triste realidade que continua a existir. (De Roure, PT-DF, 24/05/2004)

A palavra *polêmica* pode, portanto, ser usada tanto pelos proponentes quanto pelos oponentes das cotas, a primeira referindo-se (criticamente) ao debate social geral e a segunda enfatizando que as cotas são controversas.

O Supremo Tribunal Federal (STF)

Outro ator importante no debate de cotas no Parlamento é o STF (ver também STF, 2010). O STF foi referido 125 vezes pelos MPs, cujas decisões também foram estudadas na literatura (ver, por exemplo, Davis, 2014; Feres Júnior, 2010; Riella Benites e Arruda de Moura, 2012; Silvério, 2012). Pouco antes da assinatura da lei de cotas pela presidenta Dilma Rousseff, em agosto de 2012, o STF, em abril de 2012, declarou, por unanimidade, a constitucionalidade do acordo de cotas da UnB e, portanto, para todas as instituições com programas de ação afirmativa. Antes, em 2008, o STF havia sido o destinatário de vários manifestos de opositores e proponentes de cotas.

(183) Fruto desse debate na sociedade, gostaria de enfatizar aqui que um grupo de artistas e intelectuais brasileiros deve entregar, nesta semana, uma declaração em favor de cotas raciais ao Supremo Tribunal Federal. O documento é uma reação a outra carta contrária às cotas, assinada por alguns intelectuais, e entregue à Suprema Corte, há duas semanas. (Maia, PT-RS, 13/05/2008)

O STF é mencionado, com frequência, devido também à nomeação por Lula do primeiro ministro negro, Joaquim Benedito Barbosa Gomes, em 2003 (que atuou como ministro entre 2012-2014). Ainda mais cedo, o STF havia declarado várias formas de ação afirmativa constitucionais. Certamente, os defensores das cotas contra-argumentam os discursos dos opositores, citando o STF, usando o argumento da constitucionalidade das cotas:

(184) Os que falam da inconstitucionalidade da proposta não estão acompanhando o debate. O Supremo Tribunal Federal já instituiu as cotas e o Ministério do Desenvolvimento Agrário também já o fez. No entanto, é muito pobre limitar a discussão do projeto ao debate sobre cotas. (Alberto, PT-BA, 25/03/2003)

O papel do STF na questão da ação afirmativa não implica que os tribunais do Brasil sejam conhecidos por atuarem ativamente na luta contra o racismo. Apesar dos objetivos antirracistas da Constituição de 1988, a pesquisa mostrou que o Judiciário frequentemente ignora ou minimiza as ofensas raciais (Rodriguez de Assis Machado, Lima e Neris da Silva Santos, 2019).

AÇÕES

Os atores mencionados anteriormente se envolvem em muitas ações. Antes de todos, é claro, os próprios MPs se envolvem em ações discursivas ou comunicativas, nas sessões parlamentares e, portanto, em vários atos e interações políticas, como "tomar a palavra", saudando o presidente da sessão e seus colegas ou convidados presentes, abrindo e fechando turnos, interrompendo outros oradores, comemorando dias especiais e muito mais – tudo parte dos macroatos de debate e legislação. As suas próprias e outras ações antirracistas são, antes de tudo, expressas metaforicamente como *luta* (N = 598) e *combate*, como discutido anteriormente. Outras ações frequentes envolvidas ou mencionadas, com verbos ou nominalizações, são *resistir, promover, construir, discutir, decidir, votar, propor, avançar, reconhecer* etc.

Vamos examinar algumas dessas ações mais de perto e ver quando elas são usadas e quem está envolvido nelas.

Resistir

A resistência como forma de oposição política tem sido tratada em milhares de livros (por exemplo, Hoy, 2004), especialmente sobre feminismo (Allen, 1999; Butler, Gambetti e Sabsay, 2016) e pacifismo (Holmes e Gan, 2012). Definimos anteriormente o antirracismo como uma forma de resistência (veja o capítulo "Quadro teórico"). É o caso também dos deputados que veem o antirracismo, antes de tudo, como luta e combate, mas, geralmente, como um ato de resistência (N = 148). Assim, em seus discursos, é relevante perceber quem está resistindo e contra quem ou o quê – expressando, assim, o quadro cognitivo do conceito de resistência, envolvendo uma forma de força contrária. Como era de se esperar, o primeiro quem resistiu foi o herói negro Zumbi, e outros protagonistas na história dos afro-brasileiros, primeiro contra os proprietários de escravizados ou contra a escravidão e, depois, contra a discriminação e o racismo em geral. Essa resistência é lembrada por muitos oradores, especialmente no Dia da Consciência Negra, em 20 de novembro:

(185) Zumbi é a memória da pátria-mãe, a África. Zumbi é paz, ele é vida, ele é resistência. (Paim, PT-RS, 20/11/2000)

(186) Sob condições sub-humanas, o herói negro resistia, rebelava-se e fugia, o que desmistifica a ideia de passividade e conformação diante dos desígnios da raça. (Bittencourt, PMDB-GO, 12/06/2002)

(187) Um deles [quilombos] se destacou por sua organização e resistência, mantendo uma guerra prolongada contra os proprietários das plantações: o Palmares. (Arantes, Bloco/PCdoB-GO, 20/11/2002)

(188) Também gostaria de lembrar, neste pronunciamento os líderes anônimos da história que deixaram o legado de resistência contra todas as formas de violência, discriminação e exclusão raciais. (Machado, PT-MG, 20/11/2002)

Luiz Bittencourt comenta enfaticamente, em (186), que a resistência dos escravizados negros deve ser lembrada e ressaltada como uma contradição contra os estereótipos de que eles eram passivos. De maneira mais geral, a resistência está associada, em passagens de solidariedade internacional, à resistência internacional contra o racismo ou o colonialismo:

(189) Com base nos princípios da não violência ativa e nos ideais de resistência pacifista, seguindo o exemplo do líder indiano Mahatma Gandhi, Martin Luther King lutou pelos direitos civis, principalmente organizando a população negra a realizar boicotes, como contra o uso de transporte público. (Medeiros, 15/04/2004)

A noção de resistência também pode ser usada quando se refere à atual oposição às cotas, por exemplo, pelos MPs da própria Câmara:

(190) Hoje, quando tentamos promover a discussão para aumentar esses 2% para 20%, encontramos resistência dentro desta Casa. A sociedade exerce pressão do lado de fora, mas aqui também encontramos resistência. (Germano, PFL-BA, 13/05/2003)

(191) Não devemos temer a polêmica. Sabemos que haverá resistência, como tem ocorrido no mundo acadêmico e social, na discussão nesta Câmara sobre a Lei das cotas raciais. Houve resistência até inconcebível no setor acadêmico. A visão ideológica contra cotas não é científica, mas política. Essa resistência não se substanciaria através da pesquisa científica da nação, a menos que houvesse preconceito velado. (Valverde, PT-RO, 23/11/2006)

Eduardo Valverde recorda, em seu discurso, a ampla controvérsia social sobre cotas, neste caso, nas universidades, resistência que ele qualifica como política e preconceituosa, e não tão científica, como vimos anteriormente. Isso, sem dúvida, era verdade para muitos, especialmente professores conservadores e alguns grupos de estudantes, mas, em 2006, várias universidades já haviam implementado cotas, de modo que pelo menos havia uma maioria a favor delas nessas universidades.

Agência negra

Enquanto a história da resistência negra é amplamente lembrada e comemorada nos discursos dos MPs (principalmente negros, mas também em outros), uma pergunta óbvia seria: e as ações dos negros hoje? Para poder avaliar tais referências, selecionamos todas as frases (N = 1.557, um *corpus* de 58.880 palavras) nos discursos, com uso da palavra *negros*, que podem, naturalmente, referir-se a negros específicos, a negros de maneira genérica, ou ao masculino plural do adjetivo *negro*. Em seguida, examinamos os verbos e nominalizações referentes às ações dos negros. Nesse caso, estamos menos interessados nos números precisos, mas na natureza das ações atribuídas às mulheres e homens negros. Antes de tudo, muitas das palavras *negros* não são sobre ações de negros, mas sobre ações ou situações de/com/para negros, ou usam *negros* como adjetivo de não agentes. Por exemplo, frequentemente, *os negros* (N = 598, mais de um terço de todas as menções) são referidos com uma frase preposicional e, portanto, não como agente, como vemos a seguir.

- com os negros (8)
- contra negros (8)
- de negros (166)
- dos negros (186)
- entre os negros (17)
- para negros (91)
- cotas para negros (63)
- para os negros (57)

E o uso de *negros* como adjetivo? Como é de se esperar em discursos sobre cotas, existem 31 frases *estudantes negros*, geralmente como partes de frases preposicionais e, portanto, não são os agentes. Isso acontece também em *jovens negros,* mencionados 24 vezes, ou *homens negros*, referidos 20 vezes. Da mesma forma, existem 13 referências a *brasileiros negros*, mas nunca como agentes da ação. *Os negros* aparecem 20 vezes, com *brancos*, por exemplo, na frase *entre brancos e negros*, ou 30 vezes, como *entre negros e brancos*, portanto, novamente, não aparecem como agentes. Em muitas outras frases, eles são alvos da ação de outras pessoas, por exemplo, como vítimas de preconceito ou discriminação, como é de se esperar nesses discursos. Em resumo, os negros são mencionados com muita frequência, mas raramente como agentes. Então, quando eles aparecem como agentes? Em apenas 20 das mais de 1.500 frases. Aqui estão alguns exemplos:

(192) Estudiosos e ativistas negros têm denunciado, durante anos, a lacuna que separa negros e brancos no país. (Alberto, PT-BA, 22/03/2006)

(193) Porque não estão conscientizando os negros para votar nos negros. (Germano, PP-BA, 23/11/2006)

(194) Com as cotas, que devem ser implementadas até o primeiro semestre de 2004, serão abertas as portas para 597 estudantes negras e negros ingressarem na universidade a cada ano. (Alberto, PT-BA, 12/06-2003)

Mas, mesmo aqui, essas são ações no passado e apenas de ativistas, como em (192), ou negativamente – o que os negros *não* fazem, como em (193). E em (194) estudantes estão representados como beneficiários, não como participantes ativos. As poucas outras frases em que os negros aparecem como agentes são sobre heróis passados ou sobre o Movimento Negro, ou em cláusulas dependentes nas quais eles são obrigados ou desejam se envolver em alguma ação:

Discurso antirracista no Brasil

(195) Os negros resistem com uma coragem nunca vista, manchando como sangue o solo de Palmares. (Collares, Bloco/PDT-RS, 28/11/2002)

(196) Houve inúmeras revoltas e várias formas de resistência desenvolvidas pelos negros escravizados. (Santana, PT-RJ, 4/7/2007)

(197) Os movimentos negros conquistaram o reconhecimento público de que o racismo está presente nas relações sociais e é fator fundamental da desigual-dade. (Décio Lima, PTSC, 19-11-2009)

(198) Isso se deve principalmente ao grande esforço de conscientização realizado pelos movimentos negros ao longo dos anos - por meio de denúncias e propostas. (Nogueira, PT-AP, 18/06/2003)

(199) Seguindo essa lição, nós, negros, precisamos aproveitar e discutir os direi-tos que estão surgindo, embora de maneira atrasada, mas estão surgindo. (Collares, PDT-RS, 20/03/2003)

Certamente, os negros podem ser referidos de muitas outras manei-ras além do uso da expressão *negros*, por exemplo, como feito pelos MPs negros, em: *(nosso) povo* (N = 536). Novamente, como na expressão *negros*, a grande maioria dos usos está em frases preposicionais, e, portanto, eles não aparecem como agentes, mas como alvos das ações de outras pessoas (principalmente brancas). Nas cláusulas dependentes *povo* pode se referir a agentes obrigados a ou que desejam fazer uma coisa. Às vezes, *o povo* (N = 8) aparece como parte de uma nominalização (metafórica), como em *luta do povo*. Isso vale também para outras expressões, como *comunidade negra* (N = 83). No exemplo seguinte, as ações da comunidade negra acontecem no passado e se apresentam numa cláusula dependente:

(200) Parabéns à comunidade negra que, com sua luta, conquistou o respeito e o reconhecimento dos democratas em todo o mundo. (Arantes, Bloco/ PCdoB-GO, 20/11/2002)

Em suma, os negros, quando referidos com outras expressões, rara-mente são representados em papéis ativos. Podemos concluir que a repre-sentação da população negra nesses discursos parlamentares é geralmente como heróis do passado e como vítimas ou sobreviventes de desigualdade racial, discriminação e preconceito, como beneficiários das políticas ou ações do Estado ou instituições, e raramente como uma comunidade ativa, como é o caso do(s) Movimento(s) Negro(s).

244

Parlamentares negros

Os únicos negros ativos representados aqui são, por definição, o próprios MPs negros. Como vimos, eles são agentes de muitos atos institucionais de fala e de outras atividades, frequentemente expressos no início de seus discursos, por exemplo, nos de Paulo Paim, de 20 e 22 de novembro de 2000: *falar, demonstrar, cumprimentar, mostrar, desmistificar iluminar, afirmar, transformar, observar, realizar, mencionar, registrar, reunir, progredir, fazer, ver.* Da mesma forma, outros oradores iniciam seus discursos com frases como:

- Eu gostaria de convidar
- Nós gostaríamos de fazer uma reflexão
- Nós queremos, antes de mais nada, cumprimentar
- Eu venho à tribuna para elogiar
- Repudiar
- Dirigimo-nos a esta tribuna, hoje, para nos pronunciarmos
- Nós queremos registrar a aprovação
- Eu gostaria de saudar os companheiros e as companheiras.

No restante de seus discursos, os deputados podem se referir a muitas outras ações em que se envolvem, explicitamente com o uso do pronome *nós*, ou em combinação com outras frases substantivas, como nós negros, nós afrodescendentes, nós brasileiros, nós parlamentares, nós do Partido ou nós mulheres, ou nós (temos) que: *apresentar, aprovar, mostrar, precisar, celebrar, considerar, denunciar, discutir, apoiar, avançar, apresentar, precisamos construir, defender, escolher, lutar* etc.

Em suma, essas são o tipo de atividade em que todos os deputados no Brasil se envolvem, sejam negros ou não, como é o caso quando se apresentam como *parlamentares negros* ou como membros da *bancada parlamentar negra* (núcleo preto), *Núcleo de Parlamentares Negros do Partido dos Trabalhadores* ou *Frente Parlamentar em Defesa da Igualdade Racial.*

OUTRAS ESTRUTURAS SEMÂNTICAS RELEVANTES

Além da representação de atores, ações e metáforas, que outras estruturas e estratégias semânticas são interessantes nos debates antirracistas?

Implicações e implicaturas

Um dos aspectos mais poderosos da semântica e da pragmática do discurso é o uso de implicações e implicaturas, expressões que deixam para os interlocutores derivar significados ou inferências contextuais pretendidas. Esse pode ocorrer em casos triviais – porque nenhum discurso é completamente explícito – e é uma estratégia usada quando os oradores querem evitar expressar ou afirmar tais implicações, em situações em que a negação política é crucial. Aqui estão alguns (de numerosos) exemplos sobre a mídia (ver também Liu e Mills, 2006; Van Dijk, 1993).

(201) Em uma mídia brasileira sem preconceitos, quase metade dos artistas, figurantes, repórteres, apresentadores e palestrantes seria afrodescendente. (Paim, PT-RS, 17/05/2001)

(202) A mídia tem apresentado o impacto em termos de reações da população quanto à reserva de cotas para negros nas universidades, pois muitas vezes são contra a medida, alegando que se trata, aí sim, de discriminação. (Vieira Reis, PMDB-RJ, 10/05/2004)

A afirmação de Paulo Paim em (201) implica, mas não afirma explicitamente, que a mídia é preconceituosa e, além disso, que ela é racista. Nesse contexto político, a implicatura (pragmática) pode ser a de que, se a mídia não quiser ser preconceituosa ou racista, é melhor contratar mais negros. No exemplo (202), o orador considera que a mídia é negativa em relação às cotas porque dá muita atenção às opiniões negativas da sociedade. Na segunda parte da oração (202), o uso da curta frase irônica *aí sim* quer dizer que, embora a mídia finja que as cotas são discriminatórias, geralmente não presta tanta atenção à discriminação, o que implica que elas são racistas por causa de reportagens tendenciosas.

Pressuposições

Pressuposições depreendem conhecimento prévio dos leitores ou ouvintes (entre muitos livros sobre pressuposição, ver, por exemplo, Petöfi, e Franck, 1973; Van der Auwera, 1975; ver também Van Dijk 2014). Nesses debates na Câmara brasileira, esse é primeiro caso de pressuposições de escravidão e discriminação passadas, ou de lutas anteriores contra eles, com descrições definidas, advérbios muito frequentes e relevantes, por exemplo: *ainda* (N= 773), verbos como *continuar* (N = 105) ou *parar* (N = 9) ou verbos factivos, como em:

(203) Eu percorro os campos, as plantações, as fábricas e vejo, ainda hoje, os negros apenas como criados. (Paim, PT-RS, 20/11/2000)

(204) Assim, ainda vemos a difusão generalizada de estereótipos através dos meios de comunicação de massa. (Paim, PT-RS, 22/11/2000)

(205) Admite-se que ainda exista racismo mesmo contra as mulheres. (Pedros, Bloco/PSDB-BA, 17/05/2001)

(206) Segundo o IBGE, isso prova que a sociedade brasileira ainda discrimina negros e pardos. (Mourão, PSDB-TO, 14/05/2002)

(207) É por isso que continuaremos a lutar nesse campo. (Collares, Bloco/PDT-RS, 20/03/2003)

(208) Temos que parar com a hipocrisia de dizer que não há racismo no Brasil. (Santana, PT-RJ, 25/03/2003)

Obviamente, em 323 debates, há um vasto número de implicações, implicaturas e pressuposições, para as quais seria necessário um estudo separado e detalhado, baseado em uma teoria explícita da semântica do discurso – um estudo que está fora do escopo (e tamanho) deste capítulo e deste livro. Isso vale também para as outras estruturas semânticas mencionadas brevemente nesta seção.

Imprecisão e precisão

Há muitas maneiras de falar com mais ou menos precisão ou vagamente sobre ações e eventos (Bhatia, 2005; Shapiro, 2008; Van Deemter, 2010). Por exemplo, dentro de uma estratégia de outras apresentações negativas, típica do discurso ideológico, como nos debates parlamentares, os oradores são precisos sobre as ações negativas de oponentes ou inimigos e silenciosos ou vagos sobre suas próprias ações negativas, uma estratégia que denominamos *quadrado ideológico* (Van Dijk, 1998). Quando os deputados não têm uma ideia clara de políticas eficientes, ou quando querem criticar o governo ou a oposição sem dados precisos, eles também recorrem a expressões vagas, como *uma coisa*:

(209) É evidente que a proposta deve ser aprofundada. Mas algo precisa ser feito, inclusive pelo governo ou pelo Congresso Nacional, para que essa situação não persista ou caia no esquecimento, como é comum nesses casos no Brasil. (Mourão, PSDB-TO, 1405/2002)

(210) Alguma coisa está falhando no Congresso Nacional. (Valverde, 19/12/2006)

A precisão, nesses debates, é geralmente alcançada pelo uso estratégico de dados estatísticos (N = 983) sobre desigualdade e discriminação raciais. Além disso, para enfatizar os aspectos negativos da escravidão passada, os oradores costumam enfatizar quantos anos ou séculos ela durou. No discurso antirracista, a desigualdade racial é raramente referida sem estatísticas oficiais bastante precisas.

Granularidade

A granularidade está relacionada à imprecisão e à precisão das descrições, fornecendo mais ou menos detalhes, como ocorre em fotografias ou telas de computador (ver, por exemplo, Zhang e Liu, 2016). Ações negativas de oponentes e inimigos tendem a ser representadas com mais detalhes do que nossa própria ação negativa e, inversamente, damos mais detalhes sobre NOSSAS boas ações e menos detalhes sobre as boas ações DELES (para saber mais sobre essas expressões discursivas de ideologias, ver Van Dijk, 1998).

Assim, no discurso antirracista, nos debates parlamentares, os oradores negros e (outros) do PT falam, por um lado, extensivamente sobre os detalhes do passado da escravidão, e, por outro lado, do racismo contemporâneo, bem como sobre a bravura de heróis negros como Zumbi ou do Movimento Negro, ou mesmo de suas próprias atividades positivas na Câmara. Entretanto, nos debates sobre cotas, são mencionadas pelos proponentes muitas vantagens detalhadas dessa ação afirmativa e, raramente, comentam-se seus problemas práticos, como referidos pelos oponentes.

Análise epistêmica

O discurso implica, expressa, transmite e pressupõe vastas quantidades de conhecimento (Van Dijk, 2014). Os parlamentares fazem isso extensivamente ao falarem sobre discriminação e preconceito racial passado e atual, sobre cotas, estudantes, universidades e um grande número de outros temas e questões. Eles podem expressar esse conhecimento com mais ou menos certeza, utilizando fatos adquiridos a partir da experiência pessoal ou de diferentes fontes ou pressupor esse conhecimento quando sabem que os interlocutores podem ou devem fazer as próprias inferências relevantes. Uma análise epistêmica detalhada das inúmeras maneiras pelas quais, durante 12 anos, os parlamentares falaram sobre racismo e cotas e gerenciaram variavelmente esse conhecimento é impossível aqui. Existem muitas maneiras explícitas ou implícitas de se referir a esse conhecimento, como em:

(211) Existe, portanto, um **conhecimento** acumulado sobre as desigualdades raciais para garantir a elaboração de políticas. (Vitório, PT-MS, 17/052001)

(212) Os números de desigualdade racial no Brasil são de **conhecimento** comum. (Vitório, PT-MS, 21/03/2002)

(213) Como tal, tenho **conhecimento** suficiente para oferecer meu testemunho. (Trindade, PT-PI, 1903/2003)

(214) **Sabemos que** a dívida deste país com a comunidade negra é impagável. (Paim, PT-RS, 20/11/2000)

(215) **Sabemos que** existe um movimento nacional para identificar o racismo em todas as suas formas. (Feldman, PSDB-SP, 25.032003)

(216) Por fim, como se pode **compreender** destes números, a população negra brasileira ainda sofre com **o fato** de o Brasil ter sido o último país do Ocidente a abolir a escravidão. (Welington Dias, PT-PI, 24/04/2002)

É preciso enfatizar, no entanto, que o conhecimento em si não é ou não precisa ser mencionado de modo explícito como nesses exemplos. Normalmente, um fato é afirmado ou pressuposto diretamente sem esses marcadores epistêmicos, como o uso de artigos definidos (*a discriminação*) nos discursos de Paulo Paim, pressupondo e afirmando a existência de discriminação e, portanto, seu conhecimento desses fatos:

(217) Gostaria de aproveitar esta oportunidade para cumprimentar toda a comunidade negra, os movimentos organizados que lutam **pelo fim do preconceito e da discriminação racial** e todos aqueles que, de uma maneira ou de outra, contribuem para essa luta. (Paim, PT-RS, 20/11/2000)

(218) Quando se trata da raça negra, não se cumpre a Constituição, porque **existe discriminação** (Paim, 17/50/2001)

Paim não expressa e não precisa expressar como chegou a esse conhecimento social geral (a existência da discriminação, por exemplo), porque ele é amplamente compartilhado entre sua audiência. Em algumas situações, o conhecimento afirmado ainda não é conhecido ou compartilhado pelos interlocutores, e, nesses casos, os oradores podem precisar explicar como eles chegaram a esse conhecimento, geralmente referindo-se a experiências pessoais (observação etc.), discurso e comunicação anteriores ou inferências de conhecimentos prévios, que estão em muitos tipos diferentes de evidências (para detalhes, consulte Aikhenvald, 2018). Nos exemplos a seguir, vemos que o conhecimento é geralmente adquirido pela experiência ou pelos sentidos, pelo discurso ou pela inferência:

(219) Enquanto me especializava em cirurgia cardíaca, no Instituto do Coração do Hospital das Clínicas de São Paulo, **pude observar que** entre mais de 150 médicos, apenas eu e meu irmão gêmeo, Cosme, erámos negros. (Damião Feliciano, PMDB-PR, 20/11/2000)

(220) **Matéria publicada hoje no jornal *Folha de São Paulo*** destaca pontos que refletem a desigualdade racial brasileira. (Wilson, PT-GO, 20/11/2007)

(221) **Tenho razões suficientes para concluir que** o racismo estrutural em tempos de globalização será combatido até a exaustão no governo de Lula e no PT. (Grandão, PT-MS, 20/11/2002)

Modalidade

As crenças nem sempre são tão certas e, portanto, o conhecimento pode ser apresentado de várias maneiras, por expressões modais existenciais ou epistêmicas, com o uso de advérbios modais, por exemplo: *certamente, provavelmente, talvez, eu acho, sem dúvida*, e assim por diante (ver Marín Arrese, Lavid e Carretero, 2017). Isso não é diferente nos debates parlamentares, e muitas das afirmações dos deputados são assim modalizadas com advérbios modais ou formas gramaticais especiais:

(222) Se não fosse pelas culturas originárias de Angola, o Brasil seria, sem dúvida, mais pobre e mais triste. (Machado, PT-MG, 21/032001)

(223) É claro que há injustiça social no país, **provavelmente** mais contra negros e indígenas e outros grupos semelhantes. (Bengtson, PTB-PA, 19/04/2005)

A escolha léxica de Bengtson, sobre racismo e justiça social contra negros e indígenas, provavelmente contrasta com as afirmações de seus companheiros, que deixam poucas dúvidas sobre esse fato.

Opinião

Os deputados não apenas pressupõem conhecimentos antigos e afirmam novos conhecimentos, mas, por definição, também expressam opiniões ideologicamente baseadas em um número expressivo de questões, situações, eventos, ações ou pessoas. Como é o caso de uma análise epistêmica, essa análise doxástica pode ser fornecida apenas para dados específicos, e não para 12 anos de debate. Já vimos que muitos oradores expressam sua admiração pelos heróis negros do passado, pelos Movimentos Negros contemporâneos, uns pelos outros – se os outros compartilham suas opiniões, assim como se têm opiniões e avaliações muito negativas sobre discriminação, preconceito, racismo, desigualdade social e – por pessoas ativamente envolvidas neles, aceitando-os ou negando-os. Como é o caso em inglês, e também em português, o léxico da valoração é enorme (ver Sistema de Valoração (*Appraisal*) em Martin e White, 2005) no discurso formal do Parlamento, e podemos encontrar expressões de opinião e de avaliação em quase todos os parágrafos de cada discurso. Novamente, só podemos dar alguns exemplos típicos, que podem ser expressos por adjetivos ou estar implícitos em substantivos:

(224) [...] nossa **satisfação** e nosso orgulho de falar neste momento sobre o **grande** herói Zumbi dos Palmares [...]. Ah, como seria **bom** se a história e as músicas falassem das veias cortadas dos negros latino-americanos. (Paulo Paim, PT-RS, 20-1-2000)

(225) De fato, Senhor Presidente, se este é um país de **exclusões**, o negro é o **grande excluído** (Portela, Bloco/PSL-MG, 17-05-2001)

(226) A **grande** sabedoria humana reside em respeitar a diversidade étnica e cultural como um dos **grandes** valores da humanidade. (Wellington Dias, PT-PI, 24-04-2002)

(227) O governo Lula investe no setor cultural e define essa contribuição de maneira muito **inteligente** (Valentim, Bloco/PCdoB-RJ, 09-07-2007)

(228) O debate parlamentar sobre a questão da escravidão foi longo e o resultado é esse silêncio **dramático** e **terrível** sobre as condições de vida da população negra, que emergiram do cativeiro prolongado. (Vitório, PT-MS, 17-05-2001)

Observe nesses exemplos que, além das expressões explícitas de opinião, tais como *bom* e *grande*, a maior parte da opinião é implícita pelo uso de palavras que implicam culturalmente aspectos positivos ou negativos, dependendo do contexto. Assim, obviamente, a noção de *conhecimento* é geralmente usada como uma característica positiva das pessoas ou de suas ações, e hoje a diversidade é muitas vezes considerada uma qualidade positiva de um país ou situação social. Por outro lado, o uso do conceito de *exclusão*, à semelhança de *discriminação*, nesse contexto e cotexto, implica uma opinião negativa do orador. Da mesma forma, no exemplo (228), podemos encontrar opiniões explícitas, expressas em *dramático* e *terrível*, mas também implícitas, traduzidas por uma expressão como *cativeiro prolongado*. Adjetivos de gradação, tal como *muito,* podem enfatizar ainda mais as opiniões positivas ou negativas.

Normas e valores

As opiniões são baseadas em normas e valores, que geralmente, nesse contexto político, fazem parte também de ideologias progressistas ou antirracistas. Frequentemente, os MPs as tornam explícitas como referência de suas avaliações. Assim, ideologias antirracistas implicam valores como igualdade, fraternidade, justiça, solidariedade, diversidade e assim por diante, como em:

(229) O projeto do Deputado Paulo Paim tem uma dimensão profundamente educativa. Trata-se de educar a sociedade brasileira com os valores de uma sociedade **pluralista** e **fraterna**, com **igualdade** de oportunidades para todos. (Vitório, PT-MS, 17/05/2001)

Nesses debates antirracistas sobre racismo e cotas, não surpreende que *igualdade* (N = 1.554) esteja entre as palavras mais frequentes usadas

Discursos parlamentares sobre ação afirmativa

pelos deputados. Outros valores também são rotineiramente explicitados, como é o caso de *liberdade* (N = 225), de *justiça* (N = 312) e de *solidariedade* (N = 81).

Da mesma forma, as muitas expressões deônticas usadas nos debates, referentes ao que os parlamentares ou outras pessoas deveriam (ou não) fazer, são baseadas em normas sociais:

(230) Que o Estado promova o aumento do nível de seguridade social das mulheres negras, a fim de criar um ambiente social saudável, livre de violência e insegurança, garantindo às mulheres negras todos os direitos estabelecidos por lei, convenções e normas nacionais e internacionais. (Rocha Pietá, PT-SP, 21/082007)

Assim, o próprio debate sobre cotas não apenas pressupõe valores de igualdade (para a população negra) e diversidade (para as universidades), mas também normas governamentais, distribuição, direitos humanos, legislação, políticas públicas etc. Grande parte do debate no Parlamento, assim como na mídia e nas universidades, lida com essas normas: a constitucionalidade das cotas para estudantes negros, a violação dos direitos de outros estudantes e, em breve, políticas adequadas para resolver o problema da sub-representação negra nas universidades. Como é evidente nos discursos dos MPs negros, a própria história da escravidão e da discriminação passada de negros ativa a norma de reparar as injustiças passadas pelas novas políticas sociais. Uma análise política dos debates de cotas trata precisamente dessas normas (ver, por exemplo, Barbosa Gomes, 2001; Dos Santos, 2007; Salgueiro Marques, 2010).

CONCLUSÕES

O debate no Parlamento brasileiro sobre ações afirmativas, especialmente sobre a implementação do regime de cotas para estudantes negros, mostrou como MPs negros e brancos abraçam muitas formas de discurso antirracista. Embora seja necessária uma análise de discurso mais detalhada das centenas de falas, nossa análise fornece uma visão geral de algumas das propriedades das estruturas e estratégias antirracistas do discurso. Tais características podem ser sumarizadas a seguir.

Detalhes do racismo no passado

Grupos discriminados na sociedade, em geral, e negros no Brasil, em particular, interpretam e enfatizam o racismo no passado como uma das principais causas do racismo contemporâneo. Os MPs, durante datas especiais, comemorando eventos da comunidade negra, descrevem extensivamente os horrores do tráfico de pessoas escravizadas e da escravização. Ao mesmo tempo, celebram os heróis passados da resistência contra a escravidão negra e discriminação, tal como Zumbi dos Palmares.

Detalhes do racismo contemporâneo

Da mesma forma, MPs negros e outros líderes negros detalham e enfatizam os muitos aspectos das formas contemporâneas de discriminação e de racismo. Eles o fazem, normalmente, por meio de evidências concretas, tais como o uso de dados estatísticos sobre desigualdade social, em todos os domínios da sociedade, por exemplo, sobre diferenças de educação, salários, acesso e cultura. Outras evidências podem ser fornecidas contando histórias de experiências pessoais sobre discriminação. Os parlamentares identificam e enaltecem pessoas, grupos ou movimentos que são reconhecidos como importantes protagonistas da luta antirracista, tal como o Movimento Negro.

A necessidade de políticas antirracistas

Para combater as formas de racismo contemporâneo, os parlamentares enfatizam a necessidade de diversas formas de políticas oficiais e leis antirracistas sobre igualdade racial, tais como as ações afirmativas, que visam corrigir a desigualdade, garantindo o acesso e a participação no ensino superior, a mídia (como novelas de televisão) designando papéis de liderança na sociedade para pessoas negras. Eles argumentam amplamente a favor de tais políticas e se envolvem em contra-argumentos para questionarem seus oponentes. As políticas antirracistas são também defendidas como uma forma de compensação necessária do racismo do passado.

Identificando oponentes

A análise do racismo contemporâneo, em geral, e do preconceito e das práticas discriminatórias, em particular, requer a identificação e crítica dos grupos e instituições da sociedade que são vistos como tendo políticas antirracistas opostas, como mídia conservadora, partidos políticos ou mesmo o governo do PT. Alguns desses oponentes podem ser descritos como racistas.

Identificando aliados

Por outro lado, grupos dominados precisam de aliados contra sua opressão. Portanto, os MPs se referem rotineiramente ao Judiciário (como o STF), organizações internacionais (como a Unesco), em argumentos a favor de políticas antirracistas. Daí a referência frequente ao III Congresso Internacional Contra o Racismo, em Durban. No Brasil, o governo do PT de Lula é também usado como referência.

Solidariedade internacional

Grupos discriminados expressam solidariedade a grupos semelhantes no exterior. Por isso, encontam-se muitas referências a negros e seus heróis nos EUA, como Martin Luther King ou Mandela na África do Sul.

(Contra)-Argumentos

Os debates parlamentares, como todos os debates, apresentam muitos argumentos e contra-argumentos. Identificamos especialmente os argumentos a favor da ação afirmativa, por exemplo, para promover as oportunidades dos estudantes negros ou, geralmente, como positivos para a comunidade negra, ou mesmo como compensação pela escravidão e opressão passadas. Muitos desses argumentos são contra-argumentos direcionados às falácias amplamente conhecidas contra a ação afirmativa.

Outras estratégias discursivas

Além dos principais tópicos e temas apresentados no discurso antirracista, esse discurso também mostra uma série de estratégias discursivas mais específicas, em geral seguindo a polarização ideológica entre EU (positivo) e, especialmente, ELES (negativo), ou seja, a polarização entre o endogrupo e o exogrupo, tal como em:

- vários tipos de metáforas de guerra, para se referir à luta antirracista;
- argumentos estatísticos (contrários);
- descrições negativas, por pessoas e grupos racistas;
- tornar normas e valores positivos explícitos, como critérios para avaliação atual.

Discursos individuais de parlamentares podem combinar de maneira diversa essas e outras estratégias discursivas em intervenções retoricamente persuasivas. Mais pesquisas serão necessárias para fornecer informações mais detalhadas sobre essas estratégias do discurso antirracista de diferentes oradores ou grupos de oradores.

Impressionantes nos debates não são apenas as muitas estratégias discursivas argumentativas, retóricas e outras persuasivas dos proponentes da ação afirmativa, especialmente os deputados negros, mas também o conhecimento da escravidão no passado e das muitas formas de discriminação contemporânea, preconceito e racismo, amparado por estatísticas. Tais discursos fazem parte do amplo debate político e da mídia sobre cotas para estudantes negros, ocorrendo principalmente nas duas primeiras décadas do século XXI.

O sucesso do debate – e das próprias cotas

Vimos que existem múltiplas ligações intertextuais entre o debate parlamentar e o debate social mais amplo, conforme conduzido principalmente na mídia de massa e nos *campi*. É interessante que, apesar da crescente oposição da mídia (e de alguns professores), a oposição na Câmara diminuiu lentamente, entre 2000 e 2008 – e as cotas foram adotadas praticamente por unanimidade em 2008.

Sem dúvida, os debates dentro da própria Câmara foram liderados especialmente por membros do governo do PT (negros e brancos), que contribuíam para essa (lenta) mudança de atitude. Mas, talvez, ainda mais influentes tenham sido as mudanças reais "no campo", isto é, nos próprios *campi* universitários, que, desde 2002, introduziram várias formas de ação afirmativa. Tais medidas não geraram muitos problemas, pelo contrário, tiveram muito sucesso: os estudantes negros que ingressaram por meio de cotas estavam indo muito bem. Não há argumento melhor, nem discurso mais persuasivo, do que o do sucesso.

Após debates parlamentares que duraram mais de 12 anos, as cotas para estudantes negros e indígenas foram finalmente legalizadas, apesar da oposição da mídia e de alguns acadêmicos. No final dos anos 1990, a presença de estudantes negros nas universidades era menor que 10%. Graças às iniciativas das próprias universidades e à nova lei, nas primeiras décadas deste milênio a percentagem cresceu de forma exponencial – mostrando aquilo que os parlamentares argumentavam nos debates: que os e as cotistas comprovaram com suas boas notas sua capacidade de seguir uma carreira universitária. Não houve argumento mais contundente contra a oposição da mídia e de outras forças conservadoras.

Um relatório do IBGE (Estudos e Pesquisas, Informação Demográfica e Socioeconômica) de 2019 informa que em 2018 a maioria (50,3%) dos estudantes nas universidades públicas são mulheres e homens negros.

De forma morosa, porém segura, o Congresso brasileiro atuante durante os governos de Lula e Dilma, teve um papel extraordinário na inclusão da população negra, aprovando, de maneira quase unânime, a adoção das cotas. Os debates a favor da nova lei estão, sem dúvida, entre os mais importantes discursos antirracistas na História do Brasil.

Conclusões

Como recordado ao longo desse livro, a abordagem dos Estudos Críticos do Discurso (ECD) têm se concentrado particularmente no abuso discursivo do poder, negligenciando a necessidade e urgência de estudar a *resistência* contra essa dominação. Este livro trata dessa resistência no Brasil e analisa a oposição antirracista do discurso antiescravidão e abolicionista entre os séculos XVII e XIX, além dos discursos antirracistas pós-abolição e o discurso sobre ação afirmativa até hoje.

TEORIA

O primeiro desafio deste estudo foi a construção de uma teoria do antirracismo. Se o racismo é definido como uma forma de abuso de poder sistêmico em todos os domínios da vida social, o antirracismo do passado e de hoje é menos sistêmico e, nessa perspectiva, apresenta-se como um *movimento social* internacional, histórico e global de resistência e de solidariedade. Assim como o racismo, o antirracismo possui igualmente duas dimensões principais. De um lado, uma manifestação social de práticas antirracistas. De outro, a cognição social antirracista. Essa cognição social antirracista – construída por modelos mentais pessoais, atitudes, ideologias e conhecimentos compartilhados socialmente – é a base das práticas sociais antirracistas e do discurso antirracista.

O discurso antirracista adquire uma posição de destaque nesse quadro teórico. Ele é, antes de tudo, uma forma de prática social, relacionada a outras maneiras de ação e interação de resistência e de solidariedade. Por outro lado, essas práticas têm como base formas de cognição social antirracista, tais como conhecimentos, atitudes e ideologias. E o discurso antirracista é uma forma de prática social antirracista baseada na cognição social antirracista.

Nos termos desse arcabouço teórico abstrato e geral, o conceito do antirracismo como resistência contra as muitas formas de abuso de poder racista pode ser desenvolvido como uma teoria multidisciplinar de um *macromovimento* social, comparável a uma teoria do feminismo. Ele consiste em movimentos sociais local e temporalmente mais específicos, como os movimentos abolicionistas e anticoloniais internacionais, os Movimentos pelos Direitos Civis, os Vidas Negras Importam, nos EUA, ou o Movimento Negro no Brasil. Essa teoria explica quais atores sociais estão envolvidos no movimento, com quais identidades, papéis e relações sociais, em que tipos de ações e interações sociais eles estão envolvidos, com quais objetivos ou metas, com base em quais atitudes e ideologias socialmente compartilhadas.

É fundamental, em uma teoria multidisciplinar do antirracismo, como o movimento social, o papel do *discurso antirracista* como uma prática antirracista central e como fonte e expressão da cognição social antirracista; ou seja, dimensões como: o que os atores participantes sabem sobre o racismo atual, que atitudes têm, por exemplo, em relação à escravidão ou imigração e quais ideologias antirracistas fundamentais eles compartilham, com que identidade de grupo, normas, valores e objetivos e como se dão as relações com seus oponentes.

Embora muitas das propriedades gerais da resistência antirracista sejam semelhantes a outras formas de resistência ao abuso de poder, como é o caso do movimentos feministas ou pacifistas, dimensões mais específicas devem ser derivadas de estudos sistemáticos e históricos, especialmente as das muitas formas de discurso antirracista, em diferentes períodos de um país ou região específica.

Conclusões

DISCURSO ANTIRRACISTA NA HISTÓRIA DO BRASIL

O discurso antirracista no Brasil dispõe de propriedades em comum com o discurso da América Latina, dos Estados Unidos e da Europa, mas obviamente se adapta ao contexto brasileiro: da escravidão à abolição, da pseudociência racista no final do século XIX e início do século XX, da discriminação generalizada e exclusão da grande população negra até as relações raciais contemporâneas e as diversas e distintas formas de desigualdade social generalizada.

As primeiras observações relevantes sobre a resistência antirracista no Brasil são sobre as muitas formas de resistência dos próprios escravizados, por exemplo, escapando das plantações e fundando e defendendo quilombos, como o dos Palmares, liderado pelo herói negro Zumbi, mas também nas microrresistências da vida cotidiana da escravização. Infelizmente, não temos seus testemunhos orais, começando com suas conversas e planejando entre si, as corajosas formas de conversas desafiadoras com seus senhores ou superintendentes. Igualmente, não dispomos de documentos que possam servir como fonte à análise de suas histórias de experiências pessoais. No entanto, essa resistência histórica é relevante para este estudo, porque a maioria das formas de discurso antirracista posterior no Brasil se refere e se inspira nessa resistência das pessoas escravizadas que nunca foram passivas.

Como foi o caso na história da Europa e das Américas, por exemplo, com os *quakers*, o primeiro discurso antirracista no Brasil foi formulado por padres, mesmo que fossem treinados para observar e comentar sobre a violação de cristãos. Assim, nos séculos XVII e XVIII, padres jesuítas como Vieira, Benci e Rocha escreveram extensos sermões e panfletos criticando os abusos dos proprietários das pessoas escravizadas. Também por causa do estrito controle da Inquisição, eles ainda não desafiavam o próprio sistema de escravidão, que era então a base da economia da colônia portuguesa. Todavia, condenaram as duras punições e exortaram os proprietários de escravizados a fornecerem comida, roupas, moradias suficientes e descanso necessário para os escravizados, enquanto condenavam o castigo severo muito usual.

Pelos critérios contemporâneos do antirracismo, essas críticas ao abuso de poder dos senhores locais ainda não podem ser chamadas de antirracista no sentido estrito. Primeiro, porque a própria noção de "raça" e "racismo"

261

só seria discutida nos séculos XIX e XX, mesmo de que a dominação dos povos – considerados inferiores – nas colônias nas Américas já implicasse uma ideologia de hierarquias racistas. Além disso, essas críticas compartilham estereótipos negativos sobre negros "primitivos" com a maioria de seus contemporâneos (brancos). Mas, visando à melhoria da situação dos escravizados negros, isso contribuiu para o lento desenvolvimento dos direitos sociais e humanos que hoje podem ser chamados de antirracistas. Mas, claro, os discursos se basearam também em normas e critérios religiosos ou bíblicos, como a suposta humanidade dos escravizados, suas almas e sua salvação por Cristo. A adoção cristã da antiga Regra de Ouro (trate os outros como você deseja ser tratado), em muitos desses discursos, mostra que normas e valores religiosos e humanitários são frequentemente mesclados. De fato, muitos desses discursos mostram empatia óbvia com as pessoas escravizadas, por um lado, e críticas ferozes aos abusos da escravização. Isso não significa, no entanto, que seus escritos definissem a posição da Igreja Católica, que geralmente conspirava com os poderes existentes.

Os primeiros discursos antiescravistas dos jesuítas têm todas as características da retórica clássica, como repetições, paralelismos, hipérboles, ironia e metáforas, a fim de enfatizar a vida miserável dos escravizados e a brutalidade dos proprietários de escravizados. Eles foram usados pelos abolicionistas no século XIX e até hoje estão presentes nos discursos antirracistas como parte da descrição das muitas formas de preconceito e discriminação racial.

O comércio de escravizados e o próprio sistema de escravidão só foram desafiados, a princípio, de maneira bastante marginal, no início do século XIX por políticos como José Bonifácio de Andrade, sob a influência do movimento de abolição no Reino Unido. Argumentos religiosos e humanitários, nesse caso, combinaram-se com argumentos políticos, como a reputação internacional do Brasil – *topoi* de todos os futuros discursos antirracistas do país, e até hoje – e a posição de escravizados e negros libertados como cidadãos do país. Então, as noções iluministas de direitos humanos e valores de igualdade entraram no discurso antiescravidão no Brasil.

Foi somente após a proibição do tráfico negreiro, imposta pela Marinha Britânica, atendendo a interesses próprios do Reino Unido, que o discurso da abolição e um amplo movimento social se tornaram populares no Brasil, por exemplo, nos discursos de políticos e jornalistas como Bonifácio, "O Moço", Luiz Gama, Rebouças e Joaquim Nabuco, entre muitos outros. Os senhores são descritos como hipócritas e parasitas e, apesar de seu poder econômico e político, começam a perder a luta da opinião pública. Os escritores críticos da abolição não apenas continuam a criticar severamente os abusos nas plantações, mas também começam a especular sobre a posição dos negros libertados após a abolição. Pela primeira vez, noções de "raça" entram na agenda de debate, tornando-se mais político e sociológico do que os textos antiescravistas, religiosos ou humanitários anteriores. O imperador é desafiado e criticado por seu papel no movimento de abolição. As mulheres participam cada vez mais da organização de muitos eventos – como publicações públicas, festivais e peças teatrais –, comemorando a abolição gradual.

Discurso antirracista pós- abolição

A situação dos negros pós-abolição no Brasil quase não melhorou muito – e, portanto, não surpreende que o discurso antirracista nas décadas seguintes enfatizasse rotineira e precisamente esse ponto. Escravizados libertos e outros negros tiveram que competir com imigrantes europeus, por exemplo, da Itália. Nesse contexto, a discriminação era generalizada e os preconceitos brancos continuavam predominantes. Não era de surpreender que, em vez de antagonizar com as elites brancas com queixas sobre discriminação e exclusão, o discurso intelectual negro inicialmente se concentrasse em "elevar" a comunidade negra, fundando e publicando jornais e clubes.

Ao mesmo tempo, a pseudociência racista, o darwinismo social e as ideias eugenistas importadas da Europa ganharam força no Brasil no fim do século XIX e início do século XX. Essa perspectiva foi criticada e desafiada especialmente pelo psicólogo Manoel Bomfim, em seu livro de 1905 sobre a América Latina, que ridiculariza a ideia de superioridade racial branca. No sentido estrito, portanto, ele poderia ser considerado o primeiro, no Brasil, cujo discurso era explicitamente antirracista – mesmo que ele compartilhasse muitos estereótipos sobre negros, clichês que ele atribuiu à situação social e à opressão e não às características raciais inerentes. Ele também escreveu sobre como os brancos "subdesenvolvem" os negros e, portanto, pode ser considerado um precursor precoce do anticolonialismo.

Na luta contra a pseudociência e a eugenia racistas predominantes, o antropólogo físico Edgar Roquette-Pinto defendeu uma eugenia (que ele chamava "positiva"), recomendando como a situação dos negros poderia ser melhorada e rejeitando a tese de degeneração racial devido à miscigenação, tendo como referência sua própria pesquisa. Por outro lado, seu trabalho (medindo propriedades biológicas de negros e mestiços) permaneceu inspirado por antropólogos físicos racistas.

Após a Primeira Guerra Mundial, e no contexto das ideologias e repressão nazistas e da pseudociência racista amplamente compartilhada na Europa, nos EUA e no Brasil, a segregação das leis de Jim Crow, nos EUA, e o discurso antirracista no Brasil ganharam dimensões cada vez mais acadêmicas e políticas. A pseudociência e o "branqueamento" foram deslegitimados pela ciência, bem como surgiu uma luta política mais explícita contra a exclusão dos negros, por exemplo, por meio do manifesto intelectual de 1935, assinado por Roquette-Pinto, Gilberto Ramos e Gilberto Freyre.

Contrário à tendência de época, em vez de se opor à miscigenação, Freyre a celebrou em sua defesa "lusotropical" da população brasileira, dando origem à influente noção de "democracia racial". Freyre nega o racismo brasileiro em comparação com a segregação explícita nos EUA. Muitos discursos antirracistas das décadas seguintes, especialmente aqueles de intelectuais negros, concentraram-se nessa suposta "democracia racial", deslegitimando-a e rejeitando-a como um mito – um mito que ainda hoje tem influência nas elites conservadores do Brasil.

Ao mesmo tempo, intelectuais negros como Antônio de Moraes e José Correia Leite, em periódicos como *Getulino* e *O Clarim*, rejeitaram a ciência pseudorracista e as políticas de branqueamento, ao mesmo tempo que fundaram os primeiros movimentos sociais negros como a FNB, em 1931. Pela primeira vez, o termo político "negro" passa a ser usado para se referir a todos os não brancos. Como foi o caso do discurso antiescravidão nos séculos anteriores, o discurso antirracista emergente antes da Segunda Guerra Mundial foi muitas vezes paradoxal, como o caso de Arlindo Veiga, que, por um lado, combateu o branqueamento e a pseudociência do racismo e fundou a FNB, mas, por outro lado, participou do movimento integralista de Plinio Salgado, valorizando o fascismo italiano e opondo-se ao comunismo "estrangeiro" – com slogans como "Deus, Pátria, Raça, Família".

DISCURSO ANTIRRACISTA DO PÓS-GUERRA

Muitos dos intelectuais brasileiros (brancos e negros), da época pré-guerra, continuaram a escrever no pós-guerra. O nazismo, o Holocausto e Jim Crow haviam deslegitimado (pelo menos temporariamente) as ideias racistas e antissemitas e estimularam os estudiosos associados à Unesco a procurarem, em outros lugares, formas mais positivas de relações raciais. Sem surpresa, eles se mostraram interessados no Brasil – onde a ideia de "democracia racial" fora amplamente promovida e consolidada, exaltada em particular no contexto nacionalista da ditadura, tendo sido inclusive exportada para os EUA.

Alberto Guerreiro Ramos, assessor do segundo governo de Getúlio e diretor do Instituto Nacional Negro (INN), participou do Primeiro Congresso do Negro Brasileiro, em 1950, organizado pelo TEN, com um artigo sobre a Unesco e as relações raciais. Contrariando os planos da Unesco, no entanto, alguns estudiosos brasileiros se tornaram cada vez mais críticos sobre as relações raciais, consideradas supostamente benévolas no Brasil. Foi o caso de Luís de Aguiar Costa Pinto, que estudou a marginalidade dos mestiços no Rio de Janeiro, concluindo que o preconceito e a discriminação no Brasil "atuam fundamentalmente para manter os negros em seu lugar". Como foi o caso de muitas metáforas usadas posteriormente para descrever, de maneira crítica, a natureza oculta e negada do racismo no Brasil; para isso, ele usou a noção de "criptoracismo".

O mais proeminente e radical, no entanto, foi sem dúvida Abdias do Nascimento, fundador do TEN, pan-africanista, exilado e defensor dos direitos civis dos negros, e autor de *O negro revoltado* (1968). Pela primeira vez, a noção de *genocídio* foi usada para descrever o racismo brasileiro, opondo-se radicalmente à ideologia da "democracia racial" exaltada pela ditadura militar e por grande parte das elites brancas – até hoje. Antes de muitos acadêmicos, Nascimento discutiu fatos e questões socioculturais articuladas como neocolonialismo, racismo institucional e supremacia branca, e até noções de ação afirmativa – mesmo que fosse para diplomatas brasileiros na África.

Embora dificilmente tivessem acesso ao discurso público, as mulheres negras pós-guerra, participaram também da deslegitimação científica de ideias racistas, como foi o caso do trabalho das sociólogas (discriminadas) Virginia

Bicudo, Lélia González e Luiza Bairros. Ao mesmo tempo, o influente Movimento Negro Unificado (MNU), fundado em 1978 nos últimos anos da ditadura, exigindo políticas de ação afirmativa para os negros e continuando a luta contra o racismo predominante – adicionando, assim, uma dimensão mais sociopolítica à crítica acadêmica da pseudociência racista.

ANTIRRACISMO CONTEMPORÂNEO

O final da década de 1970 e o início da década de 1980 não apenas presenciaram a intensa crítica e o fim da ditadura militar, mas também os primeiros ataques acadêmicos à ideologia da "democracia racial". O sociólogo Nelson do Valle e o argentino Carlos Hasenbalg recorreram à precisão de argumentos estatísticos para demonstrar que a discriminação dos negros não se devia à classe social, mas ao preconceito étnico e, portanto, a uma forma de racismo: a "raça" tornou-se uma variável independente.

Ao mesmo tempo, sua abordagem sociológica corrigiu alguns dos princípios dos sociólogos da Escola de São Paulo, como Florestan Fernandes, cuja análise da posição subordinada dos negros ainda era influenciada por um foco funcional (e mais tarde marxista) na determinação de classe. Todavia, ao mesmo tempo, ele criticou também a ideologia da "democracia racial". Oracy Nogueira teve uma perspectiva mais cultural e enfatizou que a classe não poderia explicar a discriminação, uma vez que os negros em altas posições eram discriminados.

Foi somente nos anos 1990 que o discurso acadêmico dominante sobre raça e racismo no Brasil adotou as críticas à ideologia da "democracia racial". Muitos estudiosos do Brasil e dos EUA começaram a publicar artigos e livros e a organizarem congressos com análises sistemáticas das diversas maneiras de discriminação cotidiana. De fato, o próprio termo *racismo* havia sido usado pouco em estudos acadêmicos: nenhum dos trabalhos de um congresso que ocorreu no Rio de Janeiro, em 1991, usou o termo *racismo*, mas apenas a expressão *desigualdade racial*. Os estudos trataram da emancipação (lenta) negra, da discriminação e da exclusão social. Mas uma reportagem da *Folha de S.Paulo*, de 1995, usou uma espécie de "racismo cordial" em seu título: Racismo sim, mas benigno – atitude difundida entre as elites brasileiras brancas até hoje.

Ao mesmo tempo, a política estava mudando lentamente. Os presidentes Fernando Henrique Cardoso e, depois, Lula, no novo milênio, integraram, pela primeira vez, representantes negros em seus ministérios. E a ativa preparação oficial e a participação na Conferência Mundial contra o Racismo, em Durban, em 2001, podem ser considerados o marco político decisivo para a séria preocupação e crítica sistematizada sobre o racismo no Brasil, tornando-se, então, característica da realidade sociocultural brasileira. Como elucidativo desse marco, destacam-se a criação da Seppir, pelo presidente Lula, a discussão no Parlamento do Estatuto da Igualdade Racial e a implementação da Lei de Cotas para estudantes negros. A lei foi assinada pela presidenta Dilma Rousseff, em 2012, e apoiada, quase por unanimidade, no Parlamento – apesar da forte oposição das elites brancas e sua mídia corporativa. Assim, pelo menos no meio acadêmico e político, o discurso antirracista, entre 2000 e 2020, finalmente se tornou aceitável nas publicações acadêmicas e, às vezes, até proeminente, pelo menos enquanto o progressista e antirracista PT esteve no poder.

O DISCURSO DA AÇÃO AFIRMATIVA

Um estudo de caso mais detalhado dos debates parlamentares, entre 2000 e 2012, sobre ações afirmativas, e, especialmente, sobre cotas para estudantes negros, coloca em evidência algumas das propriedades do discurso antirracista contemporâneo na política – e, ao mesmo tempo, torna evidente a crítica, luta contra as ideias veiculadas pelas das elites brancas e seus os meios de comunicação hegemônicos.

Com base em propostas anteriores de Abdias do Nascimento, a deputada Nice Lobão (PSD-MA), em 1999, apresentou um projeto de lei que reservava 50% das vagas para estudantes oriundos de escolas de ensino médio, em outros projetos logo especificados para estudantes (principalmente negros) de escolas públicas (consideradas de baixíssima qualidade). Durante mais de uma década, várias propostas dessa ação afirmativa foram debatidas na Câmara de Deputados e no Senado, seguidas de comentários cada vez mais negativos na imprensa conservadora e da parte da intelectualidade acadêmica. Em sua totalidade, os debates devem ser entendidos e analisados (de forma) intertextualmente, em relação a essa oposição da mídia.

Especialmente, os MPs negros do PT (então no poder) entendiam muito bem que o futuro da comunidade negra dependia crucialmente da formação de uma elite negra, em um país que na década de 1990 tinha apenas 2% de estudantes nas universidades públicas. A contribuição desses parlamentares para os debates, especialmente em ocasiões especiais, como o Dia da Consciência Negra, integra opiniões sobre cotas em um contexto muito maior de preconceito, discriminação e racismo no Brasil.

Os debates iniciados e estimulados repetidamente pelos discursos do deputado negro Paulo Paim oferecem muitos exemplos de discurso antirracista contemporâneo. Nesse sentido, é determinante a descrição detalhada da situação atual dos negros. Nela são apontados detalhes sobre discriminação em todos os domínios da vida cotidiana – preconceito, exclusão e racismo em geral.

Seu primeiro tópico (e o principal) é a elaboração pormenorizada, com profícua retórica negra, que faz do uso de descrições negativas, de metáforas e, principalmente, de dados estatísticos fornecidos por organizações oficiais.

O segundo tópico principal é o "Recordando o passado", com referências históricas detalhadas sobre escravidão, resistência negra e heróis como Zumbi dos Palmares – com a conclusão implícita e explícita de que a opressão do passado ainda é apresentada de forma imperiosa hoje.

E o terceiro tópico apropriado pelo discurso parlamentar é exposição da situação atual dos negros no Brasil e a exigência de novas políticas sociais, como a ação afirmativa em todos os domínios da sociedade.

Além de detalhes sobre a situação dos negros americanos, o debate ideológico mostra a estrutura polarizada, ao descrever criticamente os brancos, especialmente as elites brancas e sua mídia – ao mesmo tempo em que menciona aliados nacionais e internacionais, como o STF, para declarar cotas legais, bem como a memória de heróis negros internacionais, como Martin Luther King e Mandela.

No âmbito desses tópicos mais gerais e estratégias retóricas, grande parte do debate é organizada por meio dos muitos argumentos a favor das cotas e dos contra-argumentos que desafiam os argumentos de seus oponentes, como a acusação de "discriminação reversa" ou "racismo", "favorecimento de estudantes negros", "estímulo de conflitos na universidade" e "introdução de 'raça' nas políticas oficiais, dividindo assim o país".

Conclusões

Esses tópicos principais e os (contra-)argumentos são formulados, de forma persuasiva, por muitas estratégias semânticas e retóricas. Assim, a oposição ao racismo é rotineiramente formulada nos termos metafóricos de *luta* e *combate*. Ao mesmo tempo, notamos como estão representados os principais atores dos discursos – os homens e as mulheres negras e estudantes, por um lado, e a mídia, por outro.

As estratégias epistêmicas mostram que fontes e graus de conhecimento são usados pelos oradores. Uma análise mais profunda, no futuro, poderá se concentrar em estratégias locais mais detalhadas do discurso antirracista no Congresso Nacional.

A análise dos debates parlamentares sobre ação afirmativa, em geral, mostra quais os principais tópicos que caracterizaram o discurso antiescravidão e antirracista, ao longo dos séculos, tais como: a polarização ideológica entre a representação positiva ou negativa dos negros, muitas críticas de proprietários de escravizados, estudiosos racistas e a mídia conservadora de hoje. Em segundo lugar, todo discurso de opinião antirracista pretende ser persuasivo por meio de argumentação detalhada, desde a confirmação cristã ou humanitária de escravizados e negros, até os argumentos a favor dos estudantes negros, atualmente. Por fim, a persuasão do discurso antirracista é reforçada por muitas estratégias retóricas, como a ironia de Vieira, no século XVII, e os abolicionistas, no século XIX, bem como a metáfora generalizada de guerra. Tais discursos religiosos e políticos, inspirados no Iluminismo e na Revolução Francesa, são sustentados pelo discurso cada vez mais científico no século XX, desafiando tanto a pseudociência da raça, a miscigenação e o branqueamento, quanto à negação do racismo implícita na ideologia da "democracia racial".

Mesmo em abordagens sociológicas limitadas que explicam a discriminação em termos de classe, após 1990 e 2000, os novos progressos convergem com algo que intelectuais, escritores e políticos negros sempre souberam: que a principal variável independente era, e é, a raça, e que a experiência da desigualdade deveria ser estudada como a consequência do sistema de abuso de poder chamado racismo.

ÚLTIMAS OBSERVAÇÕES

Este livro foi escrito durante os anos 2016-2020, período de trágicos eventos no Brasil atual, desde a vitória do golpe parlamentar de direita com o *impeachment* da presidenta Dilma Rousseff, passando por abusos de poder e violações de direitos realizados por Jair Bolsonaro, até os milhares de mortos pela pandemia da covid-19. A derrota da esquerda antirracista de PT e Lula e a ascensão da extrema direita racista repercutiu enormemente sobre a luta antirracista e seus discursos. Nos séculos e nas décadas anteriores, constatamos uma lenta transição para um discurso progressista de inclusão da população negra. Como reação, hoje predominam, na sociedade, no governo e no Congresso, os discursos de ódio e de exclusão que legitimam a violência policial racista nas favelas e os assassinatos de Marielle Franco e de povos indígenas. Muitos estudos constatam a continuidade de ideologias e discursos – da aristocracia escravista às elites conservadoras e suas mídias – que fomentaram a tomada e o exercício do poder pela extrema direita.

Neste contexto catastrófico, a importância do discurso antirracista torna-se crucial para a defesa da democracia, da igualdade, da justiça e da paz social, em solidariedade aos outros discursos que lutam contra a sinistra hegemonia racista, machista e militarista. Esperamos que os discursos dos homens e das mulheres que analisamos neste livro sirvam de exemplo à resistência democrática.

Bibliografia

Nota. *Diferente das normas bibliográficas no Brasil, usamos aqui a regra internacional em que se colocam todos os sobrenomes como principais. Além disso, também seguimos regras internacionais para sobrenomes com prefixos como De, Do etc., como* De Andrada *etc., incluindo-os no sobrenome e listando todas as referências alfabeticamente.*

Adesky, J. E. (2001). *Pluralismo étnico e multiculturalismo: racismos e antirracismos no Brasil*. Rio de Janeiro: Pallas.

Afolabi, N. (2009). *Afro-Brazilians. Cultural Production in a Racial Democracy*. Rochester, NY: University of Rochester Press.

Aikhenvald, A. I. U. (2018). *The Oxford Handbook of Evidentiality*. Oxford: Oxford University Press.

Alberto, P. L. (2011). *Terms of Inclusion. Black intellectuals in twentieth-century Brazil*. Chapel Hill: University of North Carolina Press.

Aldano Alves Rodrigues, M. (2019). *O racismo está online: discurso de ódio nas redes sociais no Brasil contemporâneo*. Instituto de Ciências Humanas e Filosofia, Trabalho de Conclusão de Curso (Graduação em Sociologia). Niterói: Universidade Federal Fluminense.

Alexander, P. (1987). *Racism, resistance and revolution*. London Chicago: Bookmarks.

Allen, A. (1999). *The Power of Feminist Theory: Domination, resistance, solidarity*. Boulder, Colo.: Westview Press.

Allington, D. (2018). 'Hitler had a valid argument against some Jews': Repertoires for the denial of antisemitism in Facebook discussion of a survey of attitudes to Jews and Israel. *Discourse Context & Media*, 24, 129-136.

Almeida, S., & Ribeiro, D. (Ed.). (2019). *Racismo estrutural*. São Paulo: Sueli Carneiro Pólen.

Alonso, A. (2011). Associativismo avant la lettre – as sociedades pela abolição da escravidão no Brasil oitocentista. *Sociologia*, Porto Alegre, 13(28), 166-199.

Alonso, A. (2015). *Flores, votos e balas: o movimento abolicionista brasileiro (1868-88)*. São Paulo: Companhia das Letras.

Alves da Silva, E. (2012). *Ações afirmativas na educação superior: um estudo sobre dissertações defendidas em universidades federais de 2001 a 2011*. Dissertação apresentada ao Programa de Pós-Graduação em Educação, Brasília: Universidade de Brasília.

Alves dos Santos, C. V. (2014). Discurso em plenário. A construção do ethos sob a luz das ações afirmativas. *Revista NupeX em Educação - Teixeira de Freitas*, 1(1), jul./dez.

Amaro, S. (2015). *Racismo, igualdade racial e políticas de ações afirmativas no Brasil*. Porto Alegre: EdiPUCRS.

Amparo Alves, J. (2018). *The Anti-Black City: Police Terror and Black Urban Life in Brazil*. Minneapolis, MN: University of Minnesota Press.

Andrews, G. R. (1991). *Blacks and Whites in São Paulo 1888-1988*. Madison, WI: University of Wisconsin Press.

Angyalossi Alfonso, D. (2020). Bolsonaro's take on the 'absence of racism' in Brazil. *Race & Class*, 61(3), 33-49.

Ansell, A. (2017). Right-Wing Politics in Brazil. *Anthropology News*, 58, 370-373.

Apdo Felipe, D. (2014). Páginas negras: discurso sobre as cotas raciais nas revistas *Veja* e *Época*. *IX EPCT - Encontro de Produção Científica e Tecnológica Campo Mourão*, 27 a 31 de outubro de 2014.

Aptheker, H. (1992). *Anti-racism in U.S. History: The First Two Hundred Years*. New York: Greenwood Press.

Aquino, K. (2016). Anti-racism 'from below': exploring repertoires of everyday anti-racism. *Ethnic and Racial Studies*, 39(1), 105-122.

Araújo, J. Z. (2000a). *A negação do Brasil: o negro na telenovela brasileira*. São Paulo: Senac.

Araújo, J. Z. (2000b). Identidade racial e estereótipos sobre o negro na TV brasileira. In: Guimarães, A. S. A., & Huntley, L. (Eds.). *Tirando a máscara: ensaios sobre o racismo no Brasil*. (pp. 77-95). São Paulo: Paz e Terra.

Arneil, B. (2006). *Diverse Communities: The Problem with Social Capital*. Cambridge: Cambridge University Press.

Arrudas, M. (2019). Cientistas vão desvendar receita genética do povo brasileiro. *AUSPIN*, 16 dez.

Artes, A., Unbehaum, S., & Silvério, V. (Eds.). (2016). *Ações afirmativas no Brasil, Vol. 2*. Reflexões e desafios para a pós-graduação. São Paulo: Cortez Editora.

Azevedo, C. M. M. (1995). *Abolitionism in the United States and Brazil: A Comparative Perspective*. New York: Garland Pub.

Bacelar da Silva, A. J., & Larkins, E.R. (2019). The Bolsonaro Election, Antiblackness, and Changing Race Relations in Brazil. *The Journal of Latin American and Caribbean Anthropology*, 24, 893-913.

Bähre, E., & Gomes, F. (2018). Humiliating the Brazilian poor: The iconoclasm of former president Lula. *Anthropology Today*, 34, 10-15.

Bailey, S. R. (2009). *Legacies of race. Identities, attitudes, and politics in Brazil*. Stanford, Calif.: Stanford University Press.

Bailey, S. R., & Peria, M. (2010). Racial quotas and the culture war in Brazilian academia. *Sociology Compass*, 4(8), 592-604.

Bailey, S. R., Fialho, F., & Peria, M. (2015). Support for race-targeted affirmative action in Brazil. *Ethnicities*, 1468796814567787.

Banks, A. J. (2014). *Anger and racial politics. The emotional foundation of racial attitudes in America*. New York: Cambridge University Press.

Barbosa Gomes, J. B. (2001). O debate constitucional sobre as ações afirmativas. *Revista de Direitos Difusos*, 2(9), 1133-1163.

Barbosa Silva, W., & Barreto, M. R. N. (2014). Mulheres e abolição: protagonismo e ação. *Revista ABPN*, 6(14), 50-62.

Barker, C., Johnson, A., & Lavalette, M. (Eds.). (2001). *Leadership and Social Movements*. Manchester: Manchester University Press.

Baronov, D. (2000). *The abolition of slavery in Brazil. The "liberation" of Africans through the emancipation of capital*. Westport, Conn.: Greenwood Press.

Barros, J. M. (2008). *Diversidade cultural: a proteção à promoção*. Belo Horizonte: Autêntica.

Bastide, R. (1972). *African Civilizations in the New World*. New York: Harper and Row (Harper Torchbooks).

Bastide, R. (1972). *O negro na imprensa e na literatura*. São Paulo: Universidade de São Paulo, Escola de Comunicações e Artes, Departamento de Jornalismo e Editoração.

Bastide, R., & Fernandes, F. (1955). *Relações raciais entre negros e brancos em São Paulo. Ensaio sociológico sobre as origens, as manifestações e os efeitos do preconceito de cor no município de São Paulo*. São Paulo: Editora Anhembi.

Batista de Lemos, I. (2017). Narrativas de cotistas raciais sobre suas experiências na universidade. *Revista Brasileira de Educação*, 22 (71), 1-25.

Bechelli, R. S. (2009). *Nacionalismos antirracistas: Manoel Bomfim e Manuel González Prada (Brasil e Peru na passagem para o século XX)*. São Paulo: LCTE.

Benhabib, S. (2002). *The Claims of Culture: Equality and Diversity in the Global Era*. Princeton: Princeton University Press.

Bibliografia

Bennett, J. M. (2006). *History Matters: Patriarchy and the Challenge of Feminism*. Philadelphia: University of Pennsylvania Press.

Benwell, B. (2012). Common-sense anti-racism in book group talk: The role of reported speech. *Discourse and Society*, 23(4), 359-376.

Berry, M. F. (1971). *Black Resistance, White Law: A History of Constitutional Racism in America*. New York: Appleton-Century-Crofts.

Bhatia, V. K. (2005). *Vagueness in Normative Texts*. Bern/New York: P. Lang.

Bicudo, V. L. (1945). *Atitudes raciais de pretos e mulatos em São Paulo*. Dissertação de Mestrado, São Paulo: USP.

Blake, F., Ioanide, P., & Reed, A. (Eds.). (2019). *AntiRacism, Inc*. Goleta, Ca: Punctum Books.

Blommaert, J., & Verschueren, J. (1994). *Antiracisme*. Antwerpen/Baarn: Hadewijch.

Bonnett, A. (2000). *Anti-racism*. London: Routledge.

Bowser, B. P. (Ed.). (1995). *Racism and Anti-racism in World Perspective*. Thousand Oaks: Sage Publications.

Brazil, M. C. (2002). *Fronteira negra: dominação, violência e resistência escrava em Mato Grosso, 1718-1888*. Passo Fundo, RS: UPF Editora.

Browne, V. (2014). *Feminism, Time, and Nonlinear History*. New York, NY: Palgrave Macmillan.

Buarque de Holanda, S. (1936/1995). *Raízes do Brasil*. São Paulo: Companhia das Letras.

Butler, J., Gambetti, Z., & Sabsay, L. (2016). *Vulnerability in Resistance*. Durham: Duke University Press.

Butler, K. D. (1998). *Freedoms given, freedoms won. Afro-Brazilians in post-abolition, São Paulo and Salvador*. New Brunswick, N.J.: Rutgers University Press.

Caldas-Coulthard, C. R., & Coulthard, M. (Eds.). (1996). *Texts and Practices. Readings in Critical Discourse Analysis*. London/New York: Routledge.

Camino, L., Leite Tavares, T., Rosas Torres, A. R., Álvaro, J. L., & Garrido, A. (2014). Repertórios discursivos de estudantes universitários sobre cotas raciais nas universidades. *Psicologia & Sociedade*, 26(n. spe.), 117-128.

Campos, L. A. (2014). A identificação de enquadramentos através da análise de correspondências: um modelo analítico aplicado à controvérsia das ações afirmativas raciais na imprensa. *Opinião Pública*, Campinas, 20(3), 377-406.

Campos, L. A. (2015). Relações raciais entre negros e brancos em São Paulo: a história de uma edição. *Revista Estudos Políticos*, 6(12), 620-627.

Campos, L. A. (2016a). Multiculturalismos - Essencialismo e antiessencialismo - Kymlica, Young & Parekh. *Sociologias*, Porto Alegre, ano 18, 42, maio/ago., 266-293.

Campos, L. A. (2016b). Relações raciais entre negros e brancos em São Paulo: a história de uma edição. *Revista de Estudos Políticos*, 10, 620-627.

Campos, R. (2016). Authoritarianism and punitive eugenics: racial hygiene and national Catholicism during Francoism, 1936-1945. *História, Ciências, Saúde-Manguinhos*, 23, 131-147.

Campos, L. A., Feres Júnior, J., & Toste Daflon, V., (2013). Administrando o debate público: *O Globo* e a controvérsia em torno das cotas raciais. *Revista Brasileira de Ciência Política*, 11, 7-31.

Cardoso Morais, C. (2007). Ler e escrever: habilidades de escravos e forros? Comarca do Rio das Mortes, Minas Gerais, 1731-1850. *Revista Brasileira de Educação*, 12(36), 493-504.

Carey, B. (2005). *British Abolitionism and the Rhetoric of Sensibility: Writing, Sentiment, and Slavery, 1760-1807*. New York: Palgrave MacMillan.

Carey, B. (2012). *From Peace to Freedom: Quaker Rhetoric and the Birth of American Antislavery, 1657-1761*. New Haven: Yale University Press.

Carneiro, S. (2011). *Racismo, sexismo e desigualdade no Brasil*. São Paulo: Selo Negro Edições.

Carneiro da Silva, M. H. (2015). Discursos femininos sobre abolicionismo, família e trabalho doméstico (Recife e Salvador: Século XIX). *XVIII Simpósio Nacional de História*, Florianópolis, SC, jul., 27-31.

Carone, I., Bento, M. A. S., & Piza, E. P. (2002). *Psicologia social do racismo: estudos sobre branquitude e branqueamento no Brasil*. Petrópolis: Vozes.

Carvalho França, J. M., & Ferreira, R. A. (2015). Manuel Ribeiro Rocha: um abolicionista "avant la lettre"? *Revista Portuguesa de História*, XLVI, 199-216.

Castle, J. (2018). *What my left Hand Was Doing: Lessons from a Grassroots Activist*. Detroit, Michigan: Against the Tide Books.

Castro, M. G., & Abramovay, M. (2006). *Relações raciais na escola. Reprodução de desigualdades em nome da igualdade*. Brasília, DF: Unesco, Representação no Brasil INEP Observatório de Violências nas Escolas.

Cavalleiro, E. S. (2000). *Do silêncio do lar ao silêncio escolar: racismo, preconceitos e discriminação na educação infantil*. São Paulo: Humanitas/Contexto.

Chacon, V. (2001). *A construção da brasilidade: Gilberto Freyre e sua geração*. São Paulo/Brasília: Marco Zero/Paralelo 15.

Charteris-Black, J. (2014). *Analysing Political Speeches: Rhetoric, Discourse and Metaphor*. Basingstoke, Hampshire: Palgrave Macmillan.

Chaves Batista, N. (2014). *Políticas públicas de ações afirmativas para a educação superior: o conselho universitário como arena de disputas*.

Cheng, J. E. (2017). *Anti-racist discourse on Muslims in the Australian Parliament*. Amsterdam Philadelphia: John Benjamins Publishing Company.

Childs, P., & Stromquist, N. (2015). Academic and diversity consequences of affirmative action in Brazil. *Compare-a Journal of Comparative and International Education*, 45(5), 792-813.

Chilton, P. A. (1995). *Security metaphors. Cold war discourse from containment to common house*. New York: Lang.

Chor Maio, M. (1999). O Projeto Unesco e a Agenda das Ciências Sociais no Brasil dos anos 40 e 50. *Revista Brasileira de Ciências Sociais*, 14(41), 141-158.

Chor Maio, M. (2010). Introdução: a contribuição de Virgínia Leone Bicudo aos estudos sobre as relações raciais no Brasil. In: V. L. Bicudo, *Atitudes raciais de pretos e mulatos em São Paulo*. São Paulo: Sociologia e Política [1945].

Chor Maio, M. (2011). Florestan Fernandes, Oracy Nogueira, and the Unesco Project on Race Relations in São Paulo. *Latin American Perspectives*, 38, 136-149.

Chor Maio, M., & Ventura Santos, R. (2005). Política de cotas raciais, os "olhos da sociedade" e os usos da antropologia: O caso de vestibular da Universidade de Brasília (UNB). *Horizontes antropológicos*, 11 (23), 181-214.

Cicalo, A. (2012). *Urban encounters: Affirmative Action and Black Identities in Brazil*. New York: Palgrave Macmillan.

Conceição, F. (2006). *Mídia e etnicidades no Brasil e nos Estados Unidos. Entre Zumbi dos Palmares e Malcolm X, entre Folha de S. Paulo e The New York Times*. São Paulo: Livro Pronto Upsys.

Conrad, R. E. (1972). *The Destruction of Brazilian Slavery, 1850-1888*. Berkeley: University of California Press.

Conrad, R. E. (1983). *Children of God's fire: A Documentary History of Black Slavery in Brazil*. Princeton, N.J.: Princeton University Press.

Conrad, R. E. (1986). *World of sorrow: The African Slave trade to Brazil*. Baton Rouge: Louisiana State University Press.

Covin, D. (2006). *The Unified Black Movement in Brazil, 1978-2002*. Jefferson, N.C.: McFarland & Co.

Crass, C. (2013). *Towards Collective Liberation: Anti-Racist Organizing, Feminist Praxis, and Movement Building Strategy*. Oakland, CA: PM Press.

Crass, C. (2015). *Towards the "other America". Anti-racist resources for White people taking action for Black Lives Matter*. St. Louis, Missouri: Chalice Press.

Crestani, L. M. (2003). *Sem vez e sem voz: o negro nos textos escolares*. Passo Fundo: Universidade de Passo Fundo, UPF Editora.

Crook, L., & Johnson, R. (Eds.). (1999). *Black Brazil: Culture, Identity, and Social Mobilization*. Los Angeles: UCLA Latin American Center Publications, University of California, Los Angeles.

Cruz Anhaia, B. (2019). *A "Lei de cotas" no ensino superior brasileiro: reflexões sobre a política pública e as universidades federais*. Tese de Doutorado, Porto Alegre: UFRGS.

Cutrim Nunes, E. (2018). *Negritude na tela: manifestações da luta antirracista no Youtube Brasil*. Tese de Doutorado, Porto Alegre: UFRGS, Instituto de Filosofia e Ciências Sociais.

Cypriano, A., & Anjos, R. S. A. (2006). *Quilombolas: tradições e cultura da resistência*. São Paulo: AORI Comunicação.

Da Silva, M. J. (1985). *Racismo à brasileira: raízes históricas: um novo nível de reflexão sobre a história do Brasil*. Goiânia: Ed. O Popular.

Da Silva Lima, F. (2018). *Racismo e antirracismo no Brasil: temas emergentes no cenário sociojurídico*. Santa Cruz do Sul: Essere nel Mondo.

Da Silva Muniz, K. (2009). *Linguagem e identificação: uma contribuição para o debate sobre ações afirmativas para negros no Brasil*. Tese de Doutorado, Campinas, SP: Unicamp.

Dall'Igna Ecker, D., & Torres, S. (2015). Política de cotas étnicas no ensino superior: análise de narrativas de sujeitos do meio universitário. *Emancipação*, 15(1), 114-130.

Danin, R., Carvalho, J., & Reis, T. (2018). Discursive racism: the case of Marielle Franco and the international media coverage. *Methaodos-Revista de Ciencias Sociales*, 6(2), 279-289.

Dascal, R. (Ed.). (2012). *Episodes from a History of Undoing: The Heritage of Female Subversiveness*. Newcastle upon Tyne, UK: Cambridge Scholars Pub.

Dashtipour, P., & Rumens, N. (2018). Entrepreneurship, incongruence and affect: Drawing insights from a Swedish anti-racist organisation. *Organization*, 25(2), 223-241.

Dávila, J. (2003). *Diploma of Whiteness: Race and Social Policy in Brazil, 1917-1945*. Durham: Duke University Press.

Davis, A. (1989). *Women, Culture, and Politics*. New York: Random House.

Davis, J. E. (Ed.). (2002). *Stories of Change: Narrative and Social Movements*. Albany: State University of New York Press.

Davis, T. W. (2014). Affirmative Action In Brazil: Its Recent Developments And The Argument For A Narrow Federalism Doctrine. *U. Miami Race & Soc. Just. L. Rev.*, 4, 72.

De Almeida Cruz, M. (1989). *Alternativas para combater o racismo*. Recife: Núcleo Cultural Afro-Brasileiro.

De Azevedo, C. M. M. (1995). *Abolitionism in the United States and Brazil: A Comparative Perspective*. New York: Garland Pub.

De Carvalho, J. G. V. (1985). *A Igreja e a escravidão: uma análise documental*. Rio de Janeiro: Presença.

De Carvalho, J. V. (1985). Os conjurados de 1789 e a escravidão. *Revista de História*, São Paulo, 119 (1985-88), 91-99.

De França Neto, J. I., & Fernandes de Souza, F. (2012). Afirmação das cotas raciais nas universidades e o discurso naturalizado do preconceito. Uma análise do gênero discursivo jurídico. In: *Jornada nacional do Grupo de estudos linguísticos do Nordeste*. GEL.

De Jaccoud, L. B. (2009). *A construção de uma política de promoção da igualdade racial. Uma análise dos últimos 20 anos*. Brasília: IPEA.

De Macedo Mendes, A. (2011). O discurso antiescravagista em Úrsula, de Maria Firmina dos Reis. *Revista Cerrados* – Revista do Programa de Pós-Graduação em Literatura da Universidade de Brasília, 20(31).

De Matos Oliveira, I. (2008). *O discurso judiciário sobre as ações afirmativas para a população negra na Bahia*. Dissertação de Mestrado, Salvador: UFBA.

De Matos Oliveira, I. (2010). Discurso e poder: análise da produção acadêmica sobre as ações afirmativas para afrodescendentes no âmbito da educação superior no Brasil. *Plurais*, Salvador, 1(1), 31-43.

De Mattos, W. R. (2008). *Negros contra a ordem. Astúcias, resistências e liberdades possíveis (Salvador, 1850-1888)*. Salvador: EDUNEB, EDUFBA.

De Melo Resende, V. (2019). *Decolonizar os estudos críticos do discurso*. São Paulo: Pontes.

De Melo Resende, V., & Ramalho, V. (2006). *Análise de discurso crítica*. São Paulo: Contexto.

De Oliveira, R. C. (2006*). Caminhos da identidade: ensaios sobre etnicidade e multiculturalismo*. São Paulo/Brasília, DF: Editora Unesp/Paralelo 15.

De Souza, A. C. (2012). *Terras e escravizados: a desordem senhorial no Vale do Paraíba*. Jundiaí: Paco Editorial.

De Souza, V. S. (2012). Retratos da nação: os "tipos antropologicos" do Brasil nos estudos de Edgard Roquette-Pinto, 1910-1920. *Boletim do Museu Paraense Emilio Goeldi, Ciências Humanas*, 7(3), 645-669.

De Souza, V. S. (2016). Science and miscegenation in the early twentieth century: Edgard Roquette-Pinto's debates and controversies with us physical anthropology. *História Ciências Saúde-Manguinhos*, 23(3), 597-614.

De Souza, V. S. (2017). *Em busca do Brasil: Edgard Roquette-Pinto e o retrato antropológico brasileiro (1905-1935)*. Rio de Janeiro: FGV/Fiocruz.

Degler, C. N. (1971). *Neither Black nor White. Slavery and Race Relations in Brazil and the United States*. New York: Macmillan.

Dei, G. J. S., & Calliste, A. M. (Eds.). (2000). *Power, Knowledge and Anti-Racism Education: a Critical Reader*. Halifax, NS: Fernwood.

Della Porta, D., & Diani, M. (Eds.). (2015). *The Oxford Handbook of Social Movements*. Oxford: Oxford University Press.

Dennison, S. (2006). *Joaquim Nabuco. Monarchism, Panamericanism and Nation-building in the Brazilian Belle Epoque*. Oxford; New York: Peter Lang.

Do Couto Gontijo Muniz, D., & Macena, F. F. (2012). Mulheres e política: A participação nos movimentos abolicionistas do século XIX. *Revista Mosaico*, 5(1), 45-54.

Do Nascimento, A. (1978). *O genocídio do negro brasileiro*. Rio de Janeiro: Paz e Terra.

Do Nascimento, A. (1980). *O quilombismo: documentos de uma militância*. Petrópolis: Vozes.

Do Nascimento, A. (1982) [1968]. *O negro revoltado*. Rio de Janeiro: Nova Fronteira.

Do Nascimento, A. (1983). *Combate ao racismo: discursos e projetos*, 6v. Brasília: Câmara dos deputados.

Do Nascimento, A. (1985). O quilombismo: uma alternativa política afro-brasileira. *Afrodiásporas. Revista de Estudos do Mundo Negro*, ano 3, 6 e 7, abr./dez.

Do Valle Silva, N. (1978). *Black-white income differentials: Brazil 1960*. PhD University of Michigan.

Domingues, P. (2003). *Uma história não contada: negro, racismo e branqueamento em São Paulo no pós-abolição*. São Paulo: Senac.

Domingues, P. (2018). "Em Defesa da Humanidade": A Associação Cultural do Negro. *Dados*, 61(1), 171-211.

Dos Santos, S. A. (Ed.). (2007). *Ações afirmativas e combate ao racismo nas Américas*. Brasília: MEC/UNESC.

Dos Santos Vieira, P. A. (2016). *Para além das cotas. contribuições sociológicas para o estudo das ações afirmativas nas universidades brasileiras*. Jundiaí: Paco Editorial.

Eakin, M. C. (1985). Race and Identity: Sílvio Romero, Science, and Social Thought in Late 19th Century Brazil. *Luso-Brazilian Review*, 22(2), 151-174.

Essed, P. (1991). *Understanding everyday racism: An interdisciplinary theory*. Sage series on race and ethnic relations, v. 2. Thousand Oaks, CA: Sage.

Every, D., & Augoustinos, M. (2007). Constructions of racism in the Australian parliamentary debates on asylum seekers. *Discourse & Society*, 18(4), 411-436.

Fairclough, N. (1995). *Critical discourse analysis. The critical study of language*. London/New York: Longman.

Falcão, J., & Barbosa de Araújo, R. M. (2001). *O imperador das ideias*. Rio de Janeiro: Topbooks.

Farkas, J., Schou, J., & Neumayer, C. (2018). Platformed antagonism: racist discourses on fake Muslim Facebook pages. *Critical Discourse Studies*, 15(5), 463-480.

Feagin, J. R., Vera, H., & Batur, P. (2001). *White Racism: The Basics*. New York: Routledge.

Félix, R. R., & Juall, S. D. (Eds.). (2016). *Cultural Exchanges between Brazil and France*. West Lafayette, Indiana: Purdue University Press.

Feres Júnior, J. (2004). Ação Afirmativa no Brasil: fundamentos e críticas. *Econômica*, Rio de Janeiro, 6 (2), 291-312.

Feres Júnior, J. (2010). *Apresentação STF? ADPF 186 Audiência pública no Supremo Tribunal Federal*. Instituto Universitário de Pesquisas do Rio de Janeiro - IUPERJ.

Feres Junior, J., & Toste Daflon, V. (2015). A nata e as cotas raciais: genealogia de um argumento público. *Opinião Pública*, 21(2), 238-267.

Feres Júnior, J., Campos, L. A., & Toste Daflon, V. (2011). Fora de quadro: a ação afirmativa nas páginas d'O Globo. *Contemporânea*, 2, 61-83.

Feres Júnior, J., Campos, L. A., & Toste Daflon, V, & Venturini, C. (2018). *Ação afirmativa: conceito, história e debates*. Rio de Janeiro: EDUERJ.

Fernandes, F. (1969). *The Negro in Brazilian society*. New York: Columbia University Press.

Fernandes, F. (1972). *O negro no mundo dos brancos*. São Paulo: Difusão Europeia do Livro.

Fernandes do Nascimento, T. E. (2012). *As ações afirmativas na Câmara Federal. Uma análise das orientações políticas que as norteiam*. Dissertação de Mestrado, UFJF: Juiz de Fora.

Fernandes Ribeiro, M. A. (2011). As relações raciais na obra de Fernando Henrique Cardoso e a dimensão moral do racismo. *Anais do Seminário Nacional da Pós-Graduação em Ciências Sociais* – UFES, 1(1).

Fernandes Rocha, K. (2015). Mensageiras da Liberdade. Porta-Vozes da Fé; Mulheres capixabas no movimento abolicionista do Espírito Santo. *7º Encontro Escravidão e Liberdade no Brasil Meridional*, Curitiba: UFPR, 13-16, maio.

Ferrara, M. N. (1986). *A imprensa negra paulista, 1915-1963*. São Paulo: FFLCH-USP.

Ferreira, G. L. (2017). *Lei de cotas no Serviço Público Federal: sub-representação legal nas ações afirmativas*. Rio de Janeiro: Lumen Juris.

Ferreira Abraão, J. L. (2010). *Virgínia Bicudo: a trajetória de uma psicanalista brasileira*. São Paulo: Arte&Ciência Editora/Fapesp.

Ferreira Barcellos, L. (2012). *Interdiscursividade e práticas cotidianas: modos de fazer/operar a política de reserva de vagas na UERJ*. Tese de Doutorado, Rio de Janeiro: PUC-Rio.

Ferreira Pinheiro, N. (2010). *Cotas na UFBA: percepções sobre racismo, antirracismo, identidades e fronteiras*. Dissertação apresentada ao Programa Multidisciplinar de Pós-Graduação em Estudos Étnicos e Africanos, Centro de Estudos Afro-Orientais, Faculdade de Filosofia e Ciências Humanas.

Ferro Otzuka, A. (2016). *Antonio Bento: discurso e prática abolicionista na São Paulo da década de 1880*. Tese de Doutorado, São Paulo: USP.

Figueiredo, A. (2002). *Novas elites de cor: estudo sobre os profissionais liberais negros de Salvador. São Paulo*: Annablume.

Flowerdew, J., & Richardson, J. E. (Eds.). (2018). *The Routledge Handbook of Critical Discourse Studies*. London/ New York: Routledge.

Fonseca Ferreira, L. (Ed.). (2011). *Com a palavra Luiz Gama: poemas, artigos, cartas, máximas*. São Paulo: Imprensa Oficial.

Fozdar, F. (2008). Duelling discourses, shared weapons: rhetorical techniques used to challenge racist arguments. *Discourse & Society*, 19(4), 529-547.

Fragoso, H. (2012). Na Bahia Setecentista, um pioneiro do abolicionismo? *História*, 31(2), 68-105.

Freedman, E. B. (2002). *No Turning Back: The History of Feminism and the Future of Women*. New York: Ballantine Books.

Fry, P. (2007). *Divisões perigosas: políticas raciais no Brasil contemporâneo*. Rio de Janeiro: Civilização Brasileira.

Fry, P., & Maggie, Y. (2004). Cotas Raciais: Construindo um país dividido. *Econômica*, Rio de Janeiro, 6(1), 153-161.

Garcia, C. C. & Baldin Lippi Fernandes, D. (2014). 18 Mulheres Brasileiras que fizeram a diferença. *Forum*. www.revistaforum.com.br.

García Agustín. (2015). *Sociology of Discourse: From Institutions to Social Change*. Philadelphia: John Benjamins Pub. Company.

Garcia Pallares-Burke, M. L. (2005). *Gilberto Freyre*. São Paulo: Unesp.

Gaspar, L., & Barbosa, V. (2013). *Ações Afirmativas e Políticas de Cotas no Brasil: Uma bibliografia, 1999-2012*. Recife: Ministério da Educação e Fundação Joaquim Nabuco.

Gentili, P. (2018). Marielle Franco y el Futuro de Brasil. Esperanza O Barbarie. In: O. Campoalegre Septien (Ed.). *Afrodescendencias. Voces en Resistencia*. (pp. 181-183). Buenos Aires: Clacso.

Geraldo, E. (2007). *O "perigo alienígena": política imigratória e pensamento racial no governo Vargas (1930-1945)*. Tese de Doutorado. Campinas (SP): Unicamp.

Girão, R. (1956). *A abolição no Ceará*. Fortaleza: A. Batista Fentenele.

Giugni, M., & Passy, F. (Eds.). (2001). *Political altruism? Solidarity movements in international perspective*. Lanham, MD: Rowman & Littlefield Publishers.

Goldman, A. I. (1986). *Epistemology and Cognition*. Cambridge, MA: Harvard University Press.

Gomes, N. L. (2007). *Um olhar além das fronteiras: educação e relações raciais*. Belo Horizonte: Autêntica.

Gonçalves, P. (2017). 17 mulheres negras brasileiras que lutaram contra escravidão. www.catracalivre.com.br.

Gonçalves Ferreira, L. et al. (Eds.). (1999). *Suaves amazonas: mulheres e abolição da escravatura no Nordeste*. Recife: Ed. Universitária da UFPE.

Gonzalez, L., & Hasenbalg, C. A. (1982). *Lugar de negro*. Rio de Janeiro: Editora Marco Zero.

Grant, R. G. (2000). *Racism. Changing attitudes 1900-2000*. Austin, Tex.: Raintree Steck-Vaughn.

Guimarães, A. S. A. (1995). Racismo e Antirracismo no Brasil. *Novos Estudos*, 43, 26-44.

Guimarães, A. S. A. (1996). Políticas públicas para a ascensão dos Negros no Brasil. Argumentando para a ação afirmativa. *Afro-Asia*, 18, 235-261.

Guimarães, A. S. A. (1998). *Preconceito e discriminação. Queixas de ofensas e tratamento desigual dos negros no Brasil*. Salvador, Bahia: Programa A Cor da Bahia. Mestrado em Sociologia, FFCH-UFBA.

Guimarães, A. S. A. (1999). Measures to combat discrimination and racial inequality in Brazil. In: Reichmann, R. L. (Ed.). (1999). *Race in contemporary Brazil: From indifference to inequality*. (pp. 139-153). University Park, Pa.: Pennsylvania State University.

Guimarães, A. S. A. (1999). Racism and anti-racism in Brazil: A postmodern perspective. In: L. Harris (Ed.). *Racism: Key concepts in critical theory*. (pp. 314-330). Amherst, NY: Humanity Books.

Guimarães, A. S. A. (1999). *Racismo e antirracismo no Brasil*. São Paulo: Fundação de Apoio à Universidade de São Paulo/Editora 34.

Guimarães, A. S. A. (2002). *Classes, raças e democracia*. São Paulo: UFSP/Fundação de Apoio à Universidade de São Paulo/Editora 34.

Guimarães, A. S. A. (2003). Acesso de negros às universidades públicas. *Cadernos de pesquisa*, 118, 247-268.

Guimarães, A. S. A. (2004). Preconceito de cor e racismo no Brasil. *Revista de Antropologia*, São Paulo: USP, 9-43.

Guimarães, A. S. A. (2016a) *As cotas nas universidades públicas 20 anos depois*. Fundação Carlos Chagas.

Guimarães, A. S. A. (2016b). O legado de Carlos Hasenbalg (1942-2014). *Afro-Ásia*, 53, 277-290.

Guimarães, A. S. A., & Huntley, L. (Eds.). (2000). *Tirando a máscara: ensaios sobre o racismo no Brasil*. São Paulo: Paz e Terra.

Guimarães, E. S. (2006). *Múltiplos viveres de afrodescendentes na escravidão e no pós-emancipação. Família, trabalho, terra e conflito (Juiz de Fora-MG, 1828-1928)*. Juiz de Fora/ São Paulo: FUNALFA/Annablume.

Haghighat, C. (1988). *Racisme "scientifique". Offensive contre l'égalité sociale*. ("Scientific" Racism. An attack against social equality). Paris: L'Harmattan.

Hamilton, C. V. et al. (Eds.). (2001). *Beyond racism. Race and inequality in Brazil, South Africa, and the United States*. London Boulder, Co.: Lynne Rienner Publishers.

Hanchard, M. (1994). *Orpheus and Power: The Movimento Negro of Rio de Janeiro and São Paulo, Brazil, 1945-1988*. Princeton, N.J.: Princeton University Press.

Hanchard, M. G. (Ed.). (1999). *Racial politics in contemporary Brazil*. Durham N.C.: Duke University Press.

Hart, C., & Cap, P. (Eds.) (2014). *Contemporary Critical Discourse Studies*. London: Continuum.

Hasenbalg, C. A. (1978). *Race Relations in Post-Abolition Brazil: The Smooth Preservation of Racial Inequalities*. PhD UC Berkeley.

Hasenbalg, C. A. (1979). *Discriminação e desigualdades raciais no Brasil*. Rio de Janeiro: Graal.

Hasenbalg, C. A., & Silva, N. V. (1988). *Estrutura social, mobilidade e raça*. Rio de Janeiro/São Paulo: Instituto Universitário de Pesquisas do Rio de Janeiro/Vértice.

Hasenbalg, C. A., Do Valle Silva, N., & Lima, M. (1999). *Cor e estratificação social*. Rio de Janeiro, RJ: Contra Capa Livraria.

Hazard, A. Q. (2012). *Postwar anti-racism. The United States, UNESCO, and "race", 1945-1968*. New York: Palgrave Macmillan.

Helbling, M. (Ed.). (2012). *Islamophobia in the West: Measuring and Explaining Individual Attitudes*. London/New York: Routledge.

Hillstrom, L. C. (2018). *Black Lives Matter: from a Moment to a Movement*. Santa Barbara: Greenwood.

Hochman, G., Trindade Lima, N., & Chor Maio, C. (2010). The Path of Eugenics in Brazil: Dilemma's of Miscegenation. In: Alison Bashford, & Philippa Levine (Eds.), *The Oxford Handbook of the History of Eugenetics*. (pp. 493-510). Oxford: Oxford University Press.

Holmes, R. L., & Gan, B. L. (Eds.). (2012). *Nonviolence in Theory and Practice*. Long Grove, Ill.: Waveland Press.

House, J. R. (1997). *Antiracism and Antiracist Discourse in France from 1900 to the Present Day*. PhD thesis, University of Leeds.

Hoy, D. C. (2004). *Critical Resistance: from Poststructuralism to Post-Critique*. Cambridge, Mass.: MIT Press.

Htun, M. (2004). From 'Racial Democracy' to Affirmative Action: Changing State Policy on Race in Brazil. *Latin American Research Review*, 39 (1), 60-89.

Hunter, W., & Power, T. J. (2019). Bolsonaro and Brazil's Illiberal Backlash. *Journal of Democracy*, 30 (1), 68-82.

Hutchinson, J. F. (Ed.). (1997). *Cultural portrayals of African Americans: Creating an ethnic/racial identity*. Westport, Conn.: Bergin & Garvey.

Ilie, C. (Ed.). (2010). *European Parliaments under Scrutiny: Discourse Strategies and Interaction Practices*. Amsterdam Philadelphia, Pa.: John Benjamins Pub. Company.

Johnson, O. A. (2000). Representação racial e política no Brasil: parlamentares negros no Congresso Nacional (1983-99). *Estudos Afro-Asiáticos*, (38), 7-29.

Johnson, O. A. (2015). *Race, Politics, and Education in Brazil: Affirmative Action in Higher Education*. New York: Palgrave Macmillan.

Johnson-Laird, P. N. (1983). *Mental models*. Cambridge: Cambridge University Press.

Munanga, Kabengele (1999). *Rediscutindo a mestiçagem no Brasil identidade nacional versus identidade negra*. Petrópolis: Vozes.

Kailin, J. (2002). *Antiracist Education: From Theory to Practice*. Lanham, MD: Rowman & Littlefield Publishers.

Kelley, R. D. G. (1994). *Race Rebels: Culture, Politics, and the Black Working Class*. Toronto/New York: Free Press Maxwell Macmillan Canada/Maxwell Macmillan International.

Kelly, P. (2002). *Multiculturalism Reconsidered: Culture and Equality and Its Critics*, Oxford: Polity Press.

Kennedy, J. (1974). Luis Gama - Pioneer of Abolition in Brazil. *Journal of Negro History*, 59(3), 255-267.

Kittleson, R. A. (2005). Women and Notions of Womanhood in Brazilian Abolitionism. In: Pamela Scully & Diana Paton (Eds.). *Gender and Slave Emancipation in the Atlantic World*. (pp. 99-140). Durham: Duke University Press.

Klandermans, B., & Roggeband, C. (Eds.). (2010). *Handbook of Social Movements Across Disciplines*. New York: Springer.

Kymlicka, W. (1995). *Multicultural Citizenship: A Liberal Theory of Minority Rights*. Oxford: Oxford University Press.

Klein, A, (2018). *O Serpentear dos Demônios: A demonização em imagens midiáticas e seus substratos culturais*. Trabalho apresentado ao Grupo de Trabalho Imagem e Imaginários Midiáticos do XXVIII Encontro Anual da Compós, Porto Alegre: PUC-RS, 11 a 14, junho.

Klein, H. S., & Vidal Luna, F. (2010). *Slavery in Brazil*. Cambridge: Cambridge University Press.

Klein, H. S., & Vinson, B. (2007). *African slavery in Latin America and the Caribbean*. Oxford/New York: Oxford University Press.

Lafer, C. (2005). *A internacionalização dos direitos humanos: Constituição, racismo e relações internacionais*. Barueri: Manole.

Bibliografia

Lakoff, G. (1996). *Moral Politics: What Conservatives Know That Liberals Don't*. Chicago: University Chicago Press.

Lakoff, G., & Johnson, M. (1980). *Metaphors we live by*. Chicago: University of Chicago Press.

Lehmann, D. (2008). Gilberto Freyre: The Reassessment Continues. *Latin American Research Review*, 43(1), 208-218.

Lévi-Strauss, C. (1966). *The Savage Mind*. London: Weidenfeld and Nicolson.

Lima, M. (2014). A obra de Carlos Hasenbalg e seu legado à agenda de estudos sobre desigualdades raciais no Brasil. *Dados*, 57(4), 919-933.

Lima Viana, V. J., & De Vasconcelos Bentes, H. (2011). Mídia brasileira como instrumento de racismo e interdição do negro no contexto das ações afirmativas. *Revista da ABPN*, 2(4), 81-101.

Lindgren Alves, J. (2002). O contrário dos direitos humanos. *Lua Nova*, 55, 105-132.

Liu, J. H., & Mills, D. (2006). Modern racism and neo-liberal globalization: The discourses of plausible deniability and their multiple functions. *Journal of Community & Applied Social Psychology*, 16(2), 83-99.

Lloyd, C. (1998). *Discourses of antiracism in France*. Aldershot Brookfield, USA: Ashgate.

Lloyd, M. (2015). Mitigating Inequality: Higher Education Research, Policy, and Practice in an Era of Massification and Stratification. In: *Advances in Education in Diverse Communities: Research, Policy and Praxis*, Volume 11, (pp. 169-189). Bingley: Emerald Publishing.

Lobão, A. S. (2014). *Quilombos e quilombolas: passado e presente de lutas*. Belo Horizonte: Mazza Edições.

Lopes Cardoso, M. M. (2001). *António Vieira: pioneiro e paradigma de interculturalidade*. Lisboa: Chaves Ferreira Publicações.

Lovell, P. A. (Ed.). (1991). *Desigualdade racial no Brasil contemporâneo*. Belo Horizonte: CEDEPLAR, FACE, UFMG.

Lund, J., & McNee, M. (Eds.). (2006). *Gilberto Freyre e os estudos latino-americanos*. Pittsburgh: University of Pittsburgh, Instituto Internacional de Literatura Iberoamericana.

Machin, D., & Mayr, A. (2007). Antiracism in the British government's model regional newspaper: the 'talking cure'. *Discourse & Society*, 18(4), 453-478.

Machin, D., & Mayr, A. (2012). *How to do Critical Discourse Analysis. A Multimodal Introduction*. Los Angeles/ London: SAGE.

Magalhães, I., Martins, A. R., & De Melo Resende, V. (2017). *Análise de discurso crítica: um método de pesquisa qualitativa*. Brasília: SciELO/ Editora UnB.

Magalhães Pinto, A. F. (2015). A Gazeta da Tarde e as peculiaridades do abolicionismo de Ferreira de Menezes e José do Patrocínio. *XXVIII Simpósio Nacional de História*, 27-31 jul.

Maggie, Y., & Fry, P. (2002). A reserva de vagas para negros nas universidades. *Enfoques* (Revista Eletrônica), Rio de Janeiro, 1(1), 93-117.

Marable, M. (1996). *Speaking Truth to Power: Essays on Race, Resistance, and Radicalism*. Boulder, Colo.: Westview Press.

Marín Arrese, J. I., Lavid, J., & Carretero, M. (2017). *Evidentiality and Modality in European Languages: Discourse-pragmatic Perspectives*. Bern: Peter Lang.

Martin, J. R., & White, P. R. R. (2005). *The Language of Evaluation: Appraisal in English*. New York: Palgrave Macmillan.

Martin, J. R., & Wodak, R. (Eds.). (2003). *Re/reading the Past: Critical and Functional Perspectives on Time and Value*. Amsterdam/Philadelphia: John Benjamins Pub.

Martins, Z. (2018). *Cotas raciais e o discurso da mídia: um estudo sobre a construção do dissenso*. Curitiba: Appris Editora.

Matamoros-Fernandez, A. (2017). Platformed racism: the mediation and circulation of an Australian race-based controversy on Twitter, Facebook and Youtube. *Information Communication & Society*, 20(6), 930-946.

McGinnes, A. B. (2014). Between Subjection and Accommodation. The Development of José de Anchieta's Missionary Project in Colonial Brazil. *Journal of Jesuit Studies*, 1, 227-224.

Medina Pereira, I. (2008). O discurso sobre a política de cotas no jornalismo online. *Revista Fronteiras – estudos midiáticos*, X(3), 173-182.

Mislan, C., & Dache-Gerbino, A. (2018). Not a Twitter Revolution: Anti-neoliberal and Antiracist Resistance in the Ferguson Movement. *International Journal of Communication*, 12, 2622-2640.

Mitchell, M., Every, D., & Ranzijn, R. (2011). Everyday Antiracism in Interpersonal Contexts: Constraining and Facilitating Factors for 'Speaking Up' Against Racism. *Journal of Community & Applied Social Psychology*, 21(4), 329-341.

Modood, T. (2013). *Multiculturalism: A Civic Idea*. (2nd ed.). Cambridge: Polity Press.

Monteiro de Brito Filho, J. C. (2013). *Ações afirmativas*. São Paulo: LTr.

Morais de Cuadros, D., & Da Silva Jovino, I. (2016). *Discurso e Poder: análise das disputas acerca das ações afirmativas na UEPG*. 4 Encontro Rede Sul Letras. Palhoça: Unisul.

Morais de Quadros, D. F. (2017). *Discurso e poder - um olhar acerca das ações afirmativas na UEPG em 2013.* Dissertação de Mestrado, Ponta Grossa: UEPG.

Morgan, S. (2006). *The Feminist History Reader.* London/New York: Routledge.

Moura, C. (1959). *Rebeliões da senzala: quilombos, insurreições, guerrilhas.* São Paulo: Edições Zumbi.

Müller, A. (2019). *Política do ódio no Brasil.* Maringá: Viseu.

Munanga, K. (2004). *O negro na sociedade brasileira: resistência, participação e contribuição.* Brasília: Fundação Cultural Palmares.

Nelson, J. (2015). Speaking' racism and anti-racism: perspectives of local anti-racism actors. *Ethnic and Racial Studies*, 38(2), 342-358.

Nésio Suttana, R., & Pereira Lutz, C. (2017). Ações afirmativas e imprensa no Brasil – um estudo a partir da revista *Veja*. *Linguagens, Educação e Sociedad*e, Teresina, 22(36), 179-199.

Nogueira, O. (1955). "Relações raciais no município de Itapetininga". In: R. Bastide, & F. Fernandes (Eds.). *Relações raciais entre negros e brancos em São Paulo.* (pp. 362-554). São Paulo: Unesco-Anhembi.

Nogueira, O. (1985 [1942]). *Tanto preto quanto branco: estudos de relações raciais.* São Paulo: T.A. Queiroz.

Nunes de Araújo Nascimento, M., & Leal Rodrigues, M. (2011). Processo de Referenciação no Discurso Midiático – Política de Ação. *III SELL – Simpósio Internacional de Estudos Linguísticos e Literários da UFTM.*

Nunes Martins, A. R. (2012). Racismo discursivo: o debate sobre a política de cotas para negros na imprensa. *Discurso & Sociedade*, 6(2), 389-417.

O'Brien, E. (2001). *Whites Confront Racism: Antiracists and their Paths to Action.* Lanham, Md.: Rowman & Littlefield Publishers.

Okun, R. A. (Ed.). (2014). *Voice Male: The Untold Story of the Profeminist Men's Movement.* Northampton, MA: Interlink Books.

Omena Tamano, L. T. (2013). O pensamento e atuação de Arthur Ramos frente ao racismo nos decânios de 1930-1940. *Crítica Histórica*, 4(8), 81-96.

Pae Kim, R., & Carneiro Tommasiello, F. (2018). A produção acadêmica jurídica sobre as ações afirmativas no Brasil (2013 a 2016): Teses e dissertações sob a ótica dos direitos humanos e fundamentais. *Revista de Direito Brasileira*, São Paulo, 19(8), 276-297.

Paixão, M. J. P. (2006). *Manifesto antirracista: ideias em prol de uma utopia chamada Brasil.* Rio de Janeiro: DP&A Editora, LPP/UERJ.

Penalves Rocha, A. (2008). *Abolicionistas brasileiros e ingleses. A coligação entre Joaquim Nabuco e a British and Foreign Anti-Slavery Society (1880-1902).* São Paulo: Editora da Unesp.

Pereira Gonçalves, L. (2018). *Plínio Salgado: um católico integralista entre Portugal e Brasil 1895-1975.* Rio de Janeiro: FGV Editora.

Pereira Santos, G. G. & Sales, S. R. (2018). A mulher negra brasileira, miscigenação e o estupro colonial: O mito da democracia racial e o reforço de estereótipos racistas e sexistas. *Caderno Espaço Feminino*, 1, 40-61.

Pereira Toledo Machado, M. H. (2006). From Slave Rebels to Strikebreakers: The Quilombo of Jabaquara and the Problem of Citizenship in Late-Nineteenth-Century Brazil. *Hispanic American Historical Review*, 86(2), 247-274.

Petöfi, J. S., & Franck, D. M. L. (Eds.). (1973). *Presuppositions in Linguistics and Philosophy.* Frankfurt: Athenaeum.

Petry Trapp, R. (2013). *A Conferência de Durban e o antirracismo no Brasil (1978-2001).* Porto Alegre, PUC: MA Thesis.

Petty, R. E., Fazio, R. H., & Brinol, P. (Eds.). (2008). *Attitudes: Insights from the New Implicit Measures.* New York: Psychology Press.

Piketty, T. (2020). *Capital and Ideology.* Cambridge, MA: Belknap Press of Harvard University Press.

Pinto, A. F. M. (2010). *Imprensa negra no Brasil do século XIX.* São Paulo: Selo Negro.

Pires, M. J. (2006). S*obrados e barões da velha São Paulo.* Barueri: Manole.

Polletta, F. (2006). *It Was Like a Fever: Storytelling in Protest and Politics.* Chicago: University of Chicago Press.

Prah, K. K. (Ed.). (2000). *Knowledge in Black and White: The Impact of Apartheid on the Production & Reproduction of Knowledge.* Cape Town: Centre for Advanced Studies of African Society.

Proner, C., Cittadino, G., Ricobom, G., & Dornelles, J. R. (2018). *Comments on a notorious verdict: the trial of Lula.* Buenos Aires: CLACSO.

Queirós Mattoso, K. M. (1986). *To be a slave in Brazil, 1550-1888.* New Brunswick, N.J.: Rutgers University Press.

Quijano, A. (2003). Notas sobre raza y democracia en los países andinos. *Revista Venezolana de Economía y Ciencias Sociales*, 9(1), 53-59.

Rauch, S. M., & Schanz, K. (2013). Advancing racism with Facebook: Frequency and purpose of Facebook use and the acceptance of prejudiced and egalitarian messages. *Computers in Human Behavior*, 29(3), 610-615.

Bibliografia

Rebouças, A. (1988). *A agricultura nacional. estudos econômicos. Propaganda abolicionista e democrática*. Recife: Fundação Joaquim Nabuco, Editora Massangana,

Reichmann, R. L. (Ed.). (1999). *Race in Contemporary Brazil: From Indifference to Inequality*. University Park, Pa.: Pennsylvania State University Press.

Reis, J. J., & Gomes, F. S. (1996). *Liberdade por um fio: história dos quilombos no Brasil*. São Paulo: Companhia das Letras.

Reisigl, M. (2017). The Discourse-Historical Approach. In: John Flowerdew & John Richarson (Eds.). *The Routledge Handbook of Critical Discourse Studies*. London: Routledge.

Reiter, B., & Mitchell, G. L. (Eds.). (2010). *Brazil's new Racial Politics*. Boulder, Colo.: Lynne Rienner Publishers.

Rezende de Carvalho, M. A. (1998). *André Rebouças e a construção do Brasil*. Rio de Janeiro: Revan/IUPERJ.

Ribeiro, D. (2019). *Pequeno manual antirracista*. São Paulo: Companhia das Letras.

Ribeiro Nunes, K. (2011). *O Padre António Vieira e a devoção ao Rosário de Maria na Baía colonial*. Dissertação de Mestrado, Dept. de Línguas e Culturas. Aveiro (Portugal): Universidade de Aveiro.

Ribeiro Rocha, M. (1992). *Etíope resgatado: empenhado, sustentado, corrigido, instruído e libertado: discurso teológico-jurídico sobre a libertação dos escravos no Brasil de 1758* / Introdução crítica de Paulo Suess. Petrópolis: Vozes.

Riella Benites, M., & Arruda de Moura, S. (2012). Cotas Raciais Na Universidade - O discurso dos ministros do STF Fragmentado Na Divulgação Midiática. *Cadernos do CNLF*, XVI(4), t. 1, 414-425.

Rocha, S. (2014). *Eugenia no Brasil. Análise do discurso "científico" no Boletim de Eugenia, 1929-1933*. Curitiba: Editora CRV.

Rodriguez, J. P. (2007). *Encyclopedia of Slave Resistance and Rebellion*. Westport, Conn.: Greenwood Press.

Rodriguez de Assis Machado, M., Lima, M., & Neris da Silva Santos, N. (2019). Anti-racism legislation in Brazil: the role of the Courts in the reproduction of the myth of racial democracy. *Revista de Investigações Constitucionais*, Curitiba, 6(2), 267-296.

Salzberger, R. P., & Turck, M. (2004). *Reparations for Slavery: A Reader*. Lanham, Md.: Rowman & Littlefield Publishers.

Sant'Anna, T. F. (2008). Escravas em ação: resistências e solidariedades abolicionistas na Província de Goiás - Século XIX. *Em Tempo de Histórias. Publicação do Programa de Pós-Graduação em História PPG-HIS/ UNB*, 12, Brasília, 53-67.

Santana, C. (2015). Abdias do Nascimento: atuação de um negro no Parlamento brasileiro 1983-1986. *Revista Digital Simonson*, Rio de Janeiro, 2, 101-108.

Santos, J. V. T., Barreira, C., & Baumgarten, M. (2003). *Crise social & multiculturalismo. Estudos de sociologia para o século XXI*. São Paulo: Sociedade Brasileira de Sociologia Editora Hucitec.

Santos da Silva, L. G. (2019). Pensamentos e Intelectuais Negros (As) Da Apnb-Associação de Pesquisadores (As) Negros (As) Da Bahia: Narrativas Insurgentes e Educação Antirracista. *Revista Ensaios e Pesquisas em Educação e Cultura*, 4(7), 61-77.

Santos da Silva Pessanha (2005). *Da abolição da escravatura à abolição da miséria: a vida e as ideias de André Rebouças*. Rio de Janeiro: Quartet.

Santos da Silva Pessanha (2013). Pela palavra e pela imprensa. André Rebouças e propostas sociais para o Brasil do final do XIX. *XXVII Simpósio Nacional de História*, Natal, 22-26, junho.

Santos Moya, T., & Silvério, V. R. (2010). Ação afirmativa e raça no Brasil contemporâneo: um debate sobre a redefinição simbólica da nação. *Sociedade e Cultura*, 12(2), 235-250.

Schwarcz, L. M. (1993). *O espetáculo das raças: cientistas, instituições e questão racial no Brasil, 1870-1930*. São Paulo: Companhia das Letras.

Schwarcz, L. M. (2019). *Sobre o autoritarismo brasileiro*. São Paulo: Companhia das Letras.

Schwarcz, L. M., & Starling, H. M. (2015). *Brasil: uma Biografia*. São Paulo: Companhia das Letras.

Scott, E. K. (2000). Everyone against racism: Agency and the production of meaning in the anti-racism practices of two feminist organizations. *Theory and Society*, 29(6), 785-818.

Shapiro, S. (2008). *Vagueness in context*. Oxford/New York: Clarendon Press, Oxford University Press.

Silva, E., & Reis, J. J. (1989). *Negociação e conflito: a resistência negra no Brasil escravista*. São Paulo: Companhia das Letras.

Silva, M. A. (2017). *Trajetória de mulheres negras ativistas*. Curitiba: Appris.

Silva Santos, J. (2016a). As cotas raciais em uma publicação jornalística universitária: imagens das relações raciais brasileiras. Dissertação de Mestrado, Belo Horizonte: UFMG.

Silva Santos, J. (2016b). O discurso favorável sobre as cotas raciais em artigos de opinião de circulação universitária. *Palimpsesto*, Rio de Janeiro, ano 15, 23, 592-609.

Silvério, V. R. (Ed.). (2012). *As cotas para negros no tribunal: a audiência pública do STF*. São Carlos: EDUFSCar.

Sitrin, M. (2005). *Horizontalidad. Voces de poder popular en Argentina*. Buenos Aires: Cooperativa Chilavert Artes Gráficas.

Sitrin, M., & Azzellini, D. (2014). *They can't represent us! Reinventing democracy from Greece to Occupy*. London/ Brooklyn, NY: Verso.

Sivanandan, A. (1982). *A Different Hunger: Writings on Black Resistance*. London: Pluto.

Sivanandan, A. (1990). *Communities of Resistance: Writings on Black Struggles for Socialism*. London/New York: Verso.

Skidmore, T. E. (1974). *Black into White: Race and Nationality in Brazilian Thought*. Oxford: Oxford University Press.

Skidmore, T. E. (2003). Racial mixture and affirmative action: the cases of Brazil and the United States. *American Historical Review*, 108(5), 1391-1396.

Slocum, R. (2006). Anti-racist practice and the work of community food organizations. *Antipode*, 38(2), 327-349.

Souza, J. (2016). *A radiografia do Golpe: entenda como e por que você foi enganado*. Rio de Janeiro: Leya.

Souza, J. (2019). *A elite do atraso: da escravidão a Bolsonaro*. Rio de Janeiro: Estação Brasil.

Stepan, N. L. (1991). *The Hour of Eugenics: Race, Class and Nation in Latin America*. Ithaca: Cornell University Press.

Stern, S. J. (1987). *Resistance, Rebellion, and Consciousness in the Andean Peasant World, 18th to 20th Centuries*. Madison, Wis.: University of Wisconsin.

Stutje, J. W. (Ed.). (2012). *Charismatic Leadership and Social Movements: The Revolutionary Power of Ordinary men and Women*. New York: Berghahn Books.

Tajfel, H. (Ed.). (1982). *Social Identity and Intergroup Relations*. Cambridge: Cambridge University Press.

Tannen, D., Hamilton, H. E., & Schiffrin, D. (Eds.). (2015). *The Handbook of Discourse Analysis*. Malden, MA: John Wiley & Sons, Inc.

Tarrow, S. (2013). *The language of contention: Revolutions in words, 1688-2012*. Cambridge: Cambridge University Press.

Tate, W. D. (1976). *The New Black Urban Elites*. San Francisco: R & E Research Associates.

Tavares do Amaral Martins Keuller, A. (2012). Entre antropologia e medicina: uma análise dos estudos antropológicos de Álvaro Fróes da Fonseca nas décadas de 1920 e 1930. *Bol. Mus. Para. Emílio Goeldi. Cienc. Hum.*, Belém, 7(3), 687-704, set.-dez.

Teles Silveira, S. M. (2014). *Múltiplas faces femininas da tessitura literária de Inês Sabino*. Porto Alegre: PUC: Tese de Doutorado.

Teles dos Santos, J. (2012). Ações afirmativas e educação superior no Brasil: um balanço crítico da produção. *Revista Brasileira de Estudos Pedagógicos*, Brasília, 93(234), 401-422.

Telles, E. (2017). Black lives matter in Brazil. *Ethnic and Racial Studies*, 40(8), 1271-1277.

Telles, N. (1989). Rebeldes, Escritoras, Abolicionistas. *Revista História*, São Paulo, 120, jan./jul., 73-83.

Tilly, C., Castañeda, E., & Wood, L. J. (2019). *Social Movements, 1768-2018*. London: Routledge.

Tochluk, S. (2008). *Witnessing whiteness: First Steps Toward an Antiracist Practice and Culture*. Lanham, Md.: Rowman & Littlefield Education.

Toledo Mendonça, C. (2003). Júlia Lopes de Almeida: A busca da liberação feminina pela palavra. *Revista Letras*, Curitiba, 60, 275-296, jul./dez.

Toplin, R. B. (1981). *Freedom and Prejudice: The Legacy of Slavery in the United States and Brazil*. Westport, Conn.: Greenwood Press.

Torres Montenegro, A. (1989). *Reinventando a liberdade: a abolição da escravatura no Brasil*. São Paulo: Atual.

Toste Daflon, V., & Feres Júnior, J. (2012). Ação afirmativa na revista *Veja* - estratégias editoriais e o enquadramento do debate público. *Revista Compolítica*, 2(2), 66-91.

Toste Daflon, V., Feres Júnior, J., & Campos, L. A. (2013). Ações afirmativas raciais no ensino superior público brasileiro: um panorama analítico. *Cadernos de Pesquisa*, 43(148), 302-327.

Turra, C., & Venturi, G. (1995). *Racismo cordial: a mais completa análise sobre o preconceito de cor no Brasil*. São Paulo: Ática.

Twine, F. W. (1998). *Racism in a Racial Democracy: The Maintenance of white Supremacy in Brazil*. New Brunswick, N.J.: Rutgers University Press.

Twine, F. W., & Blee, K. M. (Eds.). (2001). *Feminism and Antiracism: International Struggles for Justice*. New York: New York University Press.

Uitermark, J. (2017). Complex contention: analyzing power dynamics within Anonymous. *Social Movement Studies*, 16(4), 403-417.

Bibliografia

Vainfas, R. (1986). *Ideologia & escravidão: os letrados e a sociedade escravista no Brasil Colonial.* Petrópolis: Vozes.

Vainfas, R. (2011). *Antônio Vieira: jesuíta do rei.* São Paulo: Companhia das Letras.

Van Deemter, K. (2010). *Not Exactly: In Praise of Vagueness.* Oxford: Oxford University Press.

Van den Besselaar, J. (1981). *Antônio Vieira: o homem, a obra, as ideias.* Lisboa: Instituto de Cultura e Língua Portuguesa.

Van der Auwera, J. (1975). *Semantic and Pragmatic Presupposition.* Wilrijk: Universiteit Antwerpen.

Van Dijk, T. A. (1982). Episodes as units of discourse analysis. In: D. Tannen (Ed.). *Analyzing Discourse: Text and Talk.* (pp. 177-195). Washington, D.C.: Georgetown U.P.

Van Dijk, T. A. (1984). *Prejudice in discourse. An analysis of ethnic prejudice in cognition and conversation.* Amsterdam: Benjamins.

Van Dijk, T. A. (1987). *Communicating Racism: Ethnic Prejudice in Thought and Talk.* Newbury Park, CA.: Sage.

Van Dijk, T. A. (1991). *Racism and the Press.* London: Routledge.

Van Dijk, T. A. (1992). Discourse and the Denial of Racism. *Discourse & Society,* 3(1), 87-118.

Van Dijk, T. A. (1993). *Elite Discourse and Racism.* Newbury Park, CA: Sage.

Van Dijk, T. A. (1998). *Ideology: A Multidisciplinary Approach.* London: Sage.

Van Dijk, T. A. (2008a). *Discourse and Context: A Sociocognitive Approach.* Cambridge: Cambridge University Press.

Van Dijk, T. A. (2008b). *Discourse and Power.* Houndsmills: Palgrave-MacMillan.

Van Dijk, T. A. (2009). *Society and Discourse: How Social Contexts Influence Text and Talk.* Cambridge: Cambridge University Press.

Van Dijk, T. A. (2014). *Discourse and Knowledge: A Sociocognitive Approach.* New York: Cambridge University Press.

Van Dijk, T. A. (2017). How Globo media manipulated the impeachment of Brazilian President Dilma Rousseff. *Discourse & Communication,* 11(2), 199-229.

Van Dijk, T. A. (2021). *Antiracist Discourse: Theory and History of a Macromovement.* Cambridge: Cambridge University Press.

Van Dijk, T. A. (Ed.). (2011). *Discourse Studies: A Multidiscplinary Introduction.* Second (one-volume) Edition. London: Sage.

Van Dijk & Kintsch (1983). *Strategies of Discourse Comprehension.* New York: Academic Press.

Van Leeuwen, T. J. (1996). The Representation of Social Actors. In: Caldas-Coulthard, Carmen Rosa, & Coulthard, Malcolm (Eds.). *Texts and Practices: Readings in Critical Discourse Analysis.* (pp. 32-70). London: Routledge.

Van Leeuwen, T. J. (2008). *Discourse and Practice: New Tools for Critical Discourse Analysis.* Oxford, New York: Oxford University Press.

Vidal Luna, F., & Klein, H. S. (2014). *The Economic and Social History of Brazil since 1889.* Cambridge: Cambridge University Press.

Vieira Guarnieri, F., & Leal Melo-Silva, L. (2017). Cotas universitárias no Brasil: análise de uma década de produção científica. *Psicologia Escolar e Educacional,* São Paulo, 21(2), 183-193.

Warren, J. W. (2001). *Racial Revolutions: Antiracism and Indian Resurgence in Brazil.* Durham, N.C.: Duke University Press.

Whitehead, K. (2015). Everyday Antiracism in Action: Preference Organization in Responses to Racism. *Journal of Language and Social Psychology,* 34(4), 374-389.

Wodak, R. (Ed.). (2013). *Critical discourse analysis.* Los Angeles: SAGE.

Wodak, R., & Van Dijk, T. A. (Eds.). (2000). *Racism at the Top: Parliamentary Discourses on Ethnic Issues in Six European States.* Klagenfurt, Austria: Drava Verlag.

Wood, M. (2019). *The Black Butterfly: Brazilian Slavery and the Literary Imagination.* Morgantown, West Virginia: West Virginia University Press.

Woodly, D. R. (2015). *The politics of Common Sense: How Social Movements use Public Discourse to Change Politics and Win Acceptance.* New York, NY: Oxford University Press

Zhang, H., & Liu, H. (2016). Rhetorical relations revisited across distinct levels of discourse unit granularity. *Discourse Studies,* 18(4), 454-472.

O autor

Teun A. van Dijk é diretor-fundador do Centre of Discourse Studies, Barcelona, desde 2017, e professor de Estudos do Discurso na Universidade Pompeu Fabra, Barcelona, desde 1999. Foi professor de Estudos do Discurso na Universidade de Amsterdã, depois de estudar Teoria Literária e Língua e Literatura Francesa, também em Amsterdã. É um dos fundadores dos Estudos Críticos do Discurso, com mais de 30 livros publicados sobre teoria de literatura, gramática do texto, pragmática do discurso, psicologia cognitiva do discurso, discurso racista, análises de notícias, ideologia, contexto, conhecimento e história do discurso antirracista. Pesquisa atualmente sobre movimentos sociais, discurso e cognição. Possui 3 doutorados *honoris causa* e deu palestras em mais de 60 países. É autor dos livros *Racismo e discurso na América Latina*, *Discurso e poder*, *Discurso e contexto*, *Discurso e desigualdade social* e *Cognição, discurso e interação*, todos publicados pela Contexto.

Agradecimentos

Sou grato a muitas pessoas e especialmente a:

- Ronaldo Vainfas, pela leitura e comentários ao capítulo "Discursos antiescravistas e abolicionistas".
- João Feres, por me convidar para participar do Grupo de Estudos Multidisciplinar da Ação Afirmativa (GEMAA), no Instituto de Estudos Sociais e Políticos (IESP), da Universidade Estadual do Rio de Janeiro (UERJ).
- Ângela Alonso e Paulina Alberto, por seus comentários ao capítulo "Discursos antirracistas após a abolição".
- Antônio Sérgio Guimarães, por seus comentários ao capítulo "Discursos antirracistas contemporâneos".
- Bruna Anhaia, por seus comentários ao capítulo "Discursos parlamentares sobre ação afirmativa".
- Caroline Caldas pela sua ajuda com os dados do capítulo "Discursos parlamentares sobre ação afirmativa".
- Veronica Fox, por suas correções aos primeiros capítulos.

Agradeço a Conceição Maria Alves de Araújo Guisardi, pela tradução do livro ao português, e especialmente também à minha amiga e colega admirada Viviane Resende, pela leitura crítica e pela revisão final da versão portuguesa.

E, por último, à Patrícia Gouveia, por seus comentários sobre as versões do livro em inglês e em português e por sua presença diária, experiência, conselhos e paciência durante os anos em que o presente livro foi escrito no Rio de Janeiro e em Barcelona entre 2014 e 2020.

GRÁFICA PAYM
Tel. [11] 4392-3344
paym@graficapaym.com.br